2016~17년 촛불 집회

민주주의의 민주화, 그 성격과 의미

2016/17년 촛불 집회:
민주화의 민주화, 그 성격과 의미

초판 발행 2018년 12월 28일
지은이 정병기, 도묘연, 김찬우
펴낸이 서길수
디자인 유소윤
펴낸곳 영남대학교출판부
출판등록 1975년 9월 5일 경산 제16-1호
주소 경북 경산시 대학로 280
전화 053) 810-1801~3
FAX 053) 810-4722
홈페이지 book.yu.ac.kr
ISBN 978-89-7581-589-8 93340

이 도서의 국립중앙도서관 출판예정도서목록(CIP)은
서지정보유통지원시스템 홈페이지(http://seoji.nl.go.kr)와
국가자료종합목록시스템(http://www.nl.go.kr/kolisnet)에서
이용하실 수 있습니다. (CIP제어번호 : CIP2018040115)

값은 표지 뒷면에 있습니다.
잘못 만들어진 책은 바꾸어 드립니다.

* 이 책은 2016년 대한민국 교육부와 한국연구재단의 지원을 받아 수행된 연구임
(NRF-2016S1A5A2A03926153).

영남대학교 통일문제연구소 연구총서Ⅱ

2016~17년 촛불 집회

민주주의의 민주화, 그 성격과 의미

정병기
도묘연
김찬우 지음

영남대학교출판부

머리말

'촛불은 계속된다.' '박근혜정권퇴진비상국민행동(퇴진행동) 기록기념위원회' 주최로 촛불 시민들은 2017년 10월 28일 광화문 광장에 다시 모여 촛불 1주년 대회를 열었다. 5만여 명의 시민들이 운집한 이날 집회에는 다시 한 번 촛불이 켜져 "촛불은 계속된다", "적폐를 청산하라", "사회 대개혁 실현하라" 등의 구호가 울려 퍼졌다.

2016년 10월 29일부터 시작해 2017년 3월 11일까지 20차에 걸쳐 진행된 촛불 집회는 대한민국의 민주주의를 크게 변화시켰으며, 그 변화는 지금도 계속되고 있다. 1987년의 민주주의를 다시 민주화하는 시민들의 힘이 전 세계에 메아리쳤다. 하지만 1주년 대회의 주장에서 보듯이 그 완성에 대해서는 아직 이야기하기 어렵다.

'계속'되는 촛불 혁명의 전망은 그것을 올바르게 파악하고 성찰하는 데 달려 있기도 하다. 이 책은 이러한 바람과 요구에서 기획되었다. 이미 서강대학교 현대정치연구소의 지원을 받아 이지호, 이현우, 서복경 교수가 지난해에 『탄핵 광장의 안과 밖: 촛불 민심 경험 분석』을 출간했다. 이 책은 이번 촛불 집회에 대한 깊이 있는 분석과 2008년 촛불 집회와의 비교 등이 매우 인상적이고 훌륭하다. 필자를 포함한 우리 필진도 이 책으로부터 적지 않은 영향을 받았다.

『2016/17년 촛불 집회: 민주주의의 민주화, 그 성격과 의미』도

2016/17년 촛불 집회를 중심 대상으로 했다는 점에서 위의 책과 다르지 않다. 하지만 다른 시각이나 다른 세부 주제들을 통해 이번 촛불 집회를 다시 조망하려는 노력을 기울였다. 새로운 시각에 의해 촛불 집회를 분석하려는 시도는 현상에 대한 명확한 규명과 학문 발전을 위해서 요청되는 사안이다. 이 책은 2016/17년 촛불 집회에 대한 분석에 더하여 이를 태극기 집회와 비교하는 한편, 촛불 집회를 서구의 68 혁명 운동과 1987년 6월 항쟁 이후 한국 사회에 등장한 다양한 사회 운동과 비교했다는 점에서 이전 연구와 분명한 차별성을 가진다. 이 책 이후에도 이번 촛불 집회에 대한 새로운 분석들이 나오기를 기대한다.

이 책은 촛불 집회가 시작될 때부터 필자들이 관심을 가지고 참여하고 관찰한 결과이기도 하지만, 이를 학술적 연구로 꾸준히 발표해온 결과이기도 하다. 촛불 집회 참가자와 비참가자 대상의 설문 조사를 통해 참가자의 특성을 조사 연구한 제1부는 도묘연 박사가 수행했으며, 빅데이터 분석을 통해 촛불 집회와 태극기 집회 관련 뉴스 기사와 댓글을 연구한 제2부는 김찬우 박사가 집필했다. 그리고 2016/17년 촛불 집회를 서구 68 혁명 운동과 비교하고 민주화 이후 한국 사회 운동의 흐름 속에서 이번 촛불 집회를 고찰한 제3부는 필자가 썼다. 책의 끝에는 이해를 돕기 위해 조사에 사용한 설문지와 간략한 촛불 집회 일지를 부록으로 첨부했다.

완성도 있는 책을 출간하기 위해 필진들은 2017년 11월 24일 영남대통일문제연구소와 한국연구재단 프로젝트 팀('합의 민주주의적 협치를 위한 인정의 정치')의 지원을 받아 학술 회의를 열고 많은 전문가들의 조언을 구했다. 특히 이승렬, 박한우, 구춘권 교수님이 지정 토론자로 참석해 날카로운 비판을 통해 큰 도움을 주셨다. 그리고 연구진들은 토론자들이 제기한 문제점을 반영하기 위해 노력했다. 하지만 영남대에서 연구를 진행한 만큼 대구·경북 지역의 촛불 집회에 대한 분석을 추가하면 좋겠다는 제안 등을 수용하지 못해 아쉽다. 다른 분석들과 균형 있는 연구를 수행하기 위해서는 여러 가지 어려움이 따르기 때문이다. 별도의 연구비와 시간이 소요될 뿐만 아니라 한국연구재단 성과물 제출 기한을 넘기게 되는 것이 현실적인 어려움이었다. 다른 연구를 통해 보완되기를 바랄 수밖에 없다.

게다가 촛불 집회가 마무리된 지 벌써 1년이 되어 가고 있어 시의성 문제와 관련해서도 더 늦출 수 없겠다는 생각에 아쉬움을 남긴 채 출간을 결심했다. 지정 토론을 해주신 세 분 교수님과 학술 대회에서 유용한 조언을 해주신 여러 교수님들, 그리고 발간을 허락하고 힘써 주신 영남대학교 출판부 여러분들께 감사의 말씀을 드린다. 수정 작업의 대부분은 도묘연 박사가 수고해주었다. 도묘연 박사에게 특별히 감사하지 않을 수 없다.

2018년 12월

필자들을 대표해 정병기 씀.

차례

1 촛불 집회 참가의 결정 요인, 효과, 경로 구조 : 설문 조사로 본 참가자의 특성

2 촛불 집회와 태극기 집회 : 빅데이터로 본 정치 의식

부 록

1

촛불 집회 참가의 결정 요인, 효과, 경로 구조 : 설문 조사로 본 참가자의 특성

제1장 설문 조사 연구와 분석
제2장 촛불 집회 참가의 결정 요인
제3장 촛불 집회 참가의 시민 교육적 효과
제4장 결사체 활동, 시민성, 촛불 집회 참가의 경로 구조

제1장 설문 조사 연구와 분석

한국에서 촛불 집회에 대한 학문적 관심은 2008년 촛불 집회를 계기로 본격화되었다. 정부의 미국산 쇠고기 수입에 대한 항의 표출로 개최된 2008년 촛불 집회는 거시적 혹은 미시적인 차원에서 촛불 집회의 성격과 의미를 분석하는 연구를 확산시켰다. 전자는 주로 촛불 집회와 민주주의, 사회 운동과 제도 정치의 관련성 등에 대한 다양한 사유와 해석을 제공하였고, 후자는 온라인 커뮤니티의 역할과 촛불 집회 참가자의 특성을 실증적으로 분석하여 촛불 집회를 통해 드러난 미시적 동학을 해명하였다.[1] 특히 미시적 차원에서 설문 조사를 통해 2008년 촛불 집회 참가자의 특성을 규명한 연구들은 참가자의 동기와 정체성을 해명하는 성과를 산출

---

1 2008년 미국산 쇠고기 수입 반대 촛불 집회를 분석한 정치학과 사회학 분야의 연구 결과물은 황진태, 2011, “2008년 촛불 집회 시위의 공간성에 관한 고찰,” 『경제와 사회』 통권 제90호(비판사회학회), 262~289쪽; 이갑윤, 2010, “촛불 집회 참가자의 인구·사회학적 특성 및 정치적 정향과 태도,” 『한국정당학회보』 제9권 1호(한국정당학회), 95~120쪽; 김철규 외, 2008, “미국산 쇠고기 수입 반대 촛불 집회 참가 10대의 사회적 특성,” 『경제와 사회』 통권 80호(비판사회학회), 40~67쪽을 참조했다.

하였다. 이러한 시도는 2016/17년 촛불 집회를 분석한 연구에서도 지속되었다.[2]

설문 조사를 통해 2008년과 2016/17년 촛불 집회 참가자의 특성을 규명한 기존 연구들은 참가자에 대한 미시적 이해를 중심으로 촛불 집회의 성격을 규명하였다. 이들 연구 중 2008년의 연구는 참가자들이 남성과 젊은 세대 및 호남 지역의 사람이 많았고, 이념적으로 진보적이고 탈물질주의적 성향이 강했다는 점을 해명하였다. 그리고 2016/17년에는 참가자들이 정치적 효능감과 국가 신뢰가 높으며, 촛불 정국에 대한 분노가 높다는 점을 증명하였다. 이러한 결과는 거시적 차원에서 이론적·관념적 분석틀을 설정하여 촛불 집회를 분석한 주류의 연구 경향을 보완하여 촛불 집회에 대한 의미 있는 해석을 제공하였다.

이상의 성과에도 불구하고, 설문 조사를 통해 촛불 집회 참가자의 특성을 분석한 기존 연구들은 연구 내용 및 연구 방법에서 일정한 한계를 노정하였다. 먼저 촛불 집회 참가의 결정 요인을 분석하여 참가의 동기를 도출하는 성과를 달성했으나, 참가에 따른 효과를 증명하는 노력은 상대적으로 부족하였다. 또한 촛불 집회 참가의 동기를 규명하였더라도 중층적 동기를 규명하는 작업으로는 이어지지 못하였다. 더불어 참가자를 주요한 분석 대상으로 설정하였기 때문에 비참가자와의 비교 분석을 통해 촛불 집회의 성격을 규명하려는 노력이 부족하였다. 즉 주로 촛불 집회 참가자를 대상으로 자료를 수집하였고, 참가자와 비참가자 모두를 조사 대상으로 포함하였더라도 전체 표본 수에서 비참가자의 비율이 매우 낮

---

2 조기숙·박혜윤, 2008, "광장의 정치와 문화적 충돌," 『한국정치학회보』 제42집 4호(한국정치학회), 243~268쪽; 이갑윤(2010); 이현우, 2017, "촛불 집회 참가 강도 분석: 정체성, 분노, 효율성," 『촛불 집회 누가? 그리고 왜? 학술 회의 자료집』, 한국선거학회·서강대학교 현대정치연구소 주최, 2017년 4월 24일, 37~58쪽; 이지호, 2017, "박근혜 촛불, 누가 왜 참여했나: 참여 행동 모형과 참여 태도 모형의 비교," 『한국정치연구』 제26권 2호(서울대학교 한국정치연구소), 75~103쪽.

았다는 것이다.

따라서 제1부는 설문 조사를 통해 촛불 집회 참가자의 특성을 규명해 온 기존 연구의 한계를 보완하는 노력의 일환으로 수행된다. 구체적인 연구 내용은 다음의 세 가지로 구성된다. 첫째, 항의 집회(protest)의 한 유형으로서 촛불 집회 참가의 결정 요인을 도출하여 촛불 집회 참가자의 주요한 동기와 정체성을 해명한다(제2장). 둘째, 시민 교육적 관점에서 촛불 집회 참가에 따른 시민성 함양 효과를 규명한다(제3장). 셋째, 결사체 활동이 시민성을 매개로 하여 촛불 집회 참가에 미친 경로 구조를 분석하여 결사체에서 활동하는 사람들이 촛불 집회에 참가하게 된 중층적 동기를 해명한다(제4장).

이러한 작업은 분석 결과에 대한 내적 타당성을 확보하기 위해 촛불 집회 참가자와 비참가자 모두를 조사 대상으로 선정하고, 박근혜 대통령의 파면이 확정된 직후 개최된 20차 촛불 집회 이후에 설문 조사를 실시하여 자료를 구축하였다. 전체 설문 조사 대상 1,518명 중 촛불 집회 참가자 는 664명, 비참가자는 854명이었고, 참가자들의 참여 횟수는 1회부터 20회까지 다양하게 나타났다.

한편, 제1장은 본격적으로 위에서 제시한 세 가지 연구 내용을 분석하기 이전에 독자들의 사전 이해를 돕기 위해서 작성되었다. 먼저 설문 조사를 통해 촛불 집회 참가자의 특성을 분석한 기존 연구의 내용과 한계를 설명하고, 이에 근거하여 이 글에서 분석할 세 가지 연구 내용의 차별성을 제시하였다. 또한 세 가지 연구 내용의 분석에서 다루어질 독립변수·종속변수·통제변수·매개변수의 특성을 제시하고, 설문 조사를 위한 구체적인 연구 및 조사 설계 과정을 설명한다. 그리고 이들 네 가지 차원의 변수가 촛불 집회 참가자와 비참가자 간에 차이가 있다는 점을 검증하여 세 가지 연구 내용 분석에 필요한 참가자의 정치적·경제적·사회적 일반 특성을 제시하였다.

촛불 집회 참가자 특성 연구의 내용

한국 사회에서 촛불 집회는 제도적 정치 참여에 편향되었던 연구 경향을 극복하는 계기를 제공하였다. 한국의 경우는 민주화의 과정에서 시위와 항의 집회 같은 비제도적 참여가 중요한 역할을 했음에도, 정치 참여 연구는 상대적으로 자료와 정보가 풍부한 제도적 방식을 중심으로 진행되는 경향이 강하였다.[3] 그러나 미국산 쇠고기 수입에 반대해 개최된 2008년 촛불 집회를 계기로 촛불 집회는 정치 참여 연구의 새로운 주제로 부상하였다.

촛불 집회에 대한 기존 연구들은 주로 거시적인 차원에서 이론적·관념적 분석틀을 설정하여 진행되는 경향이 강하였다. 따라서 참가자에 대한 미시적 이해를 중심으로 촛불 집회의 의미를 규명하려는 시도는 상대적으로 매우 부족하였다. 그럼에도 2008년 미국산 쇠고기 수입 반대 촛불 집회에 대한 조기숙·박혜윤(2008) 및 이갑윤(2010)의 연구와 2016/17년 박근혜 정권 퇴진 촛불 집회를 연구한 이지호(2017) 및 이현우(2017)의 분석은 참가자들의 정치적·경제적·사회적 인식을 조사하여 촛불 집회의 성격과 의미를 제시하는 성과를 거두었다.

그러나 설문 조사를 통해 참가자의 특성을 분석한 기존 연구들은 다음의 두 가지 측면에서 일정한 한계를 가진다. 첫째, 촛불 집회 참가 결정 요인의 분석에만 초점을 맞추었다. 즉 촛불 집회 참가를 종속 변수로 설정하여 참가자의 동기를 규명하는 데 몰두했다는 것이다. 또한 기존 연구들은 참가자의 동기를 규명하였더라도 참가의 중층적 동기를 실증적으로 밝히는 작업으로는 확장되지 못하였다. 더불어 한국의 특수한 정치적·경제적 맥락 속에서 촛불 집회 참가의 결정 요인을 분석하는 경향이

3 이현우, 2008, “정치 참여 유형으로서의 촛불 집회: 대표성과 변화,” 『한국국제정치학회 학술대회 논문집』, 한국국제정치학회 주최, 2008년 8월, 9쪽.

강했기 때문에 일반적으로 항의 집회 참가의 주요한 결정 요인으로 검증된 정치적 관여(engagement) 및 사회적 네트워크와 관련된 변수를 고려하지 못하였다.

둘째, 촛불 집회 참가의 결정 요인 분석에 몰두한 결과, 상대적으로 참가의 효과에 대한 관심은 매우 부족하였다. 즉 촛불 집회 참가를 종속 변수가 아닌 독립 변수로 설정하여 그 효과를 검증하는 작업에는 소홀했다는 것이다. 촛불 집회 참가의 효과에 주목한 연구는 2008년 집회에 참가한 10대의 시민성 변화를 규명한 두편의 연구가 전부이다.[4] 이들 연구는 조사 대상이 10대로 한정되어 있어 촛불 집회 참가의 시민성 함양 효과를 포괄적으로 규명하기에는 한계가 있다.

이상의 연구 내용상의 한계와 더불어 기존 연구들은 연구 방법상에서도 일정한 문제를 노정하였다. 참가자를 주요한 분석 대상으로 설정하여 촛불 집회가 한창 진행 중일 때 현장에서 참가자를 대상으로 자료를 수집하는 경향이 나타났다.[5] 또한 참가자와 비참가자 모두를 조사 대상으로 포함하였더라도 전체 표본 수에서 참가자의 비율이 매우 낮았다.[6] 이상의 자료 수집 방법은 3개월에서 4개월 이상 장기간 진행된 촛불 집회에 참가한 사람들의 특성 변화를 종합적으로 고려할 수 없으며, 궁극적으로 표본의 대표성, 응답의 신뢰도, 모집단의 성격 등을 제한할 수 있다. 그로 인해 분석 결과의 해석시 과잉 추정의 오류를 범할 가능성이 높아진다.

따라서 이 글은 설문 조사를 통해 촛불 집회 참가자의 특성을 규명한 기존의 실증적 연구를 확대 및 심화한다는 의미를 가진다. 구체적으로

---

4 이해진, 2008, "촛불 집회 10대 참가자들의 참여 경험과 주체 형성," 『경제와 사회』 통권 80호(비판사회학회), 68~108쪽; 김철규 외, 2010, "촛불 집회 10대 참가자의 정체성과 사회 의식의 변화: 추적 조사 결과를 중심으로," 『경제와 사회』 통권 85호(비판사회학회), 265~290쪽.

5 조기숙·박혜윤(2008); 이현우(2017).

6 이갑윤(2010); 이지호(2017).

2016/17년 촛불 집회 참가자와 비참가자를 조사 대상으로 설정하여 1) 촛불 집회 참가의 결정 요인, 2) 촛불 집회 참가의 시민 교육적 효과, 3) 결사체 활동이 시민성과 촛불 집회 참가로 이어지는 경로 구조를 분석한다. 이러한 연구 내용은 무엇이 시민들의 촛불 집회 참가를 이끌었는가? 촛불 집회 참가는 시민성 함양의 계기가 되었는가? 결사체 활동은 시민성을 매개로 하여 촛불 집회 참가를 이끄는 간접적 효과가 있었는가? 라는 질문에 해답을 제시하는 과정을 통해서 경험적으로 검증된다. 기존 연구의 한계를 극복하기 위해 설정한 연구 내용과 그 의미는 다음과 같다.

첫째, 촛불 집회 참가의 결정 요인 분석은 촛불 집회 및 항의 집회 참가의 동기를 종합적으로 고려하여 진행된다. 일반적으로 정치 참여는 제도적 참여(conventional participation)와 비제도적 참여(unconventional participation)로 구분된다.[7] 전자는 주로 선거와 관련된 투표 및 유세 활동을, 후자는 합법적이거나 혹은 비합법적인 차원에서 이루어지는 거리의 시위나 항의 집회, 서명 운동, 파업 및 점거 활동, 정당이나 시민 단체의 가입, 불매 운동 등의 각종 사회 운동을 포함한다.[8] 이러한 맥락에서 촛불 집회는 비제도적인 정치 참여의 일부인 항의 집회로 정의할 수 있다.

시민 자발성 모델(civic voluntarism model)을 수용한 연구들은 사회 경제적 변수, 사회적 네트워크, 정치적 관여(political engagement) 등의 요인을 항의 집회 참가를 결정짓는 주요한 동기로 지목해 왔다.[9] 따라서 이 글은 촛불 집회와 함께 항의 집회 참가에 영향을 미쳤던 주요 요인을 종합

---

7 Milbrath, Laster W. and M. L. Goel, 1977, *Political Participation: How and Why Do People Get Involved in Politics?* (Chicago: Rand McNally College Publishing Company); Norris, Pippa, 2002, *Democratic Phoenix: Reinventing Political Activism* (New York: Cambridge University Press).

8 김욱, 2013, "투표 참여와 다른 유형의 정치 참여 간의 연계성 분석," 『정치·정보연구』 제16권 2호(한국정치정보학회), 27-59쪽.

9 Verba, Sidney et al., 1995, *Voice and Equality: Civic Voluntarism in American Politics* (Cambridge: Harvard University Press).

한 분석 모형을 구축하여 2016/17년 촛불 집회 참가의 동기를 밝힌다. 이러한 시도는 한국 촛불 집회 참가자의 특성 변화를 규명하는 동시에 항의 집회로서 2016/17년 촛불 집회의 보편적 의미를 도출한다는 의미를 가진다.

둘째, 촛불 집회 참가의 시민 교육적 효과 분석은 시민적 태도(civic attitude)의 증진 효과에 초점을 맞춘다. 시민성(citizenship)은 citizen과 자질 및 조건이라는 ship의 합성어라는 어원에서 알 수 있듯이, 특정한 시대의 사회적 관계에서 요구되는 행위의 자질 혹은 표준을 의미한다. 대표적인 시민성 관련 국제 비교 연구인 ICCS(International Civic and Citizenship Education Study)에 따르면, 이상적인 민주 시민의 자질은 인지(knowledging, reasoning and analysing)와 정서(attitude, value belief) 및 행동(behavior, behavior intentions)의 세 가지 차원으로 구분된다.[10] 이 중에서도 이 글은 관용, 공동체 의식, 참여 의식, 신뢰, 준법정신 등과 같은 시민적 태도로서 시민성을 촛불 집회 참가를 통해 형성되는 일차적인 자질이라고 전제하여 논의를 전개한다.

물론 촛불 집회 참가를 통해서 시민으로서 권리와 의무에 대한 이해와 비판 의식 등의 지적 기능도 향상될 수 있다. 그러나 이 글은 참여의 교육적 효과가 시민적 지식과 기술의 습득보다는 의식과 태도의 변화를 지향한다는 점에서 시민적 태도에 초점을 맞춘다. 이러한 관점은 역으로 민주주의에 대한 지식보다는 민주주의를 실천할 수 있는 의식과 태도를 가진 사람이 참여 민주주의 실현에 더 중요하다는 점을 강조하는 것이다.

이처럼 촛불 집회 참가의 긍정적 효과를 규명하는 작업은 유례없이 평화적으로 진행된 2016/17년 촛불 집회가 시민 교육의 장으로 기능했을 것이라는 긍정적인 기대 속에서 수행된다. 즉 정치 참여의 교육적 기

---

10 Schulz, W. J. et al., 2010, *ICCS 2009 Initial Findings from the IEA International Civic and Citizenship Education Study* (Amsterdam: IEA).

능을 강조한 참여 민주주의론의 이론적·경험적 논의를 촛불 집회에 적용하여 실증적으로 증명하는 것이다. 이러한 시도는 향후 평화적으로 진행되는 항의 집회 혹은 촛불 집회는 시민성 향상의 계기가 될 수 있다는 점을 규명한다는 의미를 가진다.

셋째, 결사체 활동이 시민성과 촛불 집회 참가로 연결되는 경로 구조를 분석하는 작업은 결사체 활동이 시민성 함양의 계기가 되고, 그 결과로 시민들이 자발적으로 촛불 집회에 참가했다는 가설을 검증하는 데 집중한다. 그리고 이러한 효과가 정당과 노동조합 및 시민 사회 단체의 정치적 결사체와 종친회·동창회·향우회와 친목 모임 및 동호회의 비정치적 결사체 사이에 차이가 있다는 점을 규명한다. 시민성은 촛불 집회 참가의 시민 교육적 효과의 분석과 마찬가지로 시민적 태도로 정의하여 논의를 전개한다.

정치적 및 비정치적 결사체 활동의 순기능에 주목하는 것은 사회 자본론의 이론적·규범적 논의를 실증적으로 증명하여 촛불 집회 참가의 중층적 동기를 규명한다는 의미를 가진다. 즉 평상시 결사체 활동이 관용, 참여 의식, 봉사 정신 등의 시민성을 함양시키는 동시에 결사체 활동을 통해서 축적된 시민성이 촛불 집회 참가를 추동한 주요한 동기가 되었다는 점을 규명하는 것이다.

2016/17 촛불 집회 설문 조사의 내용과 방법

2016/17년 촛불 집회 참가의 결정 요인 및 시민 교육적 효과 그리고 결사체 활동이 시민성과 촛불 집회 참가로 이어지는 경로 구조를 분석하기 위해서는 광범위한 자료의 수집이 전제되어야 한다. 촛불 집회 참가의 동기는 다양한 정치적·사회적·경제적 요인이 복합적으로 작용하여 이루어

진다. 시민적 태도로서 시민성의 형성은 다양한 정치·사회적 경험과 사회화 과정을 통해서 이루어지는 다차원적인 성격을 가진다. 그렇기 때문에 일회적인 혹은 일시적인 촛불 집회 참가의 시민 교육적 효과를 추정하기 위해서는 시민성에 영향을 미치는 다른 변수에 대한 세밀한 고려가 전제되어야 한다. 다시 말해 촛불 집회 참가와 시민성의 인과 관계에 대한 과도한 일반화의 오류를 차단하기 위한 노력을 기울여야 한다는 것이다. 더불어 결사체 활동이 시민성을 경유하여 촛불 집회 참가를 촉진하는 경로를 분석하기 위해서는 평상시 정치적 및 비정치적 결사체 활동에 대한 자료가 확보되어야 한다.

따라서 설문 조사는 국내외 기존 연구의 검토를 통해서 세 가지 연구 내용에 부합하는 다양한 독립 변수·종속 변수·통제 변수·매개 변수를 설정한 후, 이들 변수와 관련된 자료를 수집하기 위해서 수행되었다. 설문 조사를 통해 구축한 자료의 구체적인 내용은 다음과 같다.

첫째, 촛불 집회 참가의 결정 요인을 분석하기 위한 자료는 참가자와 비참가자의 정치적·경제적·사회적 특성을 조사하여 구축되었다. 기본적으로 촛불 집회를 포함해 다양한 정치 참여의 주요한 동기로 검증된 사회경제적 변수, 즉 성별, 연령, 거주 지역, 학력, 소득, 고용 형태를 조사하였다. 그리고 2008년 촛불 집회 참가의 핵심적인 동기로 검증된 보수적 혹은 진보적 이념과 지지 정당에 대한 정치적 정향을 포함하였다. 더불어 항의 집회 참가의 주요한 요인으로 검증된 분노 및 불만의 감정적 요인, 미디어 이용 패턴, 결사체 활동의 유형, 제도 및 사회 신뢰, 투표 및 비투표 활동과 같은 평상시 정치적 태도와 행동 방식에 대한 정보를 수집하였다.

둘째, 촛불 집회 참가의 시민 교육적 효과를 분석하기 위한 자료는 촛불 집회 참가 이외에 시민성에 영향을 미치는 다양한 통제 변수를 고려하여 수집되었다. 통제 변수는 시민성 형성에 결정적인 영향을 미친다고 알려진 성별, 연령, 거주 지역, 소득, 학력, 고용 형태, 종교 등의 사회경제적 요인들로 구성하였다. 또한 참여 민주주의론을 수용한 연구에서 시민성 함양의 요인으로 검증된 결사체 활동의 유형, 투표 및 비투표 활동, 제도 및 사회 신뢰, 미디어 이용 역시 통제 변수로 포함하였다. 특히 촛불 집회 영향력에 대한 인식, 즉 촛불 집회가 박근혜 전 대통령의 탄핵과 파면에 영향을 미쳤다는 의식을 주요한 통제 변수로 설정하였다. 촛불 집회 자체에 대한 이러한 긍정적 인식은 참가자뿐만 아니라 비참가자도 공통적으로 가질 수 있는 의식인 동시에 시민성의 변화를 이끄는 주요한 요인이 될 수 있기 때문이다.

한편, 종속 변수인 시민적 태도로서 시민성은 기존 연구를 참고하여 관용, 신뢰, 정치 및 사회 참여 의식, 공동체 의식, 민주적 의사 결정 태도에 대한 의식을 조사하여 구축되었다.[11] 민주적 의사 결정 태도는 상대방의 존재를 인정하는 토대 위에서 타협과 협상을 통해 공공의 문제를 해결하려는 태도를 말한다.[12] 참여 의식은 공동체의 공공 문제 해결 과정에서 능동적으로 관여하려는 의식과 태도를 의미한다. 공동체 의식은 개인이 속해 있는 공동체 및 공동체의 구성원에 대하여 느끼는 귀속 의식과 유대감을 기초로 하여 공동체의 유지와 발전을 위하여 공공의 이익을 중시하는 태도와 가치관으로 정의된다.[13] 신뢰는 일반 사람에 대한 믿음과 함께 정부 등의 공공 제도에 대한 믿음을 포함한다. 이러한 믿음은 자기편 사람에 대한 특정화된 신뢰(particularized trust)가 아니라 호혜적인 관

---

11 김영인, 2007, "청소년의 대한민국 청소년 의회 참여 경험과 시민성 변화," 『청소년학연구』 제14권 6호(한국청소년학회), 99~127쪽; 이용교·이중섭, 2010, "청소년의 사회 참여 활동이 시민성에 영향을 미치는 경로 연구: 사회 참여 의식, 사회적 신뢰, 친사회성의 매개 효과를 중심으로," 『청소년학연구』 제17권 2호(한국청소년학회), 203~232쪽; 도묘연, 2010, "NGO 참여 활동의 시민 교육 효과에 대한 탐색적 연구," 『21세기정치학회보』 제20집 2호(21세기정치학회), 77~100쪽.

12 허인숙·이정현, 2004, "청소년의 사회 참여 활동과 시민성 형성에 관한 연구," 『한국청소년연구』 통권 제40호(한국청소년정책연구원), 448쪽.

13 김원태, 2001, "고등 학교에서의 사회 참여 체험 교육과 시민성 형성에 관한 연구," 『시민교육연구』 제33권(한국사회과교육학회), 55쪽.

점에서 모르는 사람에 대해서도 믿음을 가지는 일반화된 신뢰(generalized trust)로 정의된다.[14] 관용은 나 또는 우리와 다른 개인이나 집단의 입장에 대하여 수용적으로 접근하는 자세로,[15] 자신과 다른 가치관 및 이념을 합리적으로 수용하려는 정신과 태도를 말한다.

셋째, 결사체 활동이 시민성과 촛불 집회 참가를 촉진하는 경로 구조를 분석하기 위해서 평상시 결사체 활동의 유형을 조사하였다. 독립 변수인 정치적 및 비정치적 결사체 활동에 대한 자료는 정당, 노동조합, 사회단체, NGO, 종친회·동창회·향우회, 친목 모임, 동호회 등 가입하여 활동하는 단체 수를 조사하여 구축되었다. 매개 변수인 시민성의 자료는 촛불 집회 참가의 시민 교육적 효과의 분석과 동일하게 관용, 신뢰, 정치 및 사회 참여 의식, 공동체 의식, 민주적 의사 결정 태도에 대한 인식을 조사하여 수집되었다.

이상에서 밝힌 독립 변수·종속 변수·통제 변수·매개 변수에 대한 자료 수집은 촛불 집회 참가자와 비참가자를 대상으로 수행되었다. 자료 수집은 여론 조사 기관(오피니언 라이브)에 의뢰해 온라인 설문 조사를 통해 이루어졌다. 설문 조사의 표본은 성별, 나이, 지역 등의 인구 통계학적 특성을 고려하여 비례층화 방식으로 추출하였다. 그리고 설문 조사는 세 가지 연구 내용의 분석 결과가 객관성을 가질 수 있도록 다음의 두 가지 측면을 고려하였다.

첫째, 촛불 집회 참가자를 연구 목적에 부합하는 실험 집단으로 그리고 비참가자를 연구의 타당성을 검증할 수 있는 통제 집단으로 설정하였다. 조사 대상은 1차 촛불 집회(2016년 10월 29일)부터 20차 촛불 집회(2017년 3월 11일)에 참가한 사람과 참가하지 않은 사람으로 구성하되, 참가자와 비참가자의 비율을 가능한 범위에서 비슷한 수준으로 설정하였

---

14 Newton, Kenneth, 1999, “Social Capital and Democracy in Modern Europe,” Jan W. Van Deth et al. (eds.), *Social Capital and European Democracy* (London: Routledge).

15 김원태(2001), 53쪽.

다. 그리고 참가자의 경우는 참가 횟수를 조사하였다. 총 1,518명의 조사 대상 중 참가자는 664명, 비참가자는 854명이었다. 1,518명의 조사 대상 중 다양한 정치적 및 비정치적 결사체에 가입하여 활동하는 사람들은 694명이었다.

둘째, 설문 조사는 2017년 3월 10일 박근혜 전 대통령의 파면이 확정된 이후 개최된 20차 촛불 집회의 종료 직후(2017년 3월 15일에서 3월 31일)에 이루어졌다. 이러한 조사 시기의 설정은 촛불 집회가 한창 진행 중에 설문 조사를 진행한 기존 연구의 한계를 보완하여 장기적으로 진행된 촛불 집회 참가자의 특성 변화를 종합적으로 고려할 수 있다는 장점을 가진다. 또한 촛불 집회 개최 초반에 설문 조사를 실시한 기존 연구와의 비교를 통해 촛불 집회 참가의 결정 요인을 비교하여 제시하는 장점을 가진다.[16]

특히 20차 촛불 집회 직후의 설문 조사는 촛불 집회 참가의 시민 교육적 효과를 객관적으로 규명하는 데 필수적으로 요청되는 사안이었다. 즉 촛불 집회 참가와 통제 변수로 설정된 변수 이외에 다른 외부적 경험이나 사건에 의해서 시민성이 변화될 수 있는 가능성을 차단하기 위한 노력의 일환이었다. 이는 시간의 경과에 따라 시민성에 영향을 미치는 다른 요인의 간섭 효과를 통제한다는 의미를 가진다.

2016/17 촛불 집회 참가자와 비참가자의 일반 특성 비교

<표 1-1>은 촛불 집회 참가의 결정 요인 및 시민 교육적 효과를 분석하기 위해서 설계된 독립 변수·종속 변수·설명 변수·통제 변수의 일반 특성을

16 이지호(2017); 이현우(2017).

보여준다. 그리고 이들 변수가 참가자와 비참가자 간에 차이가 있다는 점을 검증하고 있다. 조사 대상 1,518명 중 1차부터 20차 촛불 집회에 1회라도 참가한 사람은 664명(43.74%)이었고, 비참가자는 854명(56.26%)이었다. 664명 참가자들의 평균 참가 횟수는 2.61회였다.[17] 두 집단 간에 통계적으로 유의한 차이를 보이는 변수를 중심으로 그 특성을 제시하면 다음과 같다.

첫째, 촛불 집회의 영향력에 대한 인식은 참가자(5.70)가 비참가자(5.50)에 비해 더 높은 것으로 나타났다. 즉 참가자는 비참가자에 비해 촛불 집회가 박근혜 대통령에 대한 국회 탄핵 소추안 통과와 헌법재판소의 파면 결정에 더 큰 영향을 미쳤다고 인식하고 있었다.

둘째, 사회 경제적 요인 중 지역 및 소득과 종교를 제외한 성별, 나이, 학력, 지역, 고용 형태는 참가자와 비참가자 간에 차이가 있었다. 성별의 경우 남자는 참가율이 높았고(참가 56.93% 대 비참가 48.71%), 여자는 비참가율이 높았다(참가 43.07 대 비참가 51.29%). 연령의 경우 20대, 30대, 40대는 참가율이 높았으며(참가 19.43%, 20.03%, 24.40% 대 비참가 17.68%, 17.80,% 19.67%), 50대와 60대에서는 비참가율이 높았다(참가 17.62%, 18.52%, 대 비참가 23.77%, 21.08%). 학력은 고졸 미만 및 고졸에서는 비참가율이 높은 반면(참가 2.71%, 7.53%, 대 비참가 3.75%, 13.47%), 대재 및 대졸과 대학원 이상에서는 참가율이 높았다(참가 73.64%, 16.11%, 대 비참가 68.03%, 14.75). 고용 형태의 경우에는 경영 관리· 전문직 및 사무직은 참가율이 높았으나(참가 67.32% 대 비참가 55.74%), 생산직, 자영업, 학생 및 주부, 기타 및 실업 상태의 경우는 비참가율이 높았다(참가 32.68% 대 비참가 44.26%). 이상을 종합할 때, 촛불 집회 참가자들은 비참가자에 비해 상대적으로 남자가 많았고, 20대에서 40대의 젊은층, 대졸 이상의 고학

---

17 664명 촛불 집회 참가자의 참가 횟수별 인원은 다음과 같다. 1회 268명, 2회 164명, 3회 110명, 4회 22명, 5회 48명, 6회 11명, 7회 10명, 8회 4명, 9회 1명, 10회 17명, 11회 1명, 12회 2명, 14회 1명, 15회 2명, 16회 1명, 19회 1명, 20회 1명이었다.

력자 그리고 경영 관리·전문직 및 사무직 종사자들이 많았다.

셋째, 정치적 정향인 이념과 지지 정당은 참가자와 비참가자 간에 통계적으로 유의한 차이가 나타났다. 이념은 참가자(3.56)들이 비참가자(4.08)에 비해 자신을 더 진보적으로 평가하고 있었다. 지지 정당의 경우는 진보 정당(더불어민주당, 국민의당, 정의당) 지지자들의 참가율이 높았고(참가 63.86% 대 비참가 38.76%), 보수 정당(자유한국당, 바른정당) 지지자들의 참가율은 낮았다(참가 5.12% 대 비참가 8.67%). 또한 무당파층은 비참가율이 높았다(참가 31.02% 대 비참가 52.58). 따라서 촛불 집회의 참가자들은 비참가자들에 비해 이념적으로 진보적 성향의 사람과 더불어민주당, 국민의당, 정의당에 대한 지지가 높았다.

넷째, 감정적 요인의 변수는 모두 참가자와 비참가자 간에 통계적인 차이가 확인되었다. 분노, 참가 효능감, 대통령 국정 수행에 대한 불만족은 참가자(각각 5.06, 5.70, 4.54)가 비참가자(각각 4.78, 5.50, 4.29)에 비해 높았다. 따라서 촛불 집회 참가자들은 비참가자에 비해 국정 농단 게이트에 대한 분노의 감정이 높았고, 촛불 집회를 통해 대통령을 퇴진시킬 수 있다는 믿음이 강했으며, 대통령의 리더십과 통치 행태에 불만이 많은 사람들이었다.

다섯째, 평상시 정치적 태도와 행동 방식의 경우 정치적 결사체 참여도와 투표 활동 참여도만이 참가자와 비참가자 간에 유의한 차이가 있었다. 정치적 결사체 참가도는 전체적으로(0.12) 낮은 것으로 나타났지만, 참가자(0.19)가 비참가자(0.06)에 비해서 높았다. 투표 활동 참가도의 경우는 전체적으로(2.26) 매우 높은 것으로 나타났으나, 비참가자(2.59)가 참가자(1.83)에 비해 더 높았다. 따라서 촛불 집회의 참가자는 비참가자와 비교할 때, 상대적으로 취미 동호회 같은 친교 모임보다는 정당, 노동조합, NGO와 같은 정치적 결사체에 많이 가입하여 활동하고 있었고, 평상시 투표 참여 활동을 많이 하지 않는 사람들이었다.

여섯째, 시민성의 구성 변수는 관용과 참여 의식만이 참가자와 비참가자 간에 유의한 차이가 나타났다. 관용과 참여 의식은 참가자(각각 5.11, 4.75)가 비참가자(각각 4.91, 4.47)에 비해 높은 것으로 확인되었다. 따라서 촛불 집회의 참가자는 비참가자에 비해 다른 사람의 생각과 이념에 대한 폐쇄적인 성향보다는 수용적인 자세를 가지고 있었으며, 정치 및 사회 공동체에서 발생하는 공공의 문제에 관심이 많아 공동체의 의사 결정에 능동적으로 관여하려는 태도를 가진 사람들이었다.

<표 1-1> 촛불 집회 참가자 및 비참가자의 일반 특성(n=1,518)

(단위: 회, 명, %)

				전체 (N=1,518)	참가자 (N=664)	비참가자 (N=854)	χ^2/t
촛불 집회 참가 횟수				1.14	2.61	0	t=31.38, prob=0.0001
촛불 집회 영향력에 대한 인식[*]				5.59	5.70	5.50	t=2.86, prob=0.0001
사회 경제적 요인	성별	남		794(52.31)	378(56.93)	416(48.71)	χ^2=10.1073, df=1, prob=0.0015
		여		724(47.69)	286(43.07)	438(51.29)	
	연령	20대		280(18.45)	129(19.43)	151(17.68)	χ^2=13.3677, df=4, prob=0.0096
		30대		285(18.77)	133(20.03)	152(17.80)	
		40대		330(21.74)	162(24.40)	168(19.67)	
		50대		320(21.80)	117(17.62)	203(23.77)	
		60세 이상		303(19.96)	123(18.52)	180(21.08)	
	지역	행정 구역	영남	388(25.56)	153(23.04)	235(27.52)	χ^2=5.5128, df=2, prob=0.0635
			호남	148(9.75)	74(11.14)	74(8.67)	
			기타	982(64.49)	437(65.81)	545(63.82)	
		규모	대도시	830(54.68)	380(57.23)	450(52.69)	χ^2=3.1011, df=1, prob=0.0782
			기타	688(45.32)	284(42.77)	404(47.31)	
	학력	고졸 미만		50(3.29)	18(2.71)	32(3.75)	χ^2=15.4464, df=3 prob=0.0015
		고졸		165(10.87)	50(7.53)	115(13.47)	
		대재 및 대졸		1,070(70.49)	489(73.64)	581(68.03)	
		대학원 이상		233(15.35)	107(16.11)	126(14.75)	
사회 경제적 요인	소득	100만원 이하		35(2.31)	11(1.66)	24(2.81)	χ^2=9.3380, df=7 prob=0.2293
		101~200만원		101(6.65)	42(6.33)	59(6.91)	
		201~300만원		204(13.44)	81(12.20)	123(14.40)	
		301-400만원		289(19.04)	130(19.58)	159(18.62)	
		401~500만원		298(19.63)	120(18.07)	178(20.84)	
		501~600만원		216(14.23)	104(15.66)	112(13.11)	
		601~700만원		132(8.70)	58(8.73)	74(8.67)	
		701만원 이상		243(16.01)	118(17.77)	125(14.64)	
사회 경제적 요인	고용 형태	경영 관리 및 전문직		923(60.8)	447(67.32)	476(55.74)	χ^2=21.0239, df=1 prob=0.0001
		기타		595(39.2)	217(32.68)	378(44.26)	
	종교	유		695(45.78)	305(45.93)	390(45.67)	χ^2=0.0107, df=1 prob=0.9177
		무		823(54.22)	359(54.07)	464(54.33)	

정치적 정향	이념		3.85	3.56	4.08	t=-8.00, prob=0.0001
	지지 정당	진보	755(49.74)	424(63.86)	331(38.76)	χ^2=94.1147, df=2 prob=0.00013
		보수	108(7.11)	34(5.12)	74(8.67)	
		무당파층	655(43.15)	206(31.02)	449(52.58)	
감정적 요인	분노		4.90	5.06	4.78	t=-3.37, prob=0.0008
	참가 효능감		5.59	5.70	5.50	t=2.86, prob=0.0001
	대통령 국정 수행 불만족		4.40	4.54	4.29	t=3.02, prob=0.0026
정치적 태도 및 행동	민주주의 만족도		4.30	4.36	4.25	t=-1.34, prob=0.1805
	정치적 결사체 참여도*		0.12	0.19	0.06	t=4.89, prob=0.0001
	투표 활동 참여도*		2.26	1.83	2.59	t=-12.30, prob=0.0001
	TV 및 종이 신문 이용도*		1.09	1.16	1.05	t=-1.08, prob=0.2793
	제도 신뢰도		1.06	1.05	1.07	t=0.73, prob=0.4660
시민성	관용		4.99	5.11	4.91	t=3.88, prob=0.0001
	신뢰*		3.56	3.61	3.52	t=1.11, prob=0.2657
	참여 의식		4.60	4.75	4.47	t=5.48, prob=0.0001
	공동체 의식*		5.19	5.23	5.16	t=1.43, prob=0.1522

주: 1) *등분산 가설이 기각된 경우임.

2) 정치적 정향 중 이념, 감정적 요인, 정치적 태도 및 행동 중 민주주의 만족도, 시민성은 7단계 리커드 척도로 측정됨. <표 1-1>에서 제시된 변수의 구체적인 정의와 측정 방식은 <표 2-1>과 <표 3-2>을 참조함.

3) 정치적 결사체 참여도, 투표 활동 참여도, TV 및 종이 신문 이용도, 제도 신뢰도는 1보다 작으면 비정치적 결사체 활동, 비투표 활동, 인터넷 및 모바일·메신저 이용, 사회 신뢰를 많이 하는 것이고, 반면 1보다 크면 반대의 결과로 해석됨.

4) 조사 대상 1,518명의 지역별 분포를 구체적으로 살펴보면, 서울 306명(참가자 149명, 비참가자 157명), 경기 457명(참가자 191명, 비참가자 266명), 충청 156명(참가자 71명, 비참가자 85명), 전라 148명(참가자 및 비참가자 각각 74명), 경북 151명(참가자 56명, 비참가자 95명), 경남 237명(참가자가 97명, 비참가자 140명), 강원·제주 63명(참가자 26명, 비참가자 37명)임.

한편, <표 1-2>는 결사체 활동이 시민성과 촛불 집회 참가에 영향을 미친 경로 구조를 분석하기 위해서 설계된 외생 변수·매개 변수·내생 변수의 일반 특성을 보여준다. 그리고 이들 변수가 촛불 집회 참가자와 비참가자 사이에 차이가 있다는 점을 확인해 준다. 전체 1,518명의 조사 대상 중 결사체에 가입하여 활동하는 사람이 694명이었고, 이들 중 촛불 집회 참가자는 349명, 비참가자는 345명이었다. 참가자의 평균 참가 횟수는 2.74였다.[18] 결사체 활동자 중 촛불 집회 참가자와 비참가자 간에 계

18 694명의 결사체 활동자 중 349명의 촛불 집회 참가자의 참가 횟수별 인원은 다음과 같다.

적으로 유의한 차이를 보이는 변수를 중심으로 그 특성을 요약하면 다음과 같다.

첫째, 전체 결사체 가입 수는 참가자와 비참가자 간에 유의미한 차이가 나타나지 않았으나, 정치적 및 비정치적 결사체 가입 수에서는 차이가 확인되었다. 정치적 결사체 가입 수는 참가자가 많았으나(참가 0.57개 대 비참가 0.26개), 비정치적 결사체 가입 수는 비참가자가 많았다(참가 2.93개 대 비참가 3.43개). 구체적으로 노동조합 및 사회단체와 NGO의 가입 수는 참가자가 많았으나(참가 0.14개, 0.22개 대 비참가 0.06개, 0.08개), 취미 동호회와 친목 모임의 가입 수는 비참가자가 많은 것으로 나타났다(참가 1.07개, 0.81개 대 비참가 1.39개, 1.00개). 따라서 촛불 집회 참가자는 비참가자에 비해서 평상시 노동조합과 사회단체 및 NGO와 같은 정치적 결사체 활동을 많이 하지만, 친목 모임이나 취미 동호회와 같은 비정치적 결사체 활동을 많이 하지 않는 사람들이었다.

둘째, 결사체 활동자들의 시민성은 촛불 집회 참가자와 비참가자 간에 유의미한 차이가 확인되었다. 전체 시민성은 참가자가 높았고(참가 4.65 대 비참가 4.51), 참여 의식과 관용 역시 참가자가 높은 것으로 나타났다(참가 4.87, 5.14 대 비참가 4.67, 4.94). 따라서 결사체 활동자들 중에서 촛불 집회 참가자들은 비참가자에 비해 평소 공동체 문제에 관심이 많아 온라인 및 오프라인 상에서 정부 정책에 대한 의견을 개진하는 등의 정치적 관여 의식이 높았고, 자신과 다른 가치관과 이념을 가진 사람들의 의견을 수용하려는 개방적인 자세와 태도를 가지고 있었다.

1회 129명, 2회 82명, 3회 68명, 4회 11명, 5회 32명, 6회 5명, 7회 4명, 8회 2명, 10회 11명, 11회 1명, 12회 2명, 15회 1명, 20회 1명이다.

<표 1-2> 결사체 활동자 중 촛불 집회 참가자와 비참가자의 일반 특성(n=694명)

(단위: 회, 개)

구분	전체 (N=694)	참가자 (N=349)	비참가자 (N=345)	t
촛불 집회 참가 횟수	1.38	2.74	0.00	t=20.84, prob=0.0001
결사체 가입 수	3.60	3.50	3.70	t=-0.79, prob=0.4318
정치적 결사체*	0.42	0.57	0.26	t=3.93, prob=0.0001
정당*	0.17	0.21	0.13	t=1.60, prob=0.1104
노동조합 및 사회단체*	0.10	0.14	0.06	t=3.21, prob=0.0014
NGO*	0.15	0.22	0.08	t=3.51, prob=0.0005
비정치적 결사체	3.18	2.93	3.43	t=-2.14, prob=0.0328
종친회·동창회·향우회	1.05	1.05	1.05	t=0.04, prob=0.9673
취미 동호회*	1.22	1.07	1.39	t=-2.75, prob=0.0061
단순 친목 모임*	0.90	0.81	1.00	t=-1.82, prob=0.0687
시민성	4.58	4.65	4.51	t=2.82, prob=0.0050
신뢰	3.51	3.58	3.45	t=1.19, prob=0.2344
참여 의식	4.77	4.87	4.67	t=2.88, prob=0.0041
관용	5.04	5.14	4.94	t=2.89, prob=0.0039
민주적 의사결정 태도	4.78	4.77	4.79	t=-0.54, prob=0.5920

주 : 1) *등분산 가설이 기각된 경우임.
2) 시민성은 7단계 리커트 척도로 측정됨.

이처럼 양변량 분석에서는 촛불 집회 참가자와 비참가자들 간에 정치적·경제적·사회적 특성으로 정의된 변수들의 차이가 확인되었다. 그러나 촛불 집회 참가의 결정 요인과 시민 교육적 효과 그리고 결사체 활동이 시민성과 촛불 집회 참가에 영향을 미치는 경로 구조를 분석하기 위해서는 위에서 제시한 변수들 간의 영향력을 통제해야 한다. 따라서 <표 1-1>과 <표 1-2>의 분석 내용을 참고하되, 세 가지 연구 내용은 다중회귀분석과 경로 분석과 같은 다변량 분석을 통해 수행하였다.

제2장

촛불 집회 참가의 결정 요인

무엇이 시민들의 2016/17년 촛불 집회 참가를 이끌었는가? 이러한 물음에 대한 해답은 제도적(conventional) 및 비제도적(unconventional) 정치 참여에 영향을 미치는 일반적 요인을 확인하는 과정에서 찾아야 한다. 촛불 집회는 다양한 비제도적 정치 참여 방식 중의 하나인 항의 집회(protest)이며, 항의 집회로서 촛불 집회는 시민 불복종의 일부인 정치적 저항 행위로 정의된다.[1]

사회 운동론의 관점에서 볼 때, 항의 집회로서 촛불 집회는 일시적(episodic)이고 감정적(emotional) 특성을 가진다는 점에서 일반적인 사회 운동이나 시민 집회와는 차이를 보인다. 일반적인 사회 운동이 사회 구조와 제도를 변화시키기 위해 계속적이고 지속적으로 표출되는 집합적 저항 행동이라면,[2] 촛불 집회는 특정한 사건에 의해 촉발되었다가 사라지는 짧은 한 때의 집합적 저항 행동이라고 할 수 있다. 또한 촛불 집회는 예상

---

1 이현우(2008), 9쪽. 제도적 및 비제도적 정치 참여에 대한 정의는 제1장의 1절을 참조했다.

2 이준한, 2009, "촛불, 매스 미디어, 그리고 민주주의," 『사회과학연구』 제17권 1호(서강대학교 사회과학연구소), 269쪽.

치 못한 사건에 의해서 촉발되는 반응적 집회의 성격을 가지며, 이 경우 분노와 불만과 같은 감정적 요인은 시민들의 항의 집회 참가를 이끄는 주요한 이유가 된다.[3]

촛불 집회가 비제도적 정치 참여의 한 유형인 항의 집회로 정의된다면, 항의 집회 참가에 영향을 미치는 일반적 요인 역시 촛불 집회 참가를 이끄는 중요한 요인이 된다. 설문 조사를 통해 2008년과 2016/17년 촛불 집회를 경험적으로 분석한 기존의 연구들은 남성, 젊은 세대, 호남 지역, 진보적 이념과 정당 지지, 탈물질주의 성향, 정치 효능감, 국가 신뢰도, 분노의 감정이 촛불 집회 참가를 이끄는 주요한 동기라는 점을 확인시켜 주었다.[4] 이 연구들은 촛불 집회가 발생한 한국의 특수한 정치적·경제적 맥락 속에 참가의 결정 요인을 규명하여 촛불 집회의 성격을 규정하는 성과를 거두었다. 그러나 상대적으로 항의 집회 참가에 영향을 미치는 요인을 설명 변수로 설정하려는 노력이 부족하였다.

그 결과 항의 집회 참가의 주요한 결정 요인으로 검증된 분노, 미디어 이용, 신뢰는 연구자들에 따라 부분적으로 차용되었고, 결사체 활동을 포함해 평상시 시민들의 정치 참여 행태를 독립 변수로 설정한 연구를 찾아 볼 수 없다. 물론 촛불 집회가 한국 정치사에서 독특한 형태의 사건이기 때문에 기존의 정치 참여 이론을 무비판적으로 적용할 수는 없다는 지적도 고려해야 한다.[5] 그러나 항의 집회 참가의 일반적 요인과 한국적 맥락의 특수한 요인을 동시에 고려하여 촛불 집회 참가의 결정 요인을 분석한다면, 촛불 집회는 한국의 특수한 정치적 사건을 뛰어 넘어 일반적인 정치적 저항 행위로서 그 의미를 도출하는 장점을 가질 수 있다.

---

3 이현우(2017); Walgrave, Stefaan and Joris Verhulst, 2006, "Towards New Emotional Movement? A Comparative Exploration into a Specific Movement Type," *Social Movement Studies*, vol.5, no.3, pp.275~304.

4 조기숙·박혜윤(2008), 이갑윤(2010); 이지호(2017); 이현우(2017).

5 이갑윤(2010), 100쪽.

따라서 2016/17년 촛불 집회 참가의 결정 요인을 분석하는 제2장은 한국의 촛불 집회와 항의 집회 참가를 설명하는 요인을 종합하여 진행되며, 이를 통해 궁극적으로 촛불 집회 참가의 동기를 규명할 것이다. 제2장은 『의정연구』에서 발표한 논문을 요약 및 재구성한 것이며,[6] 단행본으로 재구성하는 과정에서 논문의 내용을 더욱 세밀하게 수정하는 과정을 거쳤다.

특히 촛불 집회 참가의 동기를 규명하는 작업은 두 단계의 위계적 회귀 모형을 구성하여 진행되었다. [모형1]은 2008년 촛불 집회 참가의 주요한 동기가 되었던 사회 경제적 요인과 정치적 정향의 변수로, [모형2]는 항의 집회 참가에 영향을 미치는 감정적 요인과 평상시 정치적 태도 및 행동 방식의 변수를 포함하여 구성하였다. 이러한 모형의 구축은 다음의 두 가지 측면에서 의미를 가진다. 첫째, 2008년 촛불 집회 참가에 영향을 미쳤던 주요한 요인의 유효성을 확인하여 참가자의 특성 변화를 규명할 수 있다. 즉 2008년 촛불 집회 참가의 주요한 요인으로 확인되었던 성별, 지역, 연령, 이념 및 지지 정당의 영향력을 2016/17년 촛불 집회에서 검증하여 비교하는 것이다.

둘째, 항의 집회 참가를 결정하는 일반적 요인의 유효성을 검증하여 항의 집회의 한 유형으로서 촛불 집회의 보편적 특성을 제시할 수 있다. 유례없는 평화적 진행으로 대장정을 마감한 2016/17년 촛불 집회는 한국 사회에서 평화적 항의 집회 혹은 시위가 시민들의 직접적인 정치 참여 방식으로 정착될 수 있는 가능성을 확대하였다. 따라서 항의 집회 참가의 결정 요인을 촛불 집회에 적용하는 것은 향후 평화적인 집회와 시위가 보편적인 저항 행위로 정착될 수 있는 조건을 도출한다는 의미를 가진다.

---

6 도묘연, 2017a, “2016/17년 박근혜 퇴진 촛불 집회 참가의 결정 요인,” 『의정연구』 제23권 2호(한국의회발전연구회), 109~146쪽.

촛불 집회를 비제도적 정치 참여의 한 유형인 항의 집회로 정의할 경우, 촛불 집회 참가의 결정 요인을 분석하는 작업은 항의 집회 참가의 다양한 동기를 확인하는 과정에서 시작되어야 한다. 항의 집회 참가의 결정 요인을 분석하는 연구들은 정치 참여 요인을 설명하는 시민 자발성 모델(civic voluntarism)의 연장선상에서 수행되고 있다.

시민 자발성 모델에서는 물적 자원과 함께 정치적 관심 및 정치적 효능감 같은 정치적 관여와 동원의 네트워크(network of recruitment)를 정치 참여를 추동하는 주요한 요인으로 지목하고 있다. 이러한 맥락에서 사회경제적 요인과 같이 개인이 집회에 참가하는 데 부담해야 하는 비용이나 위험이 없는 정도를 나타내는 사적 가용성(biological availability), 정치적 관심이나 정치 정보 수준과 같은 정치적 관여 그리고 타인과의 네트워크로 대표되는 구조적 가용성(structural availability)은 항의 집회 참가에 영향을 미치는 주요한 요인이 된다.[7]

첫째, 사회 경제적 요인 중 소득과 교육 수준은 항의 집회의 참가를 유인하는 중요한 변수이다. 서구의 경우 과거에는 항의 집회에 참가하는 사람들이 사회적 약자이며, 이들의 행위를 비이성적으로 보는 시각이 지배적이었다.[8] 그러나 최근의 연구에서는 교육 및 소득 수준이 높고 개인의 생활에 만족하는 중상위 계층의 사람들이 항의 집회에 더욱 빈번하게 참가하는 것으로 확인되었다.[9]

---

7 Schussman, Alan and Sarah A. Soule, 2005, "Process and Protest: Accounting for Individual Protest Participation," *Social Forces*, vol.84, no.2, pp.1083~1108; 이현우(2017) 재인용.

8 Lukes, Steven, 1974, *A Radical View* (London: MacMillan Press).

9 Rucht, Dieter, 2007, "The Spread of Protest Politics," Russell J. Dlaton and Hans-Dieter Klingemann (eds.), *The Oxford Handbook of Political Behavior* (New York: Oxford University Press); Norris, Pippa et al., 2005, "Who Demonstrates? Antistate Rebels,

둘째, 정치적 관여의 변수 중 정치적 효능감, 신뢰, 미디어 이용은 항의 집회 참가를 이끄는 주요한 요인이다. 일반적으로 정치적 효능감, 즉 자신이 정치적 의사 결정 과정에 영향을 미칠 수 있는 자원과 기술을 가지고 있다는 주관적 인식은 전통적으로 항의 집회 참가를 촉진하는 핵심 변수로 지목되어 왔다.[10] 또한 신뢰는 사회적 자본과 정치 참여의 연관성에 주목하는 국내외 연구자들의 관심을 받아 왔다[11] 이들은 신뢰를 정부, 국회, 정당 등에 대한 공적 신뢰와 일반인에 대한 사회 신뢰로 구분하여, 두 가지 유형의 신뢰가 시위나 집회 참여를 촉진하거나 혹은 억제한다는 점을 규명하였다.[12] 미디어 이용의 경우 전통적으로 TV 시청량은 제도적 혹은 비제도적 정치 참여를 줄이거나 혹은 촉진하는 요인 중의 하나이다.[13] 특히 정보화 사회에서 다양한 온라인 미디어의 활용 방식, 즉 온라인 정치 토론 및 글쓰기 활동, 인터넷을 통한 정치 정보의 습득, 정치인과의 SNS 활동은 항의 집회의 참가를 촉진하는 요인이었다.[14]

Conventional Participants, or Everyone?," *Comparative Politics*, vol.37, no.2, pp.189~205.

10 Verba et al.(1995).

11 Putnam, Robert D, 2001. *Bowling Alone: The Collapse and Revival of American Community* (New York: Simon & Schuster Paperbacks).

12 송경재, 2013, "사회적 자본과 한국의 시민 참여: 관습적·비관습적 참여와 사회적 자본." 『한국정당학회보』 제12권 2호(한국정당학회), 221~244쪽; 민영·주익현, 2007, "사회 자본의 민주주의 효과: 미디어 이용과 사회 자본이 정치적 관심과 신뢰 및 참여에 미치는 영향," 『한국언론학보』 제51권 6호(한국언론학회), 190~217쪽: 이양수, 2006, "한국적 사회 자본이 주민의 정치 참여 행태에 미치는 영향," 『지방정부연구』 제10권 3호(한국지방정부학회), 25~43쪽.

13 Putnam(2001); 성동규 외, 2007, "온-오프라인 정치 참여에 대한 미디어 영향력 비교 연구: 뉴스 이용 미디어에 따른 수용자 세분화를 중심으로," 『사이버커뮤니케이션학보』 제24호(사이버커뮤니케이션학회), 5~50쪽.

14 민영·주익현(2007); 이정기, 2011, "온·오프라인 공간에서의 '저항적(대안적) 정치 참여'에 관한 연구: 미디어 이용량, 미디어 신뢰도, 정치 신뢰도, 정치 효능감이 저항적(대안적) 정치 참여 경험과 의도에 미치는 영향을 중심으로," 『미디어, 젠더 & 문화』 제18호(한국여성커뮤니케이션학회), 73~109쪽; 조진만, 2013, "정보화가 정치 참여에 미치는

셋째, 사회적 네트워크는 참여 비용의 절감과 함께 다양한 정치 참여 행위를 촉진하는 중요한 요인이다. 즉 개인이 사회적 네트워크에 속해 있을수록 시위나 집회 참여를 위한 다양한 기회와 계기를 가질 수 있다는 것이다.[15] 이 경우 조직이나 결사체에 가입한 개인은 동료 집단으로부터 압박이나 동료와의 연대감 때문에 항의 집회에 참가할 수도 있다. 또한 결사체 활동은 참여 의식의 제고와 같은 시민성 함양의 계기를 제공하여 개인의 정치 참여를 확대할 수도 있다.[16] 특히 항의 집회를 유인하는 효과는 결사체 유형별로 차이가 있다. 정당을 포함한 노동조합 및 NGO와 같은 정치적 결사체에 비해 동호회 및 봉사 단체와 같은 비정치적 결사체의 활동이 시위나 항의 집회 참여를 촉진하기도 하지만,[17] 그 반대로 정당 및 시민 단체의 활동에 적극적인 사람들의 항의 집회 참여가 활발하다는 경향도 확인되었다.[18]

이상의 전통적인 요인과 함께 감정이 항의 집회 참가를 이끄는 중요한 요인으로 주목받고 있다. 특히 특정한 상황이 정의롭지 못하다는 인식에 기반을 둔 '부정의 의미 틀'은 개인의 항의 집회와 같은 집합적 행동의 참가를 추동하는 중요한 동기이다.[19] 즉 상대적 박탈감, 좌절, 부당함

효과: 경험적 분석," 『한국정치학회보』 제45집 5호(한국정치학회), 273~296쪽.

15 Verba et al(1995); McAdam, Doug and Ronnelle Paulsen, 1993, "Specifying and the Relationship Between Social Lies and Activism," *American Journal of Sociology*, vol.99, no.6, pp.640~667; 장수찬, 2002, "한국 사회에 나타난 악순환의 사이클: 결사체 참여, 사회 자본, 그리고 정부 신뢰," 『한국정치학회보』 제36집 1호(한국정치학회), 87~112쪽.

16 Nie, Norman H. and Sidney Verba, 1975, "Political Participation," Fred I. Greenstein and Nelson W. Polsby (eds.), *Handbook Political Science vol.4. Nongovernment Politics* (California: Addison-Wesley Publishing Press).

17 장수찬(2002); 민영·주익현(2007); Norris et al.(2005); 김상돈·김태준, 2008, "자발적 결사체 가입이 정치 참여에 미치는 영향: 정치 효능감과 시민권 덕목의 매개 효과 분석," 『사회과학연구』 제16권 1호(서강대학교 사회과학연구소), 68~113쪽.

18 Norris et al.(2005).

19 Gamson, W, 1992, "The Social Psychology of Collective Action," A. Morris and C.

등에 대한 분노는 항의 집회 참가를 증폭시키는 촉진제가 된다는 것이다. 분노는 분노를 유발한 대상에 대한 거리 시위 혹은 항의적 접촉을 유인하는 요인이며,[20] 조직에 속하지 않는 시민들의 자발적인 참가로 이루어지는 항의 집회의 경우 분노는 집회 참가를 추동하는 강력한 동기로 작용한다.[21]

이처럼 집회와 시위의 보편화와 함께 국내외적으로 항의 집회 참가의 결정 요인을 설명하는 다양한 이론과 모델이 축적되고 있다. 그러나 촛불 집회 참가의 결정 요인을 분석한 국내 연구들은 위에서 논의한 다양한 변수들을 종합적으로 고려하지 못하는 일정한 한계가 있다. 즉 한국의 특수한 정치적·경제적 맥락 속에서 독립 변수를 설정하여 촛불 집회 참가의 결정 요인을 도출한다는 것이다.

2008년 촛불 집회를 분석한 조기숙·박혜윤[22]은 2008년 촛불 집회를 물질주의 가치를 대변하는 정부와 먹거리 안전성을 중요시하는 탈물질주의 성향의 집회 참가자 간의 문화적 충돌이었다고 전제한다. 그리고 촛불 집회 참가자들이 일반 시민들에 비해 탈물질주의 의식이 강하다는 점을 밝히고, 탈물질주의 의식이 촛불 집회를 포함한 정치적 저항 행위를 유인하는 요인이라는 점을 규명하였다. 이갑윤[23]은 2008년 촛불 집회의 특수성을 고려하여 사회 경제적 요인, 정치적 정향, 미디어 이용 유형과 함께 이명박 대통령에 대한 직무 평가, 미국과의 정서적 거리, 미국산 쇠고기를 먹을 의사를 독립 변수로 설정하여 촛불 집회 참가의 결정 요인

Mueller (eds.), *Frontiers in Social Movement Theory* (New Haven: Yale University Press).

20 민희·윤성이, 2016, "감정과 정치 참여," 『한국정치학회보』제50집 1호(한국정치학회), 271~294쪽.

21 Walgrave, Stefaan and J. Manssens, 2000, "The Making of the White March: The Mass Media as a Alternative to Movement Organization," *Mobilization*, vol.5, no.2, pp.217~239.

22 조기숙·박혜윤(2008).

23 이갑윤(2010).

을 도출하였다. 그의 연구에서는 남자, 젊은 세대, 진보적 이념, 호남 지역 함께 이명박 대통령의 직무 평가에 대한 불만족이 촛불 집회 참가를 이끈 주요한 요인이라는 점이 확인되었다.

2016/17년 촛불 집회를 분석한 이지호[24]는 촛불 집회가 정부 및 정치에 대한 불신과 사회적·경제적 불만 의식에 의해서 촉발되었다고 전제한다. 따라서 공정 분배와 빈부 격차 등의 사회 경제적 의식과 관련된 변수와 정치 효능감과 국가 신뢰도 등의 정치적 태도로 구성된 변수를 주요한 설명 변수로 설정하였고, 이들 변수와 함께 인구 사회적 변수 및 정치적 정향이 촛불 집회 참가에 미친 영향을 규명하였다. 그의 분석에 의하면, 국민의당 지지 성향, 국가 신뢰도, 정치 체제에 대한 지지는 촛불 집회 참가를 추동하는 요인이었다. 이현우[25]의 연구는 촛불 집회를 촉발시킨 주요한 요인으로 국정 농단 게이트에 대한 분노의 감정에 주목하여 분노와 함께 정치 효능감, 정치 이념, 집회 정당성을 독립 변수로 설정하였다. 그의 분석에서는 촛불 집회 참가를 이끄는 주요한 요인이 이념이 아니라 분노라는 점이 확인되었다.

이들 연구들은 참가자의 정치적·경제적·사회적 특성을 조사하여 촛불 집회 참가의 결정 요인을 도출하는 성과를 달성하였다. 그러나 한국의 특수한 정치적·경제적 맥락 속에서 참가의 결정 요인을 분석하는 경향이 강했기 때문에 항의 집회 참가의 주요한 요인으로 검증되었던 다양한 변수들은 큰 관심을 받지 못했다. 그 결과 연구자들에게 분노, 미디어 이용, 신뢰의 변수는 필수가 아닌 선택적인 독립 변수로 차용되었다. 또한 사회적 네트워크로 대변되는 결사체 활동과 항의 집회 참가를 이끄는 평상시 투표 및 비투표적 정치 참여 행태를 독립 변수로 설정하려는 노력을 찾아보기 어려웠다.

---

24 이지호(2017).

25 이현우(2017).

물론 촛불 집회가 한국 정치사의 매우 독특한 사건이기 때문에 촛불 집회 참가의 결정 요인 분석에서는 한국의 특수한 정치적·경제적 맥락을 고려해야 한다. 그러나 촛불 집회 역시 비제도적 정치 참여의 한 유형인 항의 집회로 정의된다면, 항의 집회 참가에 영향을 미치는 일반적인 요인 역시 촛불 집회 참가의 중요한 요인으로 설정되어야 한다.

따라서 이 글은 한국의 촛불 집회 참가를 추동했던 특수한 요인과 항의 집회 참가를 이끄는 일반적 요인을 종합하여, 2016/17년 촛불 집회 참가의 결정 요인을 도출한다. 특히 2016/17년 촛불 집회를 계기로 한국 사회에서도 평화적 방식의 정치적 저항 행위의 보편화가 이루어질 가능성이 높다. 이러한 현실을 고려할 때, 자료 수집의 어려움이 있더라도 항의 집회 참가에 영향을 미치는 다양한 변수를 고려하여 일반적 저항 행위로서 촛불 집회의 의미를 도출할 필요가 있다.

분석틀

2016/17년 촛불 집회 참가의 결정 요인을 분석하기 위해서 이론적 모형을 [그림 2-1]과 같이 4가지 차원에서 설계하였다. 이론적 모형은 항의 집회 및 한국의 촛불 집회 참가에 영향을 미쳤다고 검증된 변수를 종합적으로 고려하되, 연구자의 판단에 따라 새로운 변수를 추가하여 구축되었다.

첫째, 사회 경제적 요인은 성별, 연령, 학력, 소득, 고용 형태와 함께 2008년 촛불 집회 참가의 주요한 요인이 되었던 지역을 포함하였다.

둘째, 정치적 정향 역시 2008년 촛불 집회 참가의 동기로 작용했던 개인의 이념과 지지 정당으로 구성하였다.[26]

셋째, 감정적 요인은 표면적으로 드러난 박근혜 대통령에 대한 분노와 불만에 초점을 맞추어, 국정 농단 게이트에 대한 분노 및 대통령 국정 수행에 대한 불만족과 함께 촛불 집회 참가의 효능감으로 구성하였다. 정치적 효능감은 일반적으로 정치적 관여로 정의되는 변수이다. 하지만 이 글에서는 참가 효능감, 즉 촛불 집회 참가가 대통령의 퇴진에 영향을 미칠 수 있다는 인식을 대통령에 대한 분노와 불만을 해결하려는 감정적 요인에 의해서 촉발된 것으로 정의하였다.

[그림 2-1] 이론 모형: 촛불 집회 참가의 결정 요인

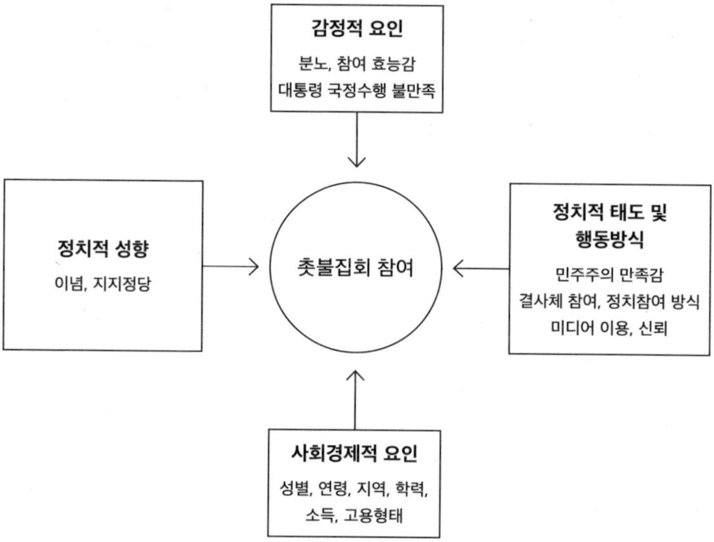

넷째, 평상시 정치적 태도 및 행동 방식은 항의 집회 참가의 주요한 요인으로 검증되었던 매스 미디어 이용, 신뢰, 결사체 활동과 함께 정치 참여 방식과 민주주의에 대한 만족감을 추가하였다. 민주주의에 대한 만족감은 항의 집회나 촛불 집회가 민주주의 발전의 지체에 대한 저항적

26 이갑윤(2010).

성격을 갖기 때문에[27], 민주주의에 대한 지지가 높을수록 저항 행위에 참가할 가능성이 높다는 점을 규명하기 위해서 구성하였다. 정치 참여 방식의 경우는 수동적인 투표 활동 이외에 다양한 비투표적 활동에 적극적으로 참가하는 사람일수록 시위나 집회에 참가할 가능성이 높다는 점을 검증한다는 의미를 가진다.

[그림 1]의 이론적 모형에 기초하여, 2016/17년 촛불 집회 참가의 결정 요인을 도출하기 위한 구체적인 분석 모형을 설정하였다. 종속 변수인 촛불 집회 참가는 그 횟수로 측정하였다. 그리고 촛불 집회 참가에 영향을 미치는 개별 독립 변수의 영향을 추정하기 위해 다중 회귀 분석을 수행하였다. 구체적인 분석 모형은 다음과 같다.

$$y_i=\alpha*d1+\beta*x1+\gamma*d2+\delta*d3+\varepsilon*x2+\zeta*x3+\eta*d4+\theta*x4+\iota*d5+\kappa*d6+\lambda*x5+\mu*x6+\nu*x7+\xi*x8+o*x9+\pi*x10+\rho*x11+\sigma*x12$$

여기서 종속 변수: y_i은 촛불 집회 참가 횟수

독립 변수: $d1$ 성별 더미, $x1$ 연령, $d2$ 영남 지역 더미, $d3$ 호남 지역 더미, $x2$ 학력, $x3$은 소득, $d4$ 고용형태 더미, $x4$ 이념, $d5$ 진보 정당 더미, $d6$ 보수정당 더미, $x5$ 분노, $x6$ 참여 효능감, $x7$ 대통령 국정 수행 불만족, $x8$ 민주주의 만족도, $x9$ 정치적 결사체 참여도, $x10$ 투표 활동 참여도, $x11$ TV 및 종이 신문 이용도, $x12$ 제도 신뢰도

위의 분석 모형에서 알 수 있듯이, 평상시 정치적 태도 및 행동 방식을 구성하는 4가지 변수는 정치적 결사체 참여도, 투표 활동 참여도, TV 및 종이 신문 이용도, 제도 신뢰도라는 측정 변수로 변환하여 사용하였다.

27 이지호(2017).

이러한 개념화는 4가지 변수의 경우 세부 유형별로 항의 집회 참가에 미치는 영향이 다를 수 있다는 기존 연구를 반영한 결과이다. 또한 독립 변수들 간의 다중 공선성과 자기 상관성의 문제를 차단하기 위한 노력의 일환이다. 즉 정치적 및 비정치적 결사체 활동, 투표 및 비투표 활동, TV(종이 신문) 및 인터넷(소셜 미디어·모바일 메신저) 이용, 제도 및 사회 신뢰를 각각의 독립 변수로 차용할 경우 하나의 활동이 활성화될 때 다른 하나의 활동도 함께 증가하는 문제점을 통제하기 위해서 새로운 측정 변수를 설정한 것이다. 구체적인 측정 변수의 정의와 척도는 <표 2-1>과 같다.

<표 2-1> 분석 변수의 정의와 척도

<table>
<tr><th></th><th colspan="2">변수명</th><th>측정 변수</th><th>척도</th></tr>
<tr><td>종속 변수</td><td colspan="2">촛불 집회 참가</td><td>촛불 집회 참가 횟수(0회에서 20회)</td><td>비율</td></tr>
<tr><td rowspan="16">독립 변수</td><td rowspan="6">사회 경제적 요인</td><td>성별 (성별 더미)</td><td>남과 여 (남=1, 여=0)</td><td rowspan="6">명목</td></tr>
<tr><td>연령</td><td>20대, 30대, 40대, 50대, 60대 이상</td></tr>
<tr><td>지역 (지역 더미)</td><td>영남, 호남, 기타
영남 더미(영남=1, 기타=0), 호남 더미(호남=1, 기타=0)</td></tr>
<tr><td>학력</td><td>고졸 미만, 고졸, 대재 및 대졸, 대학원 이상</td></tr>
<tr><td>소득</td><td>100만원 단위 7개 구간</td></tr>
<tr><td>고용 형태
(고용 형태 더미)</td><td>경영관리·전문직, 사무직, 생산직, 자영업, 학생, 주부, 기타 및 실업 상태
(경영관리·전문직 및 사무직=1, 기타=0)</td></tr>
<tr><td rowspan="2">정치적 정향</td><td>이념</td><td>진보 혹은 보수로 생각하는 정도(1 진보, 7 보수)</td><td>7단계 리커트</td></tr>
<tr><td>지지 정당[1]
(지지 정당 더미)</td><td>진보(더불어민주당, 정의당, 국민의당),
보수(자유한국당, 바른정당), 무당파층
진보더미(진보=1, 기타=0), 보수더미(보수=1, 기타=0)</td><td>명목</td></tr>
<tr><td rowspan="3">감정적 요인</td><td>분노</td><td>국정 농단 게이트에 대한 분노 정도</td><td rowspan="3">7단계 리커트</td></tr>
<tr><td>참가 효능감</td><td>촛불 집회 참가가 박근혜 대통령 퇴진에 영향을 미칠수 있다는 믿음</td></tr>
<tr><td>대통령 국정 수행 불만족</td><td>박근혜 대통령의 리더십과 통치행태에 대한 불만</td></tr>
<tr><td rowspan="5">정치적 태도 및 행동 방식[2]</td><td>민주주의 만족도</td><td>민주화 이후 한국 민주주의 발전에 대한 만족도</td><td>7단계 리커트</td></tr>
<tr><td>정치적 결사체[3] 참여도</td><td>(가입하여 활동하는 정치적 결사체 수) / (가입하여 활동하는 비정치적 결사체 수)</td><td>비율</td></tr>
<tr><td>투표 활동[4] 참여도</td><td>(투표 활동 수준) / (비투표 활동 수준)</td><td>7단계 리커트</td></tr>
<tr><td>TV 및 종이 신문 이용도[5]</td><td>(TV 및 종이 신문 이용 시간) / (인터넷 및 소셜 미디어· 모바일 메신저 이용 시간)</td><td>비율</td></tr>
<tr><td>제도 신뢰도[6]</td><td>(제도 신뢰 정도) / (사회 신뢰 정도)</td><td>7단계 리커트</td></tr>
</table>

주: 1) 촛불 집회 국면에서 국민의당은 박근혜 대통령의 탄핵과 촛불 집회의 정당성을 적극적으로 주장하여 보수 정당과는 차별성을 띠었기 때문에 진보 정당으로 분류하였음.
2) 정치적 태도 및 행동 방식 측정 변수 중 정치적 결사체 참여도, 투표 활동 참여도, TV 및 종이 신문 이용도, 제도 신뢰도의 추정치가 (-)이면 비정치적 결사체 참여도, 비투표 활동 참여도, 인터넷 및 소셜 미디어·모바일 메신저 이용도, 사회 신뢰도가 촛불 집회 참가에 긍정적인 영향을 미치는 것임.
3) 정치적 결사체는 정당·노동조합·NGO로, 비정치적 결사체는 취미 동호회 친목 모임·향우회·동창회·종친회로 구성함.

이상의 분석 모형에 기초하되, 실제 분석은 위계적 회귀 분석을 위해 2개의 분석 모형을 구축하여 진행하였다. [모형1]은 2008년 촛불 집회 참가를 추동했던 사회 경제적 요인과 정치적 정향의 변수가 2016/17년 촛불 집회 참가에 미친 영향을 추정한다. 그리고 [모형2]는 감정적 요인과 정치적 태도 및 행동 방식의 변수를 추가하여 2016/17년 촛불 집회 참가에 미친 영향을 분석한다. 이러한 모형을 통해 2008년 촛불 집회 참가를 이끌었던 요인의 유효성을 확인하여 참가자의 동기 변화를 규명하는 동시에 항의 집회로서 2016/17년 촛불 집회의 보편적 특성을 제시할 것이다.

2016/17 촛불 집회 참가의 결정 요인

<표 2-2>의 [모형1]은 2008년 촛불 집회 참가의 주요한 결정 요인으로 검증되었던 사회 경제적 요인 및 정치적 정향의 영향을 분석한 결과이다. [모형 2]는 감정적 요인과 평상시 정치적 태도 및 행동 방식을 추가하여 4가지 차원의 개별 독립 변수가 촛불 집회 참가에 미친 영향을 추정한 결과이다. [모형2]의 표준 추정 계수의 절댓값을 기준으로 할 때, 비투표 활동 참여도의 영향력이 가장 높았고, 그 다음으로 진보 이념, 진보 정당 지지, 대통령 국정 수행 불만족, 정치적 결사체 참여, 분노, 성별, TV 및 종이 신문 이용 순으로 촛불 집회 참여에 유의한 영향을 미치고 있었다. [모형2]의 결과를 중심으로 그 의미를 제시하면 다음의 네 가지로 요약된다.

첫째, 성별(β=0.06894, t값=2.24)을 제외한 사회 경제적 요인은 촛불 집회 참가를 추동하는 주요한 요인이 아니었다. [모형1]에서는 남자와 함께 교육 및 소득 수준의 영향이 나타났으나, 감정적 요인과 정치적 태도 및 행동 방식의 변수가 통제된 [모형2]에서는 성별만이 유의미한 것으로 나타났다. 2008년 촛불 집회의 경우는 남자 이외에 젊은 세대와 호남 지역의 영향력이 도출되었다면,[28] 2016/17년 촛불 집회에서는 세대와 지역의 영향력은 나타나지 않았다.

이러한 결과는 2016/17년의 경우는 2008년과 비교할 때 ,사회 경제적 요인이 촛불집회 참가의 중요한 동기로 작동하지 않았다는 점을 보여준다. 즉 젊은 세대와 호남 지역 거주자들이 2016/17년 촛불 집회에는 더 많이 참가하지 않았다는 것이다. 그러나 2008년과 마찬가지로 교육 및 소득 수준과 같은 계층 변수는 2016/17년 촛불 집회 참가를 추동하는 중요한 동기가 되지 못했다. 따라서 한국의 촛불 집회는 서구처럼 소득 및 교육 수준이 높은 중상위 계층이 주도하는 저항 행위로 이어지지는 못한다고 할 수 있으나, 성별을 제외하고는 사회 경제적 변수와 관계없이 다수의 일반 시민들이 모두 참가한 정치적 저항 행위였다고 평가할 수 있다.

둘째, 진보적 이념(β=-0.22183, t=-3.28)과 더불어민주당 등의 진보 정당에 대한 지지(β=0.18585, t=5.70)는 촛불 집회 참가를 이끄는 중요한 요인이었다. 감정적 요인과 정치적 태도 및 행동 방식 변수가 통제된 [모형2]에서도 진보적 성향의 이념 및 정당의 영향력은 확인되었고, 이들 변수의 영향력은 비투표 활동 참여도 다음으로 높게 나타났다. 촛불 집회 초기에 설문 조사를 실시한 연구에서는 정치적 정향의 영향력이 도출되지 않았다.[29] 반면, 20차 촛불 집회가 끝난 시점에서 설문 조사를 실시한 이

28 이갑윤(2010).

29 이지호(2017).

글의 분석 결과에서는 진보적인 정치적 정향의 영향력이 확인되었다. 이 점은 촛불 집회 초기에는 이념과 무관하게 다양한 시민들의 참여가 이루어졌으나, 시간의 경과에 따라 진보적 성향의 사람들이 촛불 집회에 많이 참여했다는 것을 의미한다. 결과적으로 진보적 이념과 정당 지지는 2008년과 마찬가지로 2016/17년 촛불 집회 참가를 추동하는 중요한 동기라는 점이 확인되었다.

2008년 촛불 집회는 보수와 진보의 각기 다른 평가, 즉 반미 선동에 의한 집회 혹은 신자유주의 반대 시위였다는 점에서 양 진영 모두 이념적으로는 진보가 주도했다는 공통된 평가를 내리고 있다.[30] 2016/17년의 경우는 50~70 세대의 중도·보수층의 참가로 인해 탈이념화가 진행되었다는 일부의 평가가 발표되기도 하였다.[31] 그러나 이 글의 분석 결과는 촛불 집회는 아직까지 진보적 성향의 시민들이 많이 참가하는 정치적 저항 행위라는 평가로 귀결된다. 실제로 촛불 집회에 참가자 664명 중 419명(63.10%)이 18대 대선에서 문재인 후보에게 투표하였고, 531명(79.97%)이 20대 총선에서 더불어민주당과 국민의당 및 정의당을 지지하였다.[32]

---

30 조기숙, 2009, "2008 촛불 집회 참가자의 이념적 정향: 친북 반미 좌파 혹은 반신자유주의?," 『한국정치학회보』 제43집 3호(한국정치학회), 125~148쪽.

31 이유진, 2017, "촛불·태극기 집회에 50~70대 참가…보수 지지층 균열로 분화 이뤄진 것," 『경향신문』 04. 03, http://news.khan.co.kr/kh_news/khan_art_view.html?artid=201704022159005&code=940100(검색일: 2018.03.28).

32 반면, 664명 촛불 집회 참가자 중 18대 대선에서 박근혜 후보에게 투표한 사람은 124명(18.67%)이었고, 20대 총선에서 새누리당을 지지한 사람은 75명(11.30%)이었다.

<표 2-2> 촛불 집회 참가의 결정 요인

구분			모형 1		모형 2	
			추정계수	표준오차	추정계수	표준오차
사회 경제적 요인	성별		0.07349 (2.29)	0.10464	0.06894 (2.24)	0.10026
	연령		0.08604 (1.63)	0.03709	0.08615 (1.67)	0.03633
	지역	영남	-0.02685 (-1.05)	0.11936	-0.04260 (-1.74)	0.11443
		호남	0.02234 (0.95)	0.17699	0.02217 (0.99)	0.16870
	학력		0.13899 (2.11)	0.02878	0.08988 (1.42)	0.02763
	소득		0.17375 (2.07)	0.06517	0.06556 (0.67)	0.07628
	고용 형태		0.02609 (0.70)	0.11321	0.00682 (0.19)	
정치적 정향	이념		-0.18784 (-2.85)	0.03825	-0.22183 (-3.28)	0.03933
	지지 정당	진보	0.27905 (8.57)	0.10907	0.18585 (5.70)	0.10920
		보수	0.04323 (1.80)	0.21269	0.03146 (1.36)	0.20458
감정적 요인	분노		-	-	0.16474 (2.57)	0.02928
	참가 효능감		-	-	0.13354 (1.65)	0.03313
	대통령 국정 수행 불만족		-	-	0.16979 (2.86)	0.03006
평상시 정치적 태도 및 행동 방식	민주주의 만족도		-	-	0.03378 (0.56)	0.03151
	정치적 결사체 참여도		-	-	0.16656 (7.60)	0.10305
	투표 활동 참여도		-	-	-0.33826 (-7.95)	0.03849
	TV 및 종이 신문 이용도		-	-	0.04749 (1.98)	0.02460
	제도 신뢰도		-	-	0.04665 (1.09)	0.08292
N			1,518			
모형 적합도			F값(prob)=61.31(0.0001) r^2=0.2890, DW=2.059		F값(prob)=47.24(0.0001) r^2=0.3618, DW=1.978	

주: 1)P<0.05

2) DW(Durbn-Waston)

셋째, 국정 농단 게이트에 대한 분노(β=0.16474, t=2.57)와 대통령 국정 운영에 대한 불만족(β=0.16979, t=2.86)은 촛불 집회 참가를 추동하는 중요한 요인이었다. 분노의 영향은 2016/17년 촛불 집회 초기에 참가자를 대상으로 자료를 수집하여 분석한 연구[33]와도 공통점이 확인되었다. 즉 분노와 불만이 촛불 집회 전 기간을 걸쳐 참가를 추동한 중요한 동기가 되었다는 것이다. 특히 분노의 영향은 항의 집회가 분노를 기초로 형성된다는 일반적인 이론의 영향력을 확인시켜 주었다. 또한 시민들의 촛불 집회 참가가 조직적 동원보다는 자발적 참여를 중심으로 이루어졌다는 점을 고려한다면,[34] 이 연구의 결과는 조직에 동원되지 않은 시민들의 항의 집회 참가의 필수적인 요인이 분노라는 서구의 연구 경향과도 일정한 공통점이 확인되었다.[35]

따라서 2016/17년 촛불 집회가 20차례에 걸쳐서 대규모로 지속적으로 개최되었던 배경에는 대통령에 대한 분노와 불만이라는 부정의 감정이 자리하고 있었다. 실제로 664명의 촛불 집회 참가자들은 "촛불 집회와 국정 농단 게이트를 초래한 장본인이 누구냐"는 질문에 대해 78.46%(521명)가 박근혜 대통령이라고 대답하였고, 이러한 경향은 854명 비참가자의 64.40%(550명)보다 높았고 통계적으로도 유의한 차이가 있었다.[36]

넷째, 평상시 정치적 결사체 참여(β=0.16656, t=7.60), 비투표 활동 참여(β=-0.33826, t=-7.95) 그리고 TV 및 종이 신문 이용(β=0.04749, t=1.98)은 촛불 집회 참가를 추동하는 주요한 요인이었고, 특히 비투표 활동은 촛불 집회 참가를 견인하는 가장 핵심적인 요인이었다. 따라서 평상시 미디어를 통해 정치 및 사회 문제와 관련된 정보를 많이 접하고, 정치적 결사체 참가를 포함해 다양한 정치 참여를 실천하는 시민의 힘은 2016/17년 촛

33 이현우(2017).

34 664명 촛불 집회 참가자들은 참가 계기에 대해 자발적인 결정과 판단(57.4%), 박근혜 퇴진 국민 행동의 홍보(33.0%), 가족 및 지인의 권유(4.4%), TV 및 온라인 정보의 영향(4.8%)의 순으로 대답하였다.

35 Walgrave and Manssens(2000).

36 664명 촛불 집회 참가자들은 촛불 집회를 야기한 장본인으로 박근혜 대통령 다음으로 최순실 일가(103명, 15.51%), 문고리 3인방의 청와대 비서진(22명, 3.31%), 정부 내각 및 친박계 국회의원(각각 5명, 0.75%)의 순으로 답하였다.

불 집회 참가를 추동하는 주요한 동기가 되었다.

정치적 결사체 활동의 영향력은 사회적 네트워크가 항의 집회 참가를 촉진한다는 이론적·경험적 논의를 재확인시켜 주었고, 항의 집회 참가자들이 정당과 시민 단체 등의 정치적 결사체 가입과 활동이 많다는 서구의 연구 경향과 동일하였다.[37] TV 및 종이 신문의 영향력 역시 미디어 이용이 항의 집회 참여를 촉진시킨다는 일반적인 논의의 타당성을 입증하였다. 그러나 온라인 미디어 활동이 항의 집회 참가에 긍정적인 영향을 미친다는 기존의 연구 결과와는 차이가 있었다.[38] 이러한 경향은 TV 종합 편성 채널 설립에 따른 정치 뉴스에 대한 보도 양의 확대와 무관하지 않을 것이다. 즉 정치 보도 및 논평으로 전문화된 종합 편성 채널에서 쏟아 내는 엄청난 양의 정치 뉴스로 인해 촛불 집회 참가자들의 TV 시청량이 과거에 비해 늘어날 수밖에 없었다는 것이다.[39] 따라서 서구처럼 촛불 집회 혹은 항의 집회가 보편적인 정치 참여 방식으로 정착되기 위해서는 미디어를 통한 정치 정보의 습득과 정당을 포함한 노동조합 및 NGO 활동의 활성화가 중요한 요건이 된다고 할 수 있다.

한편, 비투표적 정치 참여 활동의 영향력은 평상시 자발적이고 적극적인 정치 참여 행태가 촛불 집회 참가를 이끄는 주요한 동기라는 점을 의미한다. 다시 말해 단순히 투표를 통해 정치적 의사를 표현하는 수동적인 시민이 아니라 정치적 현안이나 이슈에 관심이 많아 평소 오프라인 및 온라인에서 타인들과의 접촉과 대화를 많이하여 일정한 수준의 참여 의식과 정치 효능감을 축적한 시민일수록 촛불 집회에 많이 참가했다는

37 Norris et al.(2005).

38 민영·주익현(2007); 이정기(2011); 조진만(2013).

39 실제로 촛불 집회 참가자들이 정치 정보 습득을 위해 미디어를 이용한 시간은 종편이 공중파와 인터넷보다 많았다. 664명 참가자들의 매체별 일일 평균 이용 시간은 종편 1.96, 인터넷(포털, 카페, 블로그) 1.76, 공중파 1.47, 소셜미디어 및 모바일 메신저 1.30, 종이신문 1.21이었다.

것이다. 이러한 결과는 한국 사회에서 촛불 집회 혹은 항의 집회가 시민들의 직접적인 의사 표현의 수단으로 보편화되기 위해서는 투표와 같은 제도적 참여보다는 일상생활 속에서 다양한 정치 참여의 통로가 확대되는 것이 중요하다는 점을 시사하고 있다.

요약과 함의

제2장에서는 2016/17년 촛불 집회 참가자와 비참가자 대상의 설문 조사 결과에 기초하여, 촛불 집회 참가의 결정 요인을 분석하였다. 구체적으로 사회 경제적 요인, 정치적 정향, 감정적 요인, 정치적 태도 및 행동 방식으로 정의된 변수들이 촛불 집회 참가에 미친 영향력을 실증적으로 규명하여, 촛불 집회 참가의 동기를 고찰해 보았다. 이러한 작업은 촛불 집회를 비제도적 정치 참여의 한 유형인 항의 집회로 정의하여, 한국의 촛불 집회 참가를 추동했던 특수한 요인과 항의 집회 참가를 이끄는 일반적 요인을 종합한 분석틀을 구축하여 수행되었다. 이 과정에서 2008년 촛불 집회 참가를 추동했던 요인의 유효성과 항의 집회 참가를 이끄는 일반적 요인의 유효성을 검증할 수 있었다.

분석 결과에 의하면, 2016/17년 촛불 집회에서는 2008년 달리 성별을 제외한 젊은 세대와 호남과 같이 세대와 지역이 참가를 추동하는 동기로 작용하지 않았다. 그러나 2008년과 동일하게 진보적 이념과 더불어 민주당 등의 진보 정당에 대한 지지는 2016/17년 촛불 집회 참가를 추동하는 중요한 동기였다. 또한 국정 농단 게이트에 대한 분노, 대통령 직무 수행에 대한 불만은 시민들을 2016년 10월 29일-2017년 3월 11일 동안 개최된 촛불 집회로 이끌었던 주요한 동기였다. 더불어 평상시 TV와 종이 신문과 같이 전통적인 매체를 이용하여 정치와 관련된 정보를 획득하고, 정당을 포함한 노동조합과 NGO에서 활동은 촛불 집회 참가를 촉진하는 주요한 동기가 되었다. 무엇보다 투표 참여 이외에 온라인 및 오프라인에서 다양한 정치 참여를 실천했던 경험은 촛불 집회 참가를 이끄는 핵심적인 동기로 작용하였다.

이러한 분석 결과는 평화로운 촛불 집회 혹은 항의 집회의 일상화라는 관점에서 볼 때, 2016/17년 촛불 집회의 일정한 한계와 새로운 과제를 제시하고 있다.

첫째, 이념이 촛불 집회 참가의 주요한 동기가 되었다는 점은 시민들의 직접적 의사 표현 수단으로서 촛불 집회가 가지는 한계를 보여준다. 물론 2016/17년 촛불 집회는 2008년의 경우처럼 젊은 세대 혹은 호남 지역 거주와 같은 세대 및 지역 균열 구조가 반영되지 않았다. 그리고 계층 및 직업과 같은 사회 경제적 변수와 상관없이 다양한 사람들이 촛불 집회에 참여함으로써 향후 촛불 집회 혹은 항의 집회가 보편화될 수 있는 가능성을 확대하였다. 그러나 여전히 이념이 촛불 집회 참가를 추동하는 동기가 된다는 점은 정치적 저항 행위로서 촛불 집회의 일상화를 제약할 수 있다. 즉 촛불 집회가 특정한 정치적 정향을 가진 사람들을 중심으로 진행될 경우, 여당 대 야당 혹은 보수 대 진보의 정치적 및 이념적 갈등 표출의 장으로 기능할 수 있다는 것이다.

둘째, 평상시 적극적인 정치 참여 행태가 촛불 집회 참가의 동기로 작용했다는 점은 촛불 집회를 포함해 저항적 정치 참여의 일상화를 위한 과제를 제시한다. 시민들의 자발적 참여와 평화로운 진행으로 대장정을 마친 2016/17년 촛불 집회는 분명 광장 정치 혹은 거리의 정치에 대한 부정적 인식을 전환시키는 계기가 되었다. 그 결과 향후 시위나 항의 집회가 정치 체제에 대한 분노 표출이라는 저항 행위를 뛰어 넘어 시민들의 요구를 정치 과정에 투입하는 주요한 방식으로 자리 잡을 수 있는 가능성이 확대되었다. 촛불 집회 직후 엠브레인 트렌드모니터가 전국 만 19세~59세 성인 남녀 1000명을 대상으로 실시한 촛불 집회 참여 경험 및 관련 인식 조사에 의하면, 응답자의 74.5%는 "국민으로서 자신의 의사를 표현하는 데 집회가 효과적인 방법"이라고 응답하였다.[40] 따라서 향후 촛불 집회와 같은 평화로운 거리의 정치가 시민들의 이해관계를 대변하는 참여 민주주의 통로로 정착되기 위해서는 시민들의 정치적 관심을 확대시키고, 평상시 결사체 참여를 포함해 다양한 정치 참여를 유인할 수 있는 제도적 및 교육적 방안을 모색해야 할 것이다.

---

40 금보령, 2017, ""국민 77% 집회 영향력 과거보다 커"…촛불 집회가 바꾼 인식," 『아시아경제』 04. 25, http://view.asiae.co.kr/news/view.htm?idxno=2017032615443643516(검색일: 2018.04.03).

제3장

촛불 집회 참가의 시민 교육적 효과

촛불 집회 참가는 시민성 함양의 계기가 되었는가? 이러한 질문에 대해 참여 민주주의자들은 긍정적인 답변을 제시한다. “정치 참여는 공공 정신의 학교”라는 밀(J. S. Mill)의 고전적인 주장은 정치 참여의 시민 교육적 효과를 단적으로 상징하는 말이다. 제도적 및 비제도적 정치 참여를 통해서 정서적인 측면의 시민적 태도와 지적인 측면의 시민적 능력이 학습될 수 있다는 참여 민주주의자들의 주장은 규범적으로 받아들여지고 있다. 즉 정치 참여 자체가 시민 교육의 실천 프로그램이며, 시민성은 정치 참여에 따른 성과물이라는 것이다.

평화적 진행으로 대통령의 퇴진을 이끈 2016/17년 촛불 집회는 참여 민주주의자들의 주장을 검증할 수 있는 최선의 사례를 제공하였다. 과거 한국의 촛불 집회는 평화적 집회의 상징이라는 수식어가 무색할 만큼 정부에 대한 분노가 증폭되는 공간으로 변질되어 폭력이 동반되었다. 초기 평화적 진행의 모습을 보였던 2008년 미국산 쇠고기 수입 반대 촛불 집회도 결국에는 시민들과 전경 사이의 충돌이 빈번하였고, 7월부터 폭력 시위의 양상으로 전행되자 참가 인원도 줄어들었다.[1]반면, 2016/17년 촛불 집회는 2016년 10월 29일 '모이자, 분노하자, 내려와라 박근혜'라는 구호로 시작된 1차를 시작으로 2017년 3월 11일까지 20차례가 진행되는 동안 누적 인원 약 16,562,290명('박근혜정권퇴진비상국민행동' 집계)이 참여했음에도, 유례없는 평화로운 집회로 기록되었다.[2] 따라서 평화적 저항의 가치와 힘을 보여준 2016/17년 촛불 집회는 시민성 함양의 장으로 기능할 수 있다는 긍정적 기대를 가지게 한다.

앞선 제2장의 논의에서 확인했듯이, 설문 조사를 통해 촛불 집회 참가자의 특성을 분석한 연구들은 촛불 집회 참가의 동기를 해명하는 데 초점을 맞추었다. 그 결과 참가에 따른 효과를 규명하는 노력은 상대적으로 부족하였다. 촛불 집회 참가의 시민성 함양에 주목한 연구는 2008년 촛불 집회에 참가한 10대를 조사 대상으로 한 이해진의 연구와 김철규 외의 연구 두 편[3]에 불과하다. 모든 연령대의 촛불 집회 참가자를 대상으로 참가의 시민 교육적 효과를 규명한 연구는 아직까지 발표되지 않고 있다.

물론 쇠파이프, 복면, 물대포와 소화기로 기억되는 촛불 집회를 시민성 함양의 장으로 기대하는 것에도 무리가 따를 수 있다. 그러나 촛불 집회 참가의 시민성 함양 효과를 규명하는 작업은 광장 정치 혹은 거리 정치의 새로운 민주적 기능을 제시하는 장점을 가진다. 즉 촛불 집회 혹은 항의 집회 자체가 좋은 시민(good citizen)을 기르는 교육의 장이 된다는 점을 보여 줄 수 있다는 것이다.

따라서 제3장에서는 모든 연령대를 조사 대상으로 설정하여 2016/17년 촛불 집회 참가의 시민 교육적 효과를 분석한다. 이것은 과거

1 이현우(2018).

2 20차 촛불 집회까지 경찰에 연행된 참가자는 3차 집회에서 경찰의 해산 명령에 불응한 23명뿐이었다. 노형일·양은경, 2017, "비폭력 저항 주체의 형성: 박근혜 대통령 탄핵 촛불 집회에 대한 통치 분석," 『한국방송학보』 제31권 3호(한국방송학회), 6쪽.

3 이해진(2008); 김철규 외(2010).

와 달리 평화적 저항의 가치를 보여준 2016/17년 촛불 집회가 시민성을 습득 혹은 체화하는 학습의 장이었음을 증명한다는 의미를 가진다. 제3장은 『한국지방자치연구』에서 발표한 논문을 요약 및 재구성한 것이며,[4] 단행본으로 집필하는 과정에서 기존의 내용을 더욱 정교하게 수정하고 보완하였다.

촛불 집회 참가의 시민성 함양 효과를 분석하는 작업은 다음의 세 가지 측면을 염두에 두고 진행된다. 첫째, 시민성을 정서적 혹은 의식적 측면의 시민적 태도(civic attitude)로 정의하였다.[5] 따라서 시민적 태도를 다양한 정치 참여 혹은 촛불 집회 참가를 통해 형성되는 일차적인 자질로 전제하고, 정치 참여의 교육적 효과가 시민적 지식과 기술의 습득보다는 의식과 태도의 변화를 지향한다는 점에 초점을 맞추었다. 시민적 태도로서 시민성은 민주적 의사 결정 태도, 정치 및 사회 참여 의식, 공동체 의식, 관용, 신뢰 의식으로 구성하였다.[6]

둘째, 독립 변수인 촛불 집회 참가 이외에 시민성에 영향을 미치는 다른 요인을 통제 변수로 설정하였다. 시민성은 개인의 복합적인 경험과 사회화의 과정을 통해서 형성되고 변화된다. 따라서 촛불 집회 참가의 순수한 시민성 함양 효과를 도출하기 위해서는 시민성에 영향을 미치는 다양한 요인이 통제되어야 한다. 통제 변수는 기존 연구를 검토하여 사회 경제적 변수와 평상시 정치적 태도 및 참여 방식으로 정의되는 변수로 구성하였고, 촛불 집회의 영향력에 대한 인식을 추가하였다.

셋째, 위계적 회귀 분석을 수행하여 시민성에 강하게 영향을 미치는 통제 변수의 영향력의 추이를 파악하면서 촛불 집회 참가의 순수한 영향력을 도출하였다. [모형1]은 사회 경제적 요인을, [모형2]는 [모형1]에 평

---

4 도묘연, 2017b, "2016/17년 촛불 집회 참가가 시민성에 미친 영향력 분석," 『한국지방자치연구』 제19권 2호(대한지방자치학회), 25~52쪽.

5 시민성에 대한 정의와 분류는 제1장 2절을 참조했다.

6 김영인(2007); 이용교·이중섭(2010); 도묘연(2010).

상시 정치적 태도와 행동 방식의 변수를 추가하였고, 그리고 [모형3]은 [모형2]에 촛불 집회의 영향력에 대한 인식 및 촛불 집회 참가 횟수를 포함하였다.

제3장의 논의는 평화로운 진행으로 정치 권력의 퇴진을 이끈 2016/17년 촛불 집회가 단순한 분노와 항의 표출의 장이 아니라 시민성 함양의 장으로 승화되었을 것으로 기대하고 있다. 분명 2016/17년 촛불 집회는 폭력적 모습으로 기억되었던 과거의 촛불 집회에 대한 부정적인 인식을 불식시키는 계기가 되었고, 그 결과 항의 집회나 시위가 시민들의 직접적인 의사 표현의 수단으로 보편화 혹은 일상화될 수 있는 가능성을 확대하였다.

따라서 촛불 집회 참가의 시민성 함양 효과를 규명하는 작업은 시민들의 항의 집회나 시위 참가의 순기능을 제시한다는 의미를 가진다. 물론 일시적으로 이루어진 촛불 집회 참가가 무조건적인 시민성 함양의 계기가 되었다고 단정할 수는 없다. 또한 아직까지 한국 사회에서 집회와 시위는 정부와 시민들 간의 갈등 표출의 장으로 기능하는 경향이 강하기 때문에 시민 교육의 장이라고 일반화할 수 없다. 다만 이 글은 평화적으로 이루어지는 집회나 시위가 시민성 증진의 장이 될 수 있다는 가능성을 제시하는 데 의미를 둔다.

촛불 집회 참가는 시민성 함양의 계기가 되는가?

"정치 공동체에 참여함으로써 개인은 비로소 시민이 된다"는 루소(Rousseau)의 말처럼, 정치 참여의 시민 교육적 효과는 참여 민주주의 이론가들에 의해서 지속적으로 강조되어 왔다. 정치 참여 혹은 촛불 집회 참가에 따른 교육적 효과는 사람들 간의 상호 작용의 과정에서 발현될 수 있다. 즉 참여를 통해 공민적 활동에 필요한 태도와 지식 및 공동체와 동료 시민에 대한 이해가 증진되는 효과는 개인 혹은 집단 간에 이루어지는 긍정적인 상호 작용의 결과물인 것이다.

일반적으로 참여의 기능은 도구적인 것과 교육적인 것으로 구분된다. 도구적 기능은 선거 및 공공 정책의 의사 결정 과정에 영향력을 행사하여 이익을 획득하려는 목적 지향적인 측면을 강조한다. 반면, 교육적 기능은 다른 사람들과의 상호 작용을 통해서 개인의 지식 구조, 태도 및 가치관의 변화에 주목한다.[7] 전자는 도구적 행위로서의 참여(participation as instrumental action)로, 후자는 상호 작용으로서의 참여(participation as interaction)로 정의된다.[8] 정치 참여의 시민성 함양 효과는 후자의 개인과 집단 및 집단과 집단 간의 상호 작용에 의해서 발현된다. 다시 말해 개인은 정치 참여 과정에서 다른 개인 및 집단과의 의사 소통 등의 상호 작용을 경험하게 되고, 그 결과로 시민적 지식과 기술을 획득하는 동시에 시민적 의식과 태도의 변화를 체화하게 된다는 것이다.

개인 및 집단 간의 상호 작용이라는 측면에서 볼 때, 정치 참여의 시민 교육적 효과는 투표 참여와 비투표 참여 간에 차이가 있다. 참여 민주주의자들은 투표와 관련된 제도적 방식보다 접촉, 집단 활동, 항의 활동, 캠페인 활동과 같은 비제도적 활동의 교육적 효과가 더 크다고 주장한다. 즉 비투표 참여는 개인의 자발성과 능동성에 기초한 지속적인 참여 과정에서 개인 간의 활발한 상호 작용이 이루어질 수 있는 반면, 투표 참여는 수동적이고 일회적 및 단절적 참여에 그치기 때문에 개인 간의 상호 작용이 많지 않다는 것이다.[9] 따라서 개인과 집단 간의 활발한 상호 작용에

---

7 김영인, 1999, "정치 참여의 시민 교육 효과에 관한 시론." 『시민교육연구』 제29집(한국사회과교육학회), 51쪽.

8 Scaff, Lawrence A, 1975, "Two Concept of Political Participation," *The Western Political Quarterly*, vol.28, no.3, pp.454~455.

9 김영인(1999), 60쪽.

의해서 형성되는 정치 참여의 시민 교육적 효과는 비투표 참여에서 강하게 나타날 수 있다.

비투표 참여의 시민 교육적 효과가 더 크다는 주장은 경험적 연구에 의해서 검증되거나 부정되기도 하였다. 페리(Parry)와 그의 동료의 연구에 의하면, 투표 활동은 정치에 대한 우호적인 느낌(impression)을 형성시키는 것으로 나타났으나, 비투표적 활동, 즉 접촉(contacting), 집단 활동, 항의 활동, 정당 캠페인이 시민적 태도에 미치는 영향은 미미하였다.[10] 반면, 김영인[11]의 연구는 정부 관리들과의 접촉, NGO 활동, 직장에서의 의사 결정 참여와 같은 비투표 활동이 투표 활동에 비해 법의식과 정치 효능감 형성을 증진시키는 점을 증명하였다.

특히 촛불 집회와 같은 집합적 사회 운동의 참가 경험은 개인을 사회 참여적인 주체로 성장시킬 수 있는 기회를 제공한다. 사회 운동 참가는 개인에게 자기 성찰성과 집합적 정체성의 형성을 통해 연대감을 형성하게 하여 자신의 문제를 공공의 문제와 연결 짓는 사고 확장의 계기를 제공한다. 이를 통해 개인은 사회 문제에 대한 관심 및 참가의 가치를 인식하여 사회 변혁의 주체로서 거듭날 가능성이 높아진다. 즉 사회 운동의 참가가 시민적 덕목을 학습하고 시민 사회 및 민주주의에 대한 포괄적 가치를 내면화하는 학습의 계기를 제공한다는 것이다.[12] 이러한 사회 운동 참가에 따른 정체성 변화의 효과는 지속적으로 참가한 적극적 참가자뿐만 아니라 소극적 참가자에게도 나타난다.[13]

---

10 Parry, Geraint et al., 1992, *Political Participation and Democracy in Britain* (Cambridge: Cambridge University Press).

11 김영인, 2003, "정치 참여 유형에 따른 법 의식 및 정치 효능감 형성 효과에 관한 연구," 『사회과교육』 제42권 1호(한국사회과교육연구학회), 129~163쪽.

12 이해진(2008), 76쪽.

13 Polletta, Francesca and James M. Jasper, 2001, "Collective Identity and Social Movements," *Annual Review of Sociology,* vol. 27, p.296.

촛불 집회 참가의 시민성 함양 효과는 2008년 미국산 쇠고기 수입 반대 촛불 집회 참가자의 특성을 분석한 연구에서 이미 확인되었다. 2008년 참가자의 특성을 분석한 연구들은 참가의 효과를 분석하는 작업으로 확장되지 못하는 한계가 있었다. 그러나 예외적으로 이해진과 김철규 외의 연구[14]는 참가에 따른 시민 교육적 효과에 주목하였다. 이들은 2008년 6월 촛불 집회에 참가한 10대를 조상 대상으로 선정하고, 10대들에 대한 2차(2008년 9월) 및 3차(2009년 8월)에 걸친 추적 조사(follow-up research)를 실시하여 촛불 집회 참가 경험이 개인의 정체성과 정치 및 사회 의식의 변화에 미친 영향을 규명하였다.

이들의 연구에 의하면, 촛불 집회 참가는 10대 참가자들에게 참여 민주주의와 직접 민주주의를 학습하는 교육의 장을 제공하여 시민권과 시민 사회의 공공선을 인식하고 확장하는 계기를 제공하였다. 또한 촛불 집회의 지속적인 참가는 애국심의 증대, 민주 시민의 정체성 확립, 사회 문제에 대한 관심을 확대시키고, 10대도 정치적으로 영향력을 행사할 수 있다는 시민적 혹은 정치적 주체로서의 인식과 행동을 강화시키고 있었다.[15] 특히 촛불 집회 참가 후 1년이 지난 시점에도 이들 10대들은 사회 현실에 대한 관심과 정부에 대한 비판적인 성향을 갖고 있었다. 더불어 촛불 집회 참가로 사회 및 정치에 대한 의식이 높아지면서 정치적 이슈에 대한 관심이나 대화가 많아지는 효과가 발견되었다.[16]

이상에서 논의한 참여 민주주의론의 이론적 및 경험적 논의와 사회 운동 참여의 순기능을 고려할 때, 2016/17년 촛불 집회 참가 역시 시민 교육적 효과를 가질 수 있다. 촛불 집회 참가를 통해 경험한 개인 혹은 집단 간의 긍정적인 상호 작용은 시민성을 증진시키는 계기가 될 수 있으며, 오히려 단순한 투표 활동보다 자발적인 촛불 집회 참가는 시민성

---

14 이해진(2008); 김철규 외(2010).

15 이해진(2008).

16 김철규 외(2010).

함양의 더 큰 기회를 제공할 수 있다. 또한 집합적인 저항 운동의 참가는 사회 참여적인 시민으로 변화할 수 있는 기회가 될 수 있다.

물론 일회적이거나 단기적인 촛불 집회 참가가 무조건인 시민성 함양의 효과를 가진다고 할 수는 없다. 촛불 집회를 포함한 정치 참여와 다양한 사회 운동 참여의 교육적 기능은 지속적인 참여 활동이 전제되어야만 가능할 수 있다. 다만 이 글은 촛불 집회와 같은 시위와 집회 참가가 평화적으로 진행될 경우, 시민성 함양의 장으로 기능할 수 있다는 가능성을 제시하고자 한다. 평화적 방식으로 대통령의 퇴진을 이끈 2016/17년 촛불 집회는 시민 교육적 효과를 탐색할 수 있는 최선의 사례를 제공하고 있다.

분석틀

2016/17년 촛불 집회 참가의 시민 교육적 효과를 규명하기 위해서 [그림 3-1]의 이론적 모형을 설계하였다. 이론적 모형은 요인 분석(factor analysis)을 통해 시민성의 구성 변수를 확정하고, 촛불 집회 참가 이외에 시민성에 영향을 미치는 통제 변수를 검토하는 과정을 거쳐서 구축되었다.

[그림 3-1] 이론 모형: 촛불 집회 참가의 시민 교육적 효과

독립변수		■ 2016/17년 촛불 집회 참가
통제변수	사회 경제적 변수	■성별 ■연령 ■지역 ■소득 ■학력 ■고용 형태 ■종교
	정치적 태도 및 행동 방식	■결사체 활동: 정치적 및 비정치적 결사체 활동 ■정치 참여 활동: 투표 및 비투표 활동 ■미디어 이용: TV(종이 신문) 및 인터넷(소셜 미디어·모바일 메신저) 이용 ■신뢰: 제도 및 사회 신뢰
		■촛불 집회의 영향력에 대한 인식

→

시민성
관용
신뢰
참여 의식
공동체 의식

먼저 시민성 구성 변수의 타당성 검증은 확정적 요인 분석을 통해 이루어졌다. 당초 시민적 태도로서 시민성은 기존 연구에서 사용된 측정 변수를 종합하여 민주적 의사 결정 태도, 관용, 신뢰, 정치 참여 의식, 사회 참여 의식, 공동체 의식의 6가지로 구성하였다.[17] 그리고 6가지 시민성을 구성하는 측정 변수를 목록화한 후, 배리맥스(varimax)에 의한 요인 변석을 통해 측정 변수의 타당성을 검증하였다.

<표 3-1> 시민성 요인 분석 결과(n=1,518)

구분	측정 변수	요인1	요인2	요인3	요인4
관용	가치와 이념이 다른 사람을 지도자로 선출	0.76	0.17	0.00	0.24
	가치와 이념이 다른 사람과 동호회 및 자원 봉사 활동	0.75	0.16	0.27	0.09
	가치와 이념이 다름 사람과 정치 및 사회적 현안 토론	0.73	0.07	0.39	0.12
	가치와 이념이 다른 사람의 의견 존중	0.68	0.01	0.13	0.46
	다수결 의견에 반대하는 소수자의 비판 허용	0.57	-0.01	0.34	0.17
신뢰	법과 원칙이 통하는 사회라는 믿음	0.07	0.91	0.09	0.01
	다른 사람을 믿는 만큼 보답이 돌아온다는 인식	0.11	0.87	0.12	0.03
	정치인 및 공무원이 합리적인 정책 수립을 한다는 믿음	0.07	0.87	0.17	0.00
참여 의식	정부 정책에 반대하는 인터넷 의견 개진 및 집회 참여	0.19	0.00	0.75	0.08
	대중 매체를 통한 정치 및 사회 상황에 대해 알려는 노력	0.16	0.11	0.74	0.27
	주변 지인들과 지역 및 국가의 중요 문에 관한 토론	0.23	0.25	0.73	0.12
	NGO 및 동호회에 가입하여 자원 봉사 및 취미 활동	0.21	0.36	0.60	0.19
공동체 의식	집단의 의사 결정시 양보나 타협의 중요성	0.28	0.01	0.00	0.74
	공동체 이익과 개인 이익 충돌시 공동체 이익 중시	-1.01	0.17	0.28	0.71
	집단의 의사 결정은 결과보다 민주적 절차가 중요	0.36	-0.05	0.08	0.65
	나에게 불이익이 되더라도 법을 준수	0.17	-0.06	0.34	0.62
고유값(eigenvalue)		5.6819	2.4004	1.2573	1.1180
기여율(proportion)		0.3551	0.1500	0.0786	0.0699
누적 기여율(cumulative)		0.3551	0.5051	0.5837	0.6536

* 7단계 리커트 척도로 측정됨

<표 3-1>의 요인 분석 결과에 의하면, 시민성의 구성 변수는 네가지 요인으로 추출되었다. 당초 전제와 달리, 정치 참여 의식 및 사회 참여 의식의 측정 변수들과 민주적 의사 결정 태도 및 공동체 의식의 측정 변수

17 김영인(2007); 이용교·이중섭(2010); 도묘연(2010).

들이 하나의 요인으로 추출되었다. 따라서 시민성 구성 변수에 대한 수정을 거쳐,[18] 최종적으로 요인 1을 관용, 요인 2를 신뢰, 요인 3을 참여 의식, 요인 4를 공동체 의식으로 명명하여 분석틀을 구축하였다.

다음으로 통제 변수의 설정은 시민성에 영향을 미치는 요인을 검증한 기존 연구를 참고하고, 추가적으로 2016/17년 촛불 집회의 특수성을 고려하여 구성하였다. 그 결과 통제 변수는 사회 경제적 요인, 평상시 정치적 태도 및 행동 방식 그리고 촛불 집회의 영향력에 대한 인식이라는 세 가지 차원으로 설정되었다.

첫째, 사회 경제적 변수는 연령, 지역, 소득, 학력, 고용 형태, 종교로 구성하였다. 사회 경제적 변수는 시민성을 결정하는 핵심적인 설명 변수이자 통제 변수이다. 일반적으로 교육 수준은 정치적 관심을 확대하고,[19] 법 의식과 정치 효능감의 형성에도 긍정적인 영향을 미치는 요인이다.[20] 또한 연령이 많을수록 정부 및 사회 신뢰와 함께 공동체를 위한 희생과 봉사 의식이 높았고,[21] 남성은 여성에 비해 정치적 관심도가 높은 것으로 확인되었다.[22] 특히 성별, 연령, 소득 및 교육 수준, 주거 환경 등은 시민성 중 신뢰와 밀접한 관련이 있는 것으로 알려져 있다.[23]

---

18 <표 3-1>의 공동체 의식 중 "집단의 의사결정시 양보나 타협이 중요하다", "집단의 의사결정은 결과보다 민주적 절차가 중요하다"는 측정 변수는 당초 민주적 의사결정태도로 구조화되었으나, 이들 변수 역시 집단 혹은 공동체 전체에 대한 집합적 관심이라는 관점에서 공동체 의식으로 개념화하였다.

19 이숙정 외, 2013, "교육 수준에 따른 정치 참여 격차: 뉴스 미디어, 사회적 연결망, 정치 사회적 대화를 중심으로," 『한국언론학보』 제57권 3호(한국언론학회), 113~136쪽; 유재원, 2000, "사회적 자본과 결사체," 『한국정책학회보』 제9권 3호(한국정책학회), 23~43쪽.

20 김영인(2003).

21 유재원(2000); 최지영 외, 2015, "한국 사회의 세대별 시민성 비교 연구," 『한국인구학』, 제38권 4호(한국인구학회), 113~137쪽.

22 민영·주익현(2007).

23 Newton, Kenneth, 2001, "Trust, Social Capital, Civil Society and Democracy," *International Political Science Review,* vol. 22, no. 2, pp.201-214.

둘째, 시민성에 영향을 미치는 요인으로 검증된 평상시 정치적 태도 및 행동 방식은 결사체 활동, 정치 참여 활동, 미디어 이용, 신뢰로 구성하였다. 그리고 이들 4가지 변수는 그 유형별로 시민성에 차이가 있다는 기존 연구 결과를 반영하여, 정치적 및 비정치적 결사체 활동, 투표 및 비투표 활동, TV(종이 신문) 및 인터넷(소셜 미디어·모바일 메신저) 이용, 제도 및 사회 신뢰로 유형화하였다.

결사체 활동은 사회 자본론의 전통 속에서 신뢰를 증가시키는 가장 중요한 요인으로 지목되고 있으며, 정치적 및 비정치적 결사체 유형별로 시민성에 미치는 영향은 차이가 있었다. NGO 활동은 신뢰, 효능감, 준법 의식, 관용, 참여 의식을 증진시키는 중요한 요인이었다.[24] 또한 사회 운동 단체의 활동은 관용을, 봉사 단체의 활동은 동료 시민에 대한 신뢰를 향상시키는 것으로 확인되었다.[25]

투표 및 비투표적 정치 참여 활동은 전통적으로 참여 민주주의론을 수용한 경험적 연구에서 시민성을 증진시키는 중요한 요인으로 검증되어 왔다. 특히 투표 활동과 비투표 활동이 시민성에 미치는 영향은 다르게 나타났다. 정부 관리들과의 접촉, NGO 활동, 직장에서의 의사 결정 참여와 같은 비투표 활동은 투표 활동에 비해 법 의식과 정치 효능감 형성에 더욱 강한 영향을 미치는 것으로 확인되었다.[26] 반면, 투표 활동은 정치에 대한 우호적인 느낌(impression)을 증가시키지만, 비투표 활동이 시민성의 정의적 태도에 미치는 영향이 미미하다는 점도 증명되었다.[27]

미디어 이용 역시 전통적으로 시민성에 영향을 미치는 주요한 요인이다. 특히 정보화 사회에서 시민성에 미치는 미디어의 영향은 TV, 신문, 라디오의 전통적 매체와 온라인 매체별로 차이가 있다. 온라인 플랫폼보

24 김영인(2007); 도묘연(2010).

25 유재원(2000).

26 김영인(2003).

27 Parry et al.(1992).

다 TV와 텔레비전을 통해 뉴스를 접할수록 정치에 대한 관심이 높은 것으로 확인되었다.[28] 특히 인터넷 이용량은 단순히 정치적 관심을 제고하지는 않았고, 구체적인 이용 행태에 따라 시민성에 미치는 영향력이 달랐다. 인터넷을 통해 정치 정보를 추구하거나 정치 토론 및 의견 게시 등의 활동을 많이 할수록 정치적 관심과 정치적 신뢰가 증가되는 것으로 나타났고,[29] 인터넷 게시판에서의 읽기는 토론 규범의 준수와 관용의 증가에 기여하고 있었다.[30]

사회적 자본의 핵심적 요소인 신뢰의 경우도 시민적 덕목을 배양시키는 주요한 요인으로 검증되었다. 타자에 대한 일반적 신뢰는 정부 및 국회에 대한 제도 신뢰 및 정치적 관심을 향상시키는 요인이었고,[31] 공동체를 위한 의무와 책임 및 희생과 같은 공동체 의식이 증진에도 기여하는 것으로 확인되었다.[32]

셋째, 촛불 집회가 박근혜 대통령 탄핵과 파면에 영향력을 미쳤다는 인식, 즉 사후 효능감을 통제 변수에 포함하였다. 이것은 2016/17년 촛불 집회 자체가 정치 과정과 정치 권력의 변화를 추동했다는 역사적 의미에 공감할수록 시민적 태도에 긍정적인 변화가 있었다는 점을 규명한다는 의미를 가진다. 특히 이러한 인식은 촛불 집회 참가자뿐만 아니라 언론 매체를 통해 촛불 집회의 전개 과정을 지켜본 비참가자도 공통적으로 느낄 수 있는 의식이다. 즉 2016/17년 촛불 집회 그 자체가 시민성의 변화를 이끄는 주요한 요인이기 때문에 통제 변수로 설정하였다.

---

28 문지혜·이숙정, 2015, "뉴스 미디어 레퍼토리에 따른 후기 청소년의 정치적 시민성 차이에 관한 연구," 『한국청소년연구』 제26권 1호(한국청소년정책연구원), 217~244쪽.

29 민영. 주익현(2007).

30 김은미·이준웅, 2006, "읽기의 재발견: 인터넷 토론 공간에서 커뮤니케이션의 효과," 『한국언론학회보』 제50권 4호(한국언론학회), 65~94쪽.

31 민영. 주익현(2007).

32 최지영 외(2015): Robinson, S. L, 1996, "Trust and Breach of Psychological Contract," *Administration Science Quarterly*, vol.41, no.4, pp. 574-599.

[그림 2-1]의 이론적 모형에 기초하여 2016/17년 촛불 집회 참가의 시민 교육적 효과를 추정하기 위한 분석 모형을 설정하였다. 종속 변수인 시민성은 앞선 요인 분석을 통해 관용, 신뢰, 참여 의식, 공동체 의식의 4 가지 차원으로 구축되었다(<표 3-1> 참조). 그리고 시민성에 미친 촛불 집회 참가 및 통제 변수의 영향을 추정하기 위해서 촛불 집회 참가 횟수를 종속 변수로 하는 다중 회귀 분석을 수행하였다. 구체적인 분석 모형은 다음과 같다.

$$yi=\alpha*x1+\beta*c1+\gamma*d1+\delta*c2+\varepsilon*c3+\zeta*c4+\eta*d2+\theta*d3+\iota*d4+\kappa*c5+\lambda*c6+\mu*c7+\nu*c8$$

여기서 종속 변수: *yi*은 시민성

(Ⅰ=관용, Ⅱ=신뢰, Ⅲ=참여 의식, Ⅳ=공동체 의식)

독립 변수: *x*1 촛불 집회 참가 횟수

통제변수: *d*1 성별 더미, *c*1 연령, *c*2 소득, *c*3 학력, *d*2 지역 더미,
*d*3 고용 형태 더미, *d*4 종교 더미, *c*4 정치적 결사체 참여도,
*c*5 투표 활동 참여도, *c*6 TV 및 종이 신문 이용도, *c*7 제도 신뢰도
*c*8 촛불 집회의 영향력에 대한 인식

위의 분석 모형에서도 알 수 있듯이, 평상시 정치적 태도 및 행동 방식으로 정의된 변수들은 정치적 결사체 참여도, 투표 활동 참여도, TV 및 종이 신문 이용도, 제도 신뢰도라는 측정 변수로 변환하여 사용하였다. 이러한 시도는 앞선 제2장의 촛불 집회 참가의 결정 요인 분석에서도 지적했듯이, 정치적 및 비정치적 결사체 활동, 투표 및 비투표 활동, TV(종이 신문) 및 인터넷(소셜 미디어·모바일 메신저 이용) 이용, 제도 및 사회 신뢰도를 각각의 독립 변수로 설정할 경우에 발생하는 다중공선성과 자기 상관성의 문제점을 차단하기 위한 것이다. 분석 변수의 정의와 척도에 대

한 구체적인 내용은 <표 3-2>와 같다.

<표 3-2> 분석 변수의 정의와 척도

구분	변수명		측정 변수	척도
종속 변수	시민성	관용	<표 3-1>의 요인 분석 결과 참조	7단계 리커트
		신뢰		
		참여 의식		
		공동체 의식		
독립 변수	촛불 집회 참가		촛불 집회 참가 횟수(0회에서 20회)	비율
통제 변수	사회 경제적 변수	성별 (성별 더미)	남과 여 (남=1, 여=0)	명목
		연령	20대, 30대, 40대, 50대, 60대 이상	
		지역 (지역 더미)	17대 광역 자치 단체 (대도시=1, 기타=0)	
		학력	고졸미만, 고졸, 내재 및 대졸, 대학원 이상	
		소득	100만원 단위 8개 구간	
		고용 형태 (고용 형태 더미)	경영·관리·전문직, 사무직, 생산직, 자영업, 학생·주부, 기타 및 실업 상태 (경영·관리·전문직 및 사무직=1, 기타=0)	
		종교 (종교 더미)	불교, 천주교, 기독교, 기타 없음 (유=1, 무=0)	
	정치적 태도 및 행동 방식[1]	정치적 결사체 참여도[2]	가입하여 활동하는 정치적 결사체 수 / 가입하여 활동하는 비정치적 결사체 수	비율
		투표 활동[3] 참여도	투표 활동 수준 / 비투표 활동 수준	7단계 리커트
		TV 및 종이 신문 이용도[4]	TV 및 종이 신문 이용 시간 / 인터넷 및 소셜 미디어·모바일 메신저 이용 시간	비율
		제도 신뢰도[5]	제도 신뢰 정도 / 사회 신뢰 정도	7단계 리커트
	촛불 집회 영향력에 대한 인식		촛불 집회가 박근혜 대통령의 탄핵과 파면에 영향력을 미쳤다고 생각하는 정도	7단계 리커트

주: 1) 정치적 태도 및 행동 방식으로 정의된 측정 변수의 추정치가 부(-)이면 비정치적 결사체 참여, 비투표 활동 참여, 인터넷 및 소셜 미디어·모바일 메신저 이용, 사회 신뢰가 시민성에 긍정적인 영향을 미치는 것임.

2) 정치적 결사체는 정당·노동조합·NGO로, 비정치적 결사체는 취미 동호회·친목 모임·향우회·동창회·종친회로 구성함.

3) 비투표 활동은 온라인 및 오프라인 정치 문제 토론, 온라인 오프라인 정치·시사 모임 참여, 거리 집회 및 청원 참여, 정부 기관 대상의 민원 제기로 구성함.

4) 미디어 이용은 하루 평균 이용 시간으로 측정함.

5) 제도 신뢰는 대통령·중앙 및 지방정부·국회·정당·사법부에 대한 신뢰로, 사회 신뢰는 "모르는 사람에 대한 믿음"에 대한 인식으로 구성함.

이상의 분석 모형에 기초하되, 실제 분석은 위계적 회귀 분석 모형을 구축하여 수행하였다. [모형1]은 사회 경제적 변수로만 구성되었고, [모형2]는 [모형1]에서 평상시 정치적 태도 및 행동 방식이 추가되었다. 그리고 [모형3]은 [모형2]에서 촛불 집회의 영향력에 대한 인식과 촛불 집회 참가 횟수를 포함하였다. 이러한 분석은 촛불 집회 참가가 일회적이고 일시적인 경험이라는 점을 고려할 때, 시민성에 강하게 영향을 미치는 통제 변수의 영향력 추이를 파악하면서 촛불 집회 참가의 순수한 영향력을 추정하는 장점을 가진다.

2016/17 촛불 집회 참가의 시민 교육적 효과

<표 3-3>은 독립 변수인 2016/17년 촛불 집회 참가와 통제 변수가 관용, 신뢰, 참여 의식, 공동체 의식에 미친 영향력을 추정하고 있다. [모형 Ⅰ-1]에서 [모형 Ⅳ-1]은 사회 경제적 변수가, 그리고 [모형 Ⅰ-2]에서 [모형Ⅳ-2]는 사회 경제적 변수와 평상시 정치적 태도 및 행동 방식이 네 가지 시민성에 미치는 영향력을 보여준다. 그리고 [모형 Ⅰ-3]에서 [모형Ⅳ-3]은 최종적으로 촛불 집회의 영향력에 대한 인식과 독립 변수인 촛불 집회 참가 횟수가 포함된 모형이다. [모형 Ⅰ-3]에서 [모형Ⅳ-3]의 결과를 중심으로 그 의미를 제시하면 다음의 세 가지로 요약된다.

첫째, 촛불 집회 참가에 따른 시민성 함양의 직접적인 효과가 확인되었다. 성별, 연령, 지역, 소득, 학력의 사회 경제적 변수가 지속적이고 견고하게 시민성에 영향을 미치고 있었음에도, 촛불 집회 참가는 참여 의식과 공동체 의식에 긍정적인 영향을 미치고 있었다. 촛불 집회 참가(β=0.0246, t=3.28)가 참여 의식에서 미친 영향과 촛불 집회 참가(β=0.0140, t=3.32)가 공동체 의식에 미친 영향은 사회 경제적 변수와 함께 평상시 정치적 태도 및 참여 방식과 촛불 집회의 영향력에 대한 인식이 통제된 이후에도 나타났다. 이러한 분석 결과는 촛불 집회 참가자들이 공동체 문제

에 대한 정치 사회적 대화를 증진시키고, 공동체 의사 결정에 능동적으로 관여하려는 태도를 학습하는 기회를 가질 수 있었다는 것을 의미한다. 또한 촛불 집회는 참가자들에게 법의 준수와 함께 공동체 이익을 위해 헌신하려는 공익 정신과 의사 결정의 합리성을 습득하고, 공동체 문제에 대한 관심 및 참여의 가치를 증진할 수 있는 있는 계기를 제공하였다.

결과적으로 참여 민주주의자들의 주장처럼, 2016/17년 촛불 집회 참가의 시민 교육적 기능은 발현되었다. 국정 농단 게이트에 분노한 시민들은 '대한민국은 민주 공화국이다'라는 헌법 제1조의 가치를 전면에 내세우며 민주주의의 원칙과 제도를 지키고자 광장으로 모여들었다. 그리고 민주주의를 수호하기 위해서 촛불 집회에 참가했던 시민들은 사회 통합과 민주주의 원리를 실천하는 참여 의식과 공동체 의식을 함양할 수 있었다. 즉 2016/17년 촛불 집회가 단순한 분노 표출의 장을 뛰어 넘어 시민성 함양이라는 교육의 장으로서 기능한 것이다.

둘째, 촛불 집회는 그 자체는 시민성을 함양시키는 간접적 효과가 있었다. 촛불 집회가 박근혜 대통령에 대한 국회의 탄핵안 통과 및 헌법재판소의 파면 결정에 영향을 미쳤다는 인식은 사회 경제적 변수와 정치적 태도 및 행동 방식의 영향력이 통제된 상태에서도 관용, 신뢰, 참여 의식, 공동체 의식 모두에 긍정적인 영향을 미치고 있었다. 촛불 집회의 영향력에 대한 인식은 교육 수준을 제외하고 시민성에 가장 큰 영향을 미치는 변수였다. 이 점은 촛불 집회라는 사건 자체가 참가자뿐만 아니라 직접적으로 참가하지 않은 일반 시민들에게도 개인과 사회 구성원들 간의 연대와 공존의 가치로 대변되는 다양한 태도를 증진시키는 계기를 제공했다는 것을 의미한다. 즉 정치 과정 및 정치 권력의 변동을 이끈 2016/17년 촛불 집회는 참여하지 않은 일반 시민들에게도 시민성을 함양시킬 수 있는 기회를 제공한 것이다.

<표 3-3> 촛불 집회 참가가 시민성에 미친 영향

구분		관용(I)			신뢰(II)			참여 의식(III)			공동체 의식(IV)		
		모형 I-1	모형 I-2	모형 I-3	모형 II-1	모형 II-2	모형 II-3	모형 III-1	모형 III-2	모형 III-3	모형 IV-1	모형 IV-2	모형 IV-3
사회 경제적 변수	성별	0.0322 (3.43)	0.0276 (2.96)	0.0274 (3.15)	0.0209 (1.35)	0.0372 (2.63)	0.0378 (2.88)	0.0305 (3.03)	0.0250 (2.49)	0.0239 (2.63)	0.0323 (3.89)	0.0262 (3.24)	0.0257 (3.51)
	연령	0.1551 (10.50)	0.1351 (8.90)	0.1054 (7.37)	0.1253 (5.14)	0.2010 (8.75)	0.1541 (7.17)	0.1514 (9.58)	0.1448 (8.88)	0.1072 (7.19)	0.2257 (17.27)	0.1938 (14.76)	0.1635 (13.62)
	지역	0.0264 (2.81)	0.0242 (2.60)	0.0092 (1.06)	0.0697 (4.49)	0.0707 (5.02)	0.0479 (3.64)	0.0430 (4.28)	0.0416 (4.16)	0.0220 (2.41)	0.0338 (4.07)	0.0310 (3.85)	0.0155 (2.11)
	소득	0.1323 (6.83)	0.1243 (6.48)	0.1010 (5.62)	0.0500 (1.56)	0.0665 (2.29)	0.0307 (1.14)	0.1185 (5.72)	0.1116 (5.42)	0.0810 (4.33)	0.1110 (6.48)	0.1005 (6.05)	0.0763 (5.06)
	학력	0.6507 (29.93)	0.5929 (24.96)	0.3931 (15.22)	0.6088 (16.96)	0.8000 (22.25)	0.4838 (12.46)	0.6631 (28.52)	0.6492 (25.45)	0.3972 (14.76)	0.6168 (32.08)	0.5270 (25.65)	0.3236 (14.92)
	고용 형태	-0.0069 (-0.62)	-0.0026 (-0.24)	0.0005 (-0.05)	0.0563 (3.08)	0.0321 (1.93)	0.0373 (2.42)	-0.0208 (-1.76)	-0.0214 (-1.81)	-0.0179 (-1.67)	-0.0195 (-2.00)	-0.0116 (-1.22)	-0.0086 (-1.00)
	종교	0.0216 (2.44)	0.0188 (2.15)	0.0116 (1.42)	0.0433 (2.97)	0.0384 (2.90)	0.0272 (2.21)	0.0209 (2.21)	0.0179 (1.91)	0.0086 (1.00)	0.0214 (2.74)	0.0187 (2.47)	0.0112 (1.64)
평상시 정치적 태도 및 행동 방식	정치적 결사체 참여도		0.0221 (3.33)	0.0124 (1.95)		0.0383 (3.81)	0.0250 (2.62)		0.0355 (4.98)	0.0211 (3.19)		0.0180 (3.14)	0.0074 (1.39)
	투표 활동 참여도		0.0645 (5.11)	0.0473 (3.90)		0.0237 (1.24)	-0.0081 (-0.45)		-0.0010 (-0.07)	-0.0179 (-1.42)		0.0865 (7.93)	0.0705 (6.92)
	TV 및 종이 신문 이용도		0.0053 (0.72)	0.0054 (0.78)		0.0140 (1.26)	0.0145 (1.40)		0.0040 (0.50)	0.0037 (0.52)		0.0072 (1.12)	0.0071 (1.23)
	제도 신뢰도		0.0280 (2.19)	0.0070 (0.58)		-0.3502 (-18.04)	-0.3831 (-21.17)		0.0288 (2.09)	0.0018 (0.15)		0.0572 (5.15)	0.0356 (3.52)
촛불 집회 영향력에 대한 인식				0.3058 (14.81)			0.4901 (15.80)			0.3794 (17.64)			0.3092 (17.84)
촛불 집회 참가 횟수				0.0097 (1.35)			0.0033 (0.31)			0.0246 (3.28)			0.0140 (3.32)
N		1,518											
모형 적합도	F값 (prob)	3246.37 (0.0001)	2125.96 (0.0001)	2084.39 (0.0001)	1054.59 (0.0001)	850.46 (0.0001)	858.71 (0.0001)	2812.27 (0.0001)	1825.76 (0.0001)	1921.00 (0.0001)	4211.95 (0.0001)	2887.26 (0.0001)	3006.58 (0.0001)
	r^2	0.9377	0.9395	0.9474	0.8301	0.8613	0.8812	0.9287	0.9302	0.9429	0.9512	0.9547	0.9629
	DW	2.001	2.021	1.987	2.046	1.967	1.941	1.967	1.980	1.962	1.991	2.029	1.973

* $P < 0.05$

따라서 촛불 집회에 참가한 사람뿐만 아니라 참가하지 않은 시민들도 2016년 10월 말부터 2017년 3월 중순까지 20차례 이상 진행된 촛불 집회의 평화로운 진행과 박근혜 대통령의 파면을 미디어 등을 통해 지켜보면서 자연스럽게 시민성이 함양되는 기회를 가질 수 있었다. 이것은 대규모로 진행된 촛불 집회 그 자체가 민주적 시민을 길러내는 일종의 교육 프로그램으로서의 역할을 수행했다는 의미를 가진다. 2000년대 중반까지 한국 민주주의가 제도적인 차원에 비해서 의식과 태도가 성숙되지 않았다는 지적을 고려한다면,[33] 일반 시민들에게 관용, 신뢰, 참여 의식, 민주적 의사 결정 태도를 증진할 수 있는 기회를 제공한 2016/17년 촛불 집회는 성숙한 시민 사회 및 민주주의 발전의 토대를 구축하게 한 역사적인 사건이었다고 할 수 있다.

셋째, 사회 경제적 변수는 관용, 신뢰, 참여 의식, 공동체 의식에 영향을 미치는 주요한 요인이었다. 특히 고용 형태와 종교를 제외한 성별, 연령, 소득 및 학력 수준은 평상시 정치적 태도 및 행동 방식과 촛불 집회 영향력에 대한 인식 및 참가 횟수의 영향이 통제된 상태에서도, 견고하게 시민성에 영향을 미치고 있었다. 특히 연령과 소득 및 학력 수준은 촛불 집회 참가보다 참여 의식과 공동체 의식의 증진에 더 강하게 영향을 미치는 요인이었다.

특히 소득과 교육 수준이 시민성에 영향을 미치고 있다는 점은 사회적 불평등 해소의 필요성을 제시한다. 관용, 신뢰, 참여 의식, 공동체 의식은 한 개인이 일상의 관계 속에서 혹은 정치의 영역에서 민주주의 원칙을 실천하는 태도와 자세를 의미한다. 이러한 시민적 덕성의 향상은 사회적 갈등을 해소하고 풀뿌리 민주주의를 완성시키는 핵심적인 가치이다. 따라서 소득의 불평등뿐만 아니라 교육의 불평등을 해소할 수 있는 제도적 및 실천적 방안의 모색은 시민성 증진과 더불어 궁극적으로 사회 통합과 민주주의의 안정적인 발전을 위한 우선적인 과제라고 할 수 있다.

넷째, 정치적 결사체 활동, 투표 참여 활동, 제도 및 사회 신뢰도 역시 시민성에 영향을 미치는 주요한 요인이었다. 사회 경제적 변수와 촛불 집회 영향력에 대한 인식 및 참가 횟수의 영향이 통제된 상태에서도 이들 변수의 영향력은 유효하였다. 정당을 포함한 노동조합과 NGO와 같은 정치적 결사체 활동은 관용, 신뢰, 참여 의식에, 그리고 투표 활동은 관용과 참여 의식의 증진에 기여하고 있었다. 또한 타인에 대한 일반 신뢰는 사회 신뢰 의식에, 반면 정부와 정당 등의 공적 기관에 대한 제도 신뢰는 공

33 윤상철 외, 2006, 『민주 발전 지수: 2004-2005 평가와 전망』(서울: 민주화운동기념사업회).

동체 의식에 향상에 기여하는 것으로 나타났다. 이러한 분석 결과는 시민성 향상을 위해서는 평상시 투표 참여와 함께 정당 및 결사체 참여를 통한 시민 사회의 활성화 그리고 정부 등의 공적 기관에 대한 신뢰가 중요하다는 점을 보여주었다.

요약과 함의

제3장에서는 2016/17년 촛불 집회 참가자와 비참가자 대상의 설문 조사 결과에 기초하여, 촛불 집회 참가의 시민 교육적 효과를 규명해 보았다. 구체적으로 사회 경제적 변수, 평상시 정치적 태도 및 행동 방식으로 정의된 변수 그리고 촛불 집회 영향력에 대한 인식을 통제 변수로 설정하여, 이들 통제 변수와 촛불 집회 참가가 시민성에 미친 영향을 분석하였다. 시민성은 관용, 신뢰, 민주적 의사 결정 태도, 공동체 의식의 시민적 태도로 정의하였다. 이러한 작업은 대규모 시민이 참여한 저항적 집회였음에도 유례없이 평화적 진행으로 진행된 2016/17년 촛불 집회가 시민성 함양의 장으로 기능할 수 있다는 긍정적 기대를 바탕으로 수행되었다.

분석 결과에 의하면, 2016/17년 촛불 집회 참가는 세 가지 차원의 통제 변수의 영향력이 통제된 상황에서도, 참여 의식과 공동체 의식을 증진시키는 효과가 있었다. 즉 촛불 집회 참가자들은 공동체 문제에 대한 능동적인 관여와 공동체 이익을 위해 헌신하려는 태도를 습득할 수 있었던 것이다. 2016/17년 촛불 집회는 단순한 분노와 항의의 표출의 장이 아니라 시민성 함양의 장으로 기능하였고, 참여 민주주의자들의 주장처럼 촛불 집회 참가의 시민 교육적 효과는 부분적으로 증명되었다. 따라서 참가자들은 박근혜 대통령 탄핵과 파면이라는 정치적 목적의 달성과 함께 시민적 권리와 의무에 대한 사고의 확장과 정치 참여의 가치를 새롭게 인식하는 기회를 가질 수 있었다.

더불어 2016/17년 촛불 집회는 그 자체로 일반 시민들의 시민성을 함양시키는 효과가 있었다. 촛불 집회가 박근혜 대통령의 퇴진을 이끌었다는 인식은 관용, 신뢰, 참여 의식, 공동체 의식 모두에 긍정적인 영향을 미치고 있었다. 이 점은 촛불 집회가 참가자뿐만 아니라 촛불 집회를 미디어를 통해서 지켜본 시민들에게도 시민성의 함양의 계기를 제공했다는 것을 의미한다. 과거 촛불 집회와 비교할 때, 대통령의 퇴진을 이끈 2016/17년 촛불 집회는 일반 시민들의 시민성 함양의 계기를 마련했다는 점에서 분명 참여 민주주의의 질적인 변화를 이끈 역사적인 사건이었다고 할 수 있다.

한편, 통제 변수 중 사회 경제적 변수는 여전히 시민성을 결정하는 중요한 요인이었고, 특히 소득 및 교육 수준은 촛불 집회 참가보다 더 강하게 시민성에 영향을 미치고 있었다. 더불어 정당을 포함한 노동조합과 NGO 참여 활동, 투표 활동 그리고 타인 및 제도에 대한 신뢰 역시 시민성의 증진을 이끄는 주요한 요인이었다. 이러한 결과는 소득 및 교육 격차의 해소와 시민 사회의 활성화가 시민성 증진의 중요한 요인이라는 점을 시사하고 있다.

한국 사회에서 촛불 집회는 2002년 여름 '효순·미선 사건' 이후 개최된 여중생 추모 집회를 계기로 저항 행위의 보편적 방식으로 정착하였다. 그러나 과거 촛불 집회는 평화적 집회의 상징이라는 수식어에도 불구하고 붉은 깃발, 복면, 물대포, 소화기 등으로 기억되는 폭력적 모습을 보였다. 또한 시민들의 분노 표출의 장이자 여당 대 야당 혹은 보수 대 진보의 이념 경쟁의 장이었다. 그 결과 한국 사회에서 촛불 집회는 대의 민주주의 위기 속에서 제도 정치를 보완하는 직접적인 정치 참여의 통로로 기능하기에는 일정한 한계가 있었다.

반면, 평화적 진행으로 대장정을 마감한 2016/17년 촛불 집회는 시민들의 직접적인 의사 표출의 장으로 기능하였고, 나아가 거리의 축제로 그리고 보다 궁극적으로는 시민성 함양의 장으로 승화되었다. 따라서 2016/17년 촛불 집회의 경험은 거리 정치 혹은 광장 민주주의의 새로운 발전 방향을 제시하고 있다. 참여 민주주의는 시민이 직접 정치에 참여하는 새로운 통로를 확대하는 차원에 머물러서는 안된다. 더 나아가 시민적 덕을 산출하는 교육의 장으로 기능할 때 비로소 대의 민주주의의 위기를 극복하는 대안이 될 수 있을 것이다.

제4장

결사체 활동, 시민성, 촛불 집회 참가의 경로 구조

결사체 활동은 시민성을 매개로 하여 촛불 집회 참가를 이끄는 효과가 있는가? 이러한 질문에 대해 사회 자본론자들은 긍정적인 답변을 제시한다. 이들은 시민의 자발적 결사체 활동이 절제, 합의, 호혜성과 같은 시민적 덕목을 증진시키는 동시에 투표 및 비투표적 정치 참여를 촉진시킬 수 있다고 본다. 즉 교회, 자원 봉사 단체, 친목 클럽 등의 자발적 결사체 활동 그 자체가 정치적 사고 및 사회적 믿음과 정치 참여 의식의 발현에 기여하며,[1] 이러한 시민성의 습득이 개인의 의사를 정부나 정치권에 투입하는 원천으로 작동한다는 것이다.

결사체 활동의 순기능을 강조하는 사회 자본론의 논의는 2016/17년 촛불 집회 참가자들의 중층적 참가 동기를 설명하는 주요한 실마리를 제공하고 있다. 앞선 제2장의 촛불 집회 참가의 결정 요인 분석에서 정당을 포함한 노동조합 및 NGO 활동은 촛불 집회 참가를 추동하는 중요한 요

1 Almond, Gabriel. A. and Sidney Verba, 1963, *The Civic Culture* (Boston: Little Brown & Co).

인으로 확인되었다. 즉 평상시 결사체에 참여하여 활동하는 사람들이 촛불 집회에 많이 참여했다는 것이다. 그러나 2016/17년 촛불 집회 참가자들은 조직적 동원보다는 자발적으로 참가를 결정하는 경향이 지배적이었고,[2] 이들은 자신이 속한 단체의 회원이 아니라 대부분 친구나 가족과 함께 촛불 집회에 참가하였다.[3]

그렇다면 다양한 결사체에서 활동하는 사람들이 조직적 동원과 무관하게 자발적으로 촛불 집회에 참여한 이유를 해명할 필요가 있다. 그 이유는 사회 자본론에서 강조하는 결사체 참여의 시민성 함양 효과와 관련이 있을 수 있기 때문이다. 즉 조직 차원의 촛불 집회 참가에 대한 독려 때문이 아니라 결사체 활동을 통해 참여 의식 등의 시민적 태도를 학습한 결과로 촛불 집회에 자발적으로 참여했을 가능성을 내포하고 있다는 것이다.

만약 결사체에서 활동하는 사람들이 시민성을 습득한 결과로 촛불 집회에 참가했다면, 이들의 촛불 집회 참가 동기는 중층적인 성격을 가지게 된다. 그러나 사회 자본론을 수용한 경험적 연구들은 정당, 노동조합, NGO, 친목 모임, 종교 단체, 동호회 등의 시민 사회 내 결사체 활동이 시민성과 투표 및 비투표적 정치 참여에 미친 직접적인 영향력만을 규명하고 있다. 그 결과 결사체 활동이 정치 참여를 추동하는 중요한 동기가 된다는 점을 규명하였으나, 결사체 활동이 시민성을 매개로 하여 정치 참여를 촉진시킨다는 연구로는 확대되지 못하고 있다. 이 점은 결사체에서 활동하는 사람들이 다양한 정치적 활동에 참여하게 되는 중층적 동기를 해명하지 못하고 있다는 것을 의미한다.

따라서 제4장에서는 결사체 활동이 시민성과 촛불 집회 참가에 미

---

2 664명 촛불 집회 참가자들의 참가 계기는 제2장의 3절 각주 29번을 참조했다.

3 664명 촛불 집회 참가자들은 촛불 집회의 동반자를 묻는 질문에 가족(269명, 40.5%), 친구(197명, 29.7%), 혼자(155명, 23.3%) 직장 동료(27명, 4.1%), 사회단체 회원(13명, 2.0%), 기타(3명, 0.5%)의 순으로 응답하였다.

친 경로 구조를 분석하여, 다양한 결사체에서 활동하는 사람들이 촛불 집회에 참가하게 된 중층적 동기를 분석한다. 즉 단순한 결사체 활동이 아니라 결사체 활동을 통해 축적된 시민성이 촛불 집회 참가를 이끌었다는 점을 규명하는 것이다. 이 장은 『현대정치연구』에 발표한 논문을 요약 및 재구성한 것으로,[4] 단행본으로 재구성하는 과정에서 논문의 내용을 더욱 정교하게 보완하는 과정을 거쳤다

제4장의 분석은 다음의 두 가지에 초점을 두고 진행된다. 첫째, 결사체 활동이 시민성의 증진과 촛불 집회 참가를 이끌고, 시민성이 촛불 집회 참가를 추동한 직접적 효과를 제시한다. 그리고 이를 종합하여 결사체 활동이 시민성을 매개로 하여 촛불 집회 참가를 추동한 간접적 효과를 규명한다. 둘째, 이러한 직접적 효과와 간접적 효과는 정당, 노동조합 및 사회단체, NGO와 같은 정치적 결사체와 종친회·동창회·향우회, 친목모임 및 취미 동호회와 같은 비정치적 결사체 간에 차이가 있다는 점을 규명한다. 이러한 작업은 촛불 집회 참가자와 비참가자 중 결사체에 가입하여 활동하는 사람들을 분석 대상으로 설정하여 진행하였다. 그리고 촛불 집회 참가의 시민 교육적 효과를 규명한 제3장과 마찬가지로 시민성은 신뢰, 관용, 공동체 의식, 참여 의식, 민주적 의사 결정 태도 등의 시민적 태도로 정의하였다.

이 글은 무엇보다 결사체 활동의 순기능이 촛불 집회의 자발적 참여를 촉진했을 것으로 전제하고 있다. 2000년대 초중반까지는 사회 자본에 대한 긍정적 기대 속에서 결사체 활동의 시민성 함양 및 정치 참여 유인 효과에 대한 경험적 분석이 확산되었다. 그러나 최근 들어서는 시민 사회의 발전 속에서도 결사체 활동의 긍정적 기능을 경험적으로 증명하려는 노력이 줄어들고 있다. 그 결과 제2장의 논의에서 확인했던 것처럼, 결사

4 도묘연, 2017c, "결사체 활동, 시민성 그리고 촛불 집회 참가의 경로 구조." 『현대정치연구』 제10권 2호(서강대학교 현대정치연구소), 5~41쪽.

체 활동은 촛불 집회 참가를 결정하는 주요한 설명 변수로 설정되지 못했다고 할 수 있다. 따라서 결사체 활동이 시민성을 매개로 촛불 집회 참가에 미친 영향을 규명하는 것은 결사체 활동에 대한 연구 지평의 확대와 학문적 관심을 제고하는 계기를 제공할 것이다.

결국 결사체 활동의 순기능을 분석하는 작업은 다양한 결사체 활동으로 대변되는 시민 사회 활성화의 중요성을 상기시키고 있다. 특히 2016/17년 촛불 집회 계기로 항의 집회나 시위가 시민들의 직접적인 이익 표출 수단으로 정착될 가능성이 높아지고 있다. 따라서 제4장의 논의는 결사체 활동이 민주적인 시민을 길러낼 수 있으며, 시민적 덕성의 습득은 향후 평화적으로 진행되는 집회와 시위의 참가를 이끄는 핵심적인 동기가 된다는 점을 제시하게 될 것이다.

결사체 활동은 시민성을 매개로 촛불 집회 참가를 이끄는 효과가 있는가?

전통적으로 개인의 결사체 가입과 활동은 투표 및 비투표적 정치 참여를 유인하는 중요한 요인으로 지목되어 왔다. 시민 자발성 모델(civic voluntarism)은 동원의 네트워크(network of recruitment)를 정치 참여를 촉진하는 핵심적인 요인으로 지목해 왔다.[5] 개인의 결사체 활동은 정치 참여에 필요한 비용을 절감시켜 주는 계기가 되며, 회원들과의 연대감 혹은 회원들로부터의 압박 등의 이유로 인해 투표 혹은 시위와 집회와 같은 비투표적 정치 참여의 가능성은 확대된다. 즉 개인은 홀로 고립된 것보다 직장 동료, 친구, 사회 단체 회원 등과의 사회적 네트워크에 속해 있을수록 정치 참여를 위한 강한 동기와 계기를 가지게 되는 것이다.

---

5 Verba et al.(1995).

반면, 합리적 선택 이론의 집합 행동의 딜레마는 결사체에 속한 개인은 시위나 집회와 같은 집합 행동에 참여하기보다는 무임 승차(free-riding)하려는 경향이 강하다는 점을 강조한다. 따라서 공공선을 위한 집합 행동의 참여를 개개인이 감당해야 하는 비용과 불확실한 미래에 발생할 결과 사이의 함수로 본다면, 개인은 비용 지출 없이 다른 사람들의 노력에 의해 공공재 이익의 수혜자가 될 때 최선의 이익을 얻게 된다. 그 결과 올슨은 정치 참여라는 집합 행동을 유인하기 위한 방안으로 선택적 유인(selective incentives)의 제공과 조직 리더의 역할을 강조하였다.[6] 그러나 개인이 단순히 선택적 유인만으로 집합 행동에 참여하지는 않는다는 것은 이미 경험적으로 증명되었으며,[7] 분노와 불만 같은 감정적 요인은 특정한 조직의 소속 여부를 떠나 시위나 집회 같은 집합 행동을 추동하는 주요한 요인이다.[8] 또한 조직에 속한 개인은 리더의 동원이 아니더라도 도덕적 헌신감과 이념적 이익을 표출하기 위해서 자발적으로 시위나 집회에 참여할 수도 있다.

그렇다면 결사체에 속한 개인이 선택적 유인이나 조직 리더의 동원과 상관없이 자발적으로 투표 혹은 비투표적 정치 참여를 선택하는 이유는 무엇인가라는 질문을 던져 볼 수 있다. 여기서 사회 자본론자들은 구성원들과의 상호 작용을 통해 시민적 덕(virtue)이 발현되는 결사체 활동의 긍정적인 효과에 주목한다. 일반적으로 사회적 자본은 "사회 조직의 특성으로 신뢰(trust), 규범(norm), 수평적 네트워크(horizontal network)로 이루어진 공공재이며, 협력적 행동을 촉진함으로써 사회의 효율성을 향상시키는 것"으로 정의된다. 따라서 사회 자본론에서는 결사체 활동에서

---

6 Olson, Mancur, 1971, *The Logic of Collective Action: Public Goods and the Theory of Groups* (Massachusetts: Harvard University Press).

7 Udehn, Lars, 1996, *The Limits of Public Choice: A Sociological Critique of the Economic Theory of Politics* (New York: Routledge).

8 이현우(2017).

이루어지는 상호 작용이 호혜적인 규범과 신뢰라는 사회적 자본의 제고를 통해 공동의 이익을 추구하기 위한 개인의 자발적 노력을 증진시키고, 그 결과로 집합 행동의 딜레마가 극복되어 자발적인 정치 참여가 촉진될 수 있다고 보고 있다.[9]

결사체 활동이 정치 참여를 확장시킨다는 사회 자본론의 논의는 호혜적 관계를 기반으로 한 네트워크의 순기능을 강조한 것이다. 사회적 자본은 사회 관계인 네트워크에 존재하고, 그 네트워크는 기본적으로 신뢰, 관용, 공동체 의식과 같은 시민성을 포함하고 있다. 즉 네트워크 속의 개인은 공동체 구성원으로서의 공민적 활동에 필요한 기술과 능력을 신장시키며, 이러한 학습 효과는 궁극적으로 투표 혹은 비투표적 정치 참여를 추동하는 원천으로 작동할 수 있다는 것이다. 앞선 제3장에서 확인했듯이, 개인이 결사체 활동을 통해 시민적 덕을 습득할 수 있다는 논리는 정치 참여의 교육적 기능을 강조한 참여 민주주의자들의 논의와 맞닿아 있다.

특히 사회 자본론은 시민적 태도인 신뢰가 수평적이고 자발적인 결사체 활동을 통해서만 발현될 수 있음을 강조한다. 이들은 일차적인 관계를 중심으로 형성된 결사체의 경우에는 사회적 갈등을 조장하는 '두텁지만 협소한 신뢰(thick Trust)'가 배양될 수 있음을 경계하고 있다.[10] 즉 동종의 모임, 단체, 클럽 활동이 지연이나 혈연을 중심으로 중첩되어(overlapping) 나타나면 신뢰의 협소성이 강화되고 사회는 분절되며,[11] 유사한 그룹 내에서의 인간 관계의 중첩 연결은 외부인을 배타시하는 경향

9 Putnam(2001).

10 장수찬, 2004, "한국 연줄 사회 조직의 특성과 신뢰 구조의 이해: 이중적 신뢰 구조가 갖는 민주주의에 대한 함의는 무엇인가," 『세계지역연구논총』 제22집 2호(한국세계지역학회), 359~394쪽; Newton(1999).

11 Paxton, Pamela, 2002, "Social Capital and Democracy: An Independent Relationships," *American sociological Review*, vol.67, no.2, pp.254-277.

을 강화시킨다는 것이다.[12] 이것은 공식적이고 이차적인 연결망(secondary relations)에 기초한 결사체 활동은 호혜성과 신뢰를 배양할 수 있지만, 결사체가 비공식적이고 일차적인 연결망(primary relations)에 의해 형성될 경우 오히려 배타성 혹은 집단 이기주의를 배양할 수 있다는 것을 의미한다.

결과적으로 민주주의 사회에서 사회적 자본으로 대변되는 결사체의 순기능은 내부 효과와 외부 효과로 대변된다.[13] 전자는 개인이 결사체 활동에서 다른 사람들과의 상호 작용을 통해 민주주의에 부합하는 규범과 가치를 습득할 수 있다는 것을, 후자는 개인이 무임 승차의 욕구를 버리고 자신의 의사를 정치 시스템에 연계하여 직접적인 정치적 행동에 참여한다는 것을 의미한다.

결사체에 참여하는 개인은 조직의 의사 결정 과정을 포함해 압력 행사, 시위, 성명서 발표 등의 정치 과정에 대한 영향력 행사 활동에 참여한다. 또한 자원 봉사, 환경 보호 등의 다양한 사회 참여 활동을 경험하기도 한다. 이러한 과정에서 개인은 사회 구성원들 간의 연대와 공존의 가치로 대변되는 시민성을 확대하는 학습의 기회를 가질 수 있으며, 시민성의 확대는 궁극적으로 집합 행동의 딜레마를 극복하게 하여 개인의 자발적인 정치 참여를 추동하는 요인이 된다. 물론 개인의 결사체 활동은 시민성과 같은 좋은 사회적 자본을 형성시키는 계기가 되기도 하지만, 집단 이기주의와 같은 나쁜 사회적 자본을 배양시키는 부정적인 측면이 내포되어 있다는 점을 부정할 수는 없다.

이처럼 결사체 활동이 시민성을 함양시키는 동시에 정치 참여를 확대할 수 있다는 규범적 주장에도 불구하고, 국내 연구자들은 결사체 활동이 시민성을 매개로 하여 촛불 집회 참가를 이끌었는가라는 질문에 해답을

---

12 Granovetter, Mark, 1973, "The Strength of Weak Ties." *American Journal of Sociology,* vol.78, no.6, pp.1360-1380.

13 Newton(1999).

구할 수 있는 경험적인 결과를 제시하지는 못하고 있다. 기존 연구들은 결사체 활동이 시민성을 함양시키는가, 결사체 활동은 촛불 집회 참가를 이끌었는가, 시민성은 촛불 집회 참가를 이끌었는가라는 질문에 해답을 구할 수 있는 경험적 결과물을 제시하고 있을 뿐이다. 이러한 질문에 대한 해답은 결사체 활동과 시민성이 시위나 집회를 포함한 비제도적 정치 참여에 미친 영향을 분석한 연구를 통해서 간접적으로 확인할 수 있다.

첫째, 결사체 활동과 시민성의 인과 관계를 분석한 연구들은 결사체 활동이 시민성에 미치는 부정적 혹은 긍정적 영향을 도출하였다. 종교 단체, 스포츠 클럽, 향우회 등 18개 유형의 시민 사회 내 결사체 회원들을 대상으로 자료를 수집한 연구 결과에 의하면, 한국의 경우 결사체 활동은 적극적인 참가자 혹은 소극적 참가자 모두에게 신뢰와 시민적 덕을 고양시키지 못하는 것으로 나타났다.[14] 또한 한국의 경우는 독일, 스웨덴과 달리 정당, 노동조합, 문화 단체, 기타 단체의 활동이 시민적 덕목의 형성과 아무런 관련성이 없는 것으로 확인되었다.[15] 반면, 봉사 단체, 사회 운동 단체, 친목 단체의 활동이 시민성에 미치는 긍정적인 영향도 확인되었다. 사회 운동 단체의 구성원은 다른 단체의 구성원에 비해 관용적인 태도를 가지고 있었고, 봉사 단체에서 활동하는 사람은 다른 단체의 구성원보다 동료 시민에 대한 신뢰가 더 높았다.[16] 특히 교육 프로그램으로서 청소년과 대학생의 직접적인 NGO 활동 경험은 시민 교육적 효과를 가지는 것으로 확인되었다. 정부 기관의 협조 하에 조직된 NGO 성격의 대한민국 청소년 의회에 참여한 경험은 정치 신뢰를 제외한 효능감, 준법 의식, 관용, 참여 의식의 긍정적인 변화에 기여하는 것으로 나타났다.[17] 또한 대학

---

14 박종민·배정현, 2008, “한국에서 단체는 민주주의의 학교인가?: 단체 참여의 내부 효과.” 『한국정치학회보』 제42집 3호(한국정치학회), 121~141쪽.

15 김상돈·김태준(2008).

16 유재원(2000).

17 김영인(2007).

생의 NGO 현장 학습 참가는 사회 참여 및 신뢰 의식의 향상이라는 교육적 효과가 있었다.[18]

둘째, 결사체 활동과 시위 및 집회 참여의 인과성을 분석한 연구들은 주로 결사체 유형별 특징을 규명하였다. 한국의 경우는 정당과 노동조합 및 NGO와 같은 정치적 결사체 활동에 비해 동호회 및 봉사 단체와 같은 비정치적 결사체 활동이 시위와 집회 참여를 촉진하는 것으로 나타났다.[19] 한국, 미국, 일본의 국가 간 비교 연구를 수행한 김상돈[20]의 연구에서도 동일한 결과가 확인되었다. 세 국가 모두 친교 관계로 연결된 스포츠 및 레저 모임과 동창 단체의 활동이 시위나 집회를 포함한 진정서 제출 및 불매 운동 등의 비제도적 정치 참여를 촉진시키고 있었다. 반면, 정당 및 NGO의 활동에 적극적인 사람들이 시위나 집회에 활발히 참여한다는 서구의 경향도 확인되었다.[21]

둘째, 시민성과 시위 및 집회 참여 간의 인과성을 규명한 연구들은 주로 사회적 자본의 핵심 요소인 신뢰를 주요한 설명 변수로 설정하고 있다. 이들 연구들은 신뢰를 정부·국회·정당 등에 대한 공적 신뢰와 일반인에 대한 사회 신뢰로 구분하여, 신뢰의 유형별 특징을 제시하였다. 한국의 경우 신뢰가 비제도적 정치 참여에 미치는 영향은 신뢰의 유형별로 차이가 있었다. 정부에 대한 낮은 신뢰는 시위와 집회 참여를 촉진시키기도 하지만,[22] 반면 정부에 대한 높은 신뢰가 시위와 집회 참여를 추동하기도 하였다.[23]

---

18 도묘연(2010).

19 김상돈·김태준(2008); 민영·주익현(2007).

20 김상돈, 2007, "정치 참여의 인과 구조에 대한 한·미·일 국제 비교 연구: 비정치적 결사체 가입의 매개 효과 분석," 『한국사회학』 제41집 1호(한국사회학회), 221~255쪽.

21 Norris et al.(2005).

22 송경재(2013); 이양수(2006).

23 이숙종·유희정, 2010, "개인의 사회 자본이 정치 참여에 미치는 영향." 『한국정치학회보』 제44집 4호(한국정치학회), 287~313쪽; 민영·주익현(2007).

이상의 기존 연구들은 정치적 및 비정치적 결사체 활동이 시민성과 시위와 집회 참여에, 그리고 시민성이 시위와 집회 참여에 미치는 직접적인 영향력을 실증적으로 분석하는 성과를 도출하였다. 그러나 개인의 결사체 활동이 시민성 함양의 계기를 제공하고, 그 결과로 시위와 집회를 포함한 비제도적 정치 참여를 촉진할 수 있다는 분석으로는 이어지지 못하고 있다.

사회 자본론에서 주장하는 결사체 활동의 순기능은 결사체 활동을 통해 습득되는 시민성이 궁극적으로 다양한 정치 참여로 승화될 때 더욱 확대될 수 있다. 따라서 이 연구는 정치적 및 비정치적 결사체 활동이 시민성을 매개로 하여 촛불 집회 참가를 추동하는 간접적인 효과가 있었는가라는 질문에 본격적인 해답을 구하고자 한다.

분석틀

결사체 활동이 시민성과 2016/17년 촛불 집회 참가에 영향을 미치는 경로 구조를 분석하기 위해서 [그림 4-1]의 분석 모형(제안 모형)을 구축하였다. 경로 구조 분석은 다음의 두 가지 단계를 거친다. 첫째, 결사체 활동이 시민성의 향상과 촛불 집회 참가를 견인하고, 시민성이 촛불 집회 참가를 추동한 직접적 효과를 분석한다. 그리고 이러한 직접적 효과의 결과를 바탕으로 결사체 활동이 시민성을 매개로 하여 촛불 집회 참가를 이끄는 간접적 효과를 추론한다. 둘째, 직접적 효과와 간접적 효과가 정치적 및 비정치적 결사체 사이에 차이가 있다는 점을 규명한다.

이러한 분석 모형은 확정적 요인 분석에 의해 결사체 활동과 시민성 구성 변수에 대한 타당성 검증 및 유형화의 과정을 거쳐서 구축되었다. 결사체 활동은 실제로 가입하여 활동하는 단체 수를 기준으로, 그리고 시민성은 7단계 리커트 척도로 측정한 문항을 기준으로 요인 분석을 수행하였다.

[그림 4-1] 제안 모형: 결사체 활동, 시민성, 촛불 집회 참가의 경로 구조

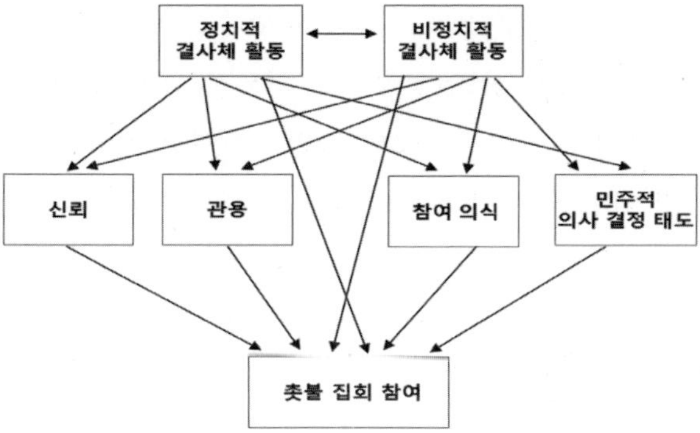

먼저 <표 4-1>의 결사체 활동의 요인 분석 결과에 의하면, 정당, 노동조합 및 사회단체, NGO가 제1요인으로 추출되었고, 종친회·동창회·향우회, 취미 동호회, 친목 모임이 제2요인으로 추출되었다. 당초 가입하여 활동하는 결사체에 대한 자료는 정당, 노동조합, NGO, 취미 동호회, 계모임 등의 친목 모임, 향우회·동창회·종친회, 학술 및 연구 단체, 인터넷 동호회, 각종 지역 자문 기관(지역 개발 위원회, 지역 자문 위원회 등)으로 수집하였다. 그러나 요인 분석에서는 2가지 요인이 추출되어 요인 1은 정치적 결사체로, 요인 2는 비정치적 결사체로 명명하여 분석 모형을 구축하였다.

<표 4-1> 결사체 활동의 요인 분석 결과(n=694)

구분	측정 변수	요인1	요인2
정치적 결사체 활동	정당	0.78	0.08
	노동조합 및 사회단체	0.71	0.08
	NGO	0.52	-0.27
비정치적 결사체 활동	종친회·동창회·향우회	0.05	0.67
	취미 동호회	-0.19	0.63
	친목 모임	0.07	0.63
고유값(eigenvalue)		1.4537	1.3038
기여율(proportion)		0.2423	0.2173
누적 기여율(cumulative)		0.2423	0.4596

* 가입하여 활동하는 단체 수로 측정함.

이러한 결사체의 유형화는 사회 자본론의 논의를 반영한 것이다. 정당, 노동조합 및 사회단체, NGO로 구성된 정치적 결사체는 공식적이고 이차적인 관계에 의해서 조직되었다는 특징을 가지며, 연대적 이익(solidary benefit)과 함께 물질적 혹은 이념적 이익(expressive or purposive benefit)을 대변하기 위해 정치 과정에 영향력을 행사하는 정치적 성격을 가진다. 반면 종친회·동창회·향우회와 친목 단체 및 취미 동호회로 구성된 비정치적 결사체는 비공식적이고 일차적인 유대에 기초해 형성되었으며, 친교 및 재미 같은 연대적 이익을 추구하는 성격이 강하다.[24]

다음으로 <표 4-2>의 시민성의 요인 분석 결과에 의하면, 시민적 태도로 정의된 시민성은 4가지 요인으로 추출되었다. 당초 시민성은 촛불집회 참가의 시민 교육적 효과를 분석한 제3장의 경우처럼, 민주적 의사결정 태도, 관용, 신뢰, 정치 참여 의식 사회 참여 의식, 공동체 의식으로 구성되었다.[25] 그리고 기존 연구에서 6가지 시민성을 측정하기 위해서 사용했던 측정 변수의 목록을 작성한 후, 측정 변수의 개념적 타당성을 확정하기 위해서 요인 분석을 수행하였다. 그러나 정치 참여 의식과 사회 참여 의식이 하나의 요인으로 추출되었고, 공동체 의식의 측정 변수들이 유의미한 요인으로 도출되지 않았다. 따라서 최종적으로 요인 1은 신뢰, 요인 2는 관용, 요인 3은 참여 의식 그리고 요인 4는 민주적 의사 결정 태도로 정의하여 분석 모형을 구축하였다.

24 결사체 혹은 이익 집단의 형성과 유지를 설명하는 이론에 의하면, 연대적 이익은 조직 활동을 통해서 얻는 재미, 동료 의식, 사회적 지위 및 위신과 같은 무형의 가치를 의미한다. 이념적 이익 역시 대의 명분이나 이념을 추구하는 행동에서 도출되는 무형의 보상을 가리킨다. 반면, 물질적 이익은 올슨의 선택적 유인과 관련된 금전적 가치를 지니는 수입이나 서비스와 같은 유형의 보상을 의미한다. 손병권, 2001, "미국의 다원주의: 현실, 이론, 그리고 미래," 미국학연구소(편), 『21세기 미국의 역사적 전망 I』(서울: 서울대학교 출판부), 154~156쪽.

25 도묘연(2010); 이용교·이중섭(2010).

<표 4-2> 결사체 활동자 대상의 시민성 요인 분석 결과(n=694)

구분	측정 변수	요인1	요인2	요인3	요인4
신뢰	법과 원칙이 통하는 사회라는 믿음	0.91	0.09	0.06	0.01
	정치인 및 공무원이 합리적인 정책 수립을 한다는 믿음	0.88	0.16	0.02	0.00
	다른 사람을 믿는 만큼 보답이 돌아온다는 인식	0.85	0.10	0.16	0.04
참여 의식	주변 지인들과 지역 및 국가의 중요 문제에 관한 토론	0.22	0.78	0.19	0.10
	대중 매체를 통한 정치 및 사회 상황에 대해 알려는 노력	0.05	0.77	0.16	0.14
	시민 단체 및 동호회에 가입하여 자원 봉사 및 취미 활동	0.25	0.71	0.09	0.20
	정부 정책에 반대하는 인터넷 의견 개진 및 집회 참여	-0.04	0.70	0.28	0.01
관용	가치와 이념이 다른 사람과 동호회 및 자원 봉사 활동	0.13	0.23	0.75	0.13
	가치와 이념이 다른 사람을 지도자로 선출	0.20	-0.05	0.72	0.27
	가치와 이념이 다름 사람과 정치 및 사회적 현안 토론	0.03	0.36	0.71	0.14
	다수결에 반대하는 소수자의 비판 허용	-0.04	0.23	0.67	0.03
민주적 의사 결정 태도	집단 내 의사 결정은 결과보다 절차가 더 중요	-0.10	0.12	0.26	0.75
	집단 내 의사 결정 시 경쟁보다는 양보나 타협이 중요	-0.02	0.09	0.18	0.72
	다수결에 의한 결정은 내 생각과 달라도 무조건 수용	-0.14	-0.13	0.00	-0.71
고유값(eigenvalue)		4.4247	2.1969	1.3613	1.1446
기여율(proportion)		0.3161	0.1569	0.0972	0.0818
누적 기여율(cumulative)		0.3161	0.4730	0.5702	0.6520

* 7단계 리커트 척도로 측정됨.

[그림 4-1]의 분석 모형(제안 모형)에서 알 수 있듯이, 내생 변수는 촛불 집회 참가이고, 외생 변수는 정치적 및 비정치적 결사체 활동이다. 그리고 매개 변수인 시민성은 정치적 및 비정치적 결사체 활동에 영향을 받는 내생 변수이자 촛불 집회 참가에 영향을 미치는 외생 변수이다.[26] 여기서 촛불 집회 참가는 참가 횟수로 측정하였다. 요인 분석을 통해 가입하여 활동하는 단체 수로 측정된 결사체 활동은 정치적 및 비정치적 결사체로, 시민성은 신뢰, 관용, 참여 의식, 민주적 의사 결정 태도로 확정되었다. 그리고 이들 변수들 간의 경로 구조를 추정하기 위해서 AMOS(Analysis of Moment Structure)를 사용하여 경로 분석(path analysis)을 수행하였다. 분석 변수의 정의와 척도를 요약하면 <표 4-3> 과 같다.

26 정치적 결사체 활동과 비정치적 결사체 활동은 상호 간에 영향을 줄 수 있기 때문에, 이 글에서는 양자 간의 상관성이 있는 것으로 가정하여 분석 모형(제안 모형)을 설정하였다.

<표 4-3> 분석 변수의 정의와 척도

구분	변수명		측정 변수	척도
내생 변수	촛불 집회 참가		촛불 집회 참가 횟수(0회에서 20회)	비율
외생 변수	결사체 활동	정치적 결사체 활동	정당, 노동조합 및 사회단체, NGO 가입 활동 단체 수	
		비정치적 결사체 활동	종친회·동창회·향우회, 취미 동호회, 친목 모임 가입 활동 단체 수	
매개 변수	시민성	신뢰, 관용, 참여 의식, 민주적 의사 결정 태도	<표 4-2> 요인 분석 결과 참조	7단계 리커트

결사체 활동이 2016/17 촛불 집회 참가에 미친 경로 구조 : 시민성 매개 효과

[그림 4-2]의 수정 모형은 정치적 및 비정치적 결사체 활동이 시민성의 증진과 촛불 집회 참가를 추동한 직접적 효과와 시민성이 촛불 집회 참가를 이끈 직접적 효과를 추정한 결과이다.[27] 그리고 <표 4-4>는 이들 직접적 효과와 두 가지 유형의 결사체 활동이 시민성을 매개로 하여 촛불 집회 참가를 이끈 간접적 효과를 종합하여 제시한 결과이다. [그림 4-2]와 <표 4-4>의 내용을 요약하여 그 의미를 제시하면 다음의 세 가지로 요약된다.

[그림 4-2] 수정 모형: 결사체 활동, 시민성, 촛불 집회 참가의 경로 구조

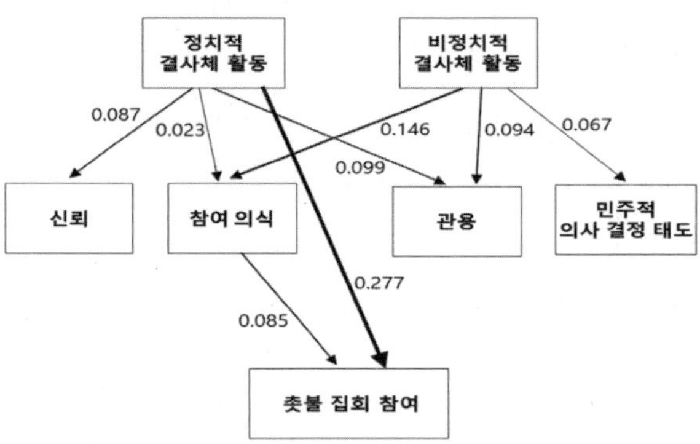

첫째, 정치적 결사체 활동은 촛불 집회 참가를 추동하는 직접적 효과와 참여 의식을 매개로 하여 촛불 집회 참가를 견인하는 간접적 효과가 동시에 나타났다. 구체적으로 정치적 결사체 활동은 신뢰에 0.087(t=2.289), 참여 의식에 0.023(t=6.134), 관용에 0.099(t=2.710), 촛불 집회 참가에 0.277(t=7.487)의 직접적 영향을 미치고 있었다. 또한 시민성 중 참여 의식은 촛불 집회 참가에 0.085(t=2.306)의 직접적 영향을 미치는 것으로 나타났다([그림 4-2]). 따라서 정치적 결사체 활동이 촛불 집회 참가를 이끈 총 효과는 0.279였다. 이 중 직접적 효과는 0.277, 참여 의식을 매개로 한 간접적 효과는 0.002이었다.

이러한 결과는 정당, 노동조합 및 사회단체, NGO 활동을 많이 할수록 촛불 집회에 많이 참가하게 되었다는 것을 의미한다. 동시에 이들 결사체 활동을 통해 개인은 참여 의식이 향상되었고, 참여 의식이 향상된 결과로 촛불 집회 참가가 증가되었다는 것을 보여 준다. 즉 정치적 결사체 활동에 참여하는 개인은 공동체의 공공 문제 해결 과정에 능동적으로 관여하려는 의식과 태도를 함양할 수 있었고, 이러한 시민적 태도의 형성은 촛불 집회 참가를 이끄는 중요한 동기를 제공한 것이다.

<표 4-4> 수정 모형의 총 효과

외생 변수	내생 변수	총 효과	직접 효과	간접 효과
정치적 결사체 활동	촛불 집회 참가	0.279	0.277	0.002*
정치적 결사체 활동	참여 의식	0.023	0.023	0.000
참여 의식	촛불 집회 참가	0.085	0.085	0.000
비정치적 결사체 활동	촛불 집회 참가	0.012	0.000	0.012**
비정치적 결사체	참여 의식	0.146	0.146	0.000
참여 의식	촛불 집회 참가	0.085	0.085	0.000

* 0.002=0.023(정치적 결사체 활동이 참여 의식에 미치는 직접 효과)×0.085(참여 의식이 촛불 집회 참가에 미치는 직접 효과)

** 0.012=0.146(비정치적 결사체 활동이 참여 의식에 미치는 직접 효과)×0.085(참여 의식이 촛불 집회 참가에 미치는 직접 효과)

27 수정 모형의 절대 적합 지수(absolute fit measures)는 (df)=9.615(7), p-value=0.211, GFI=0.996, RMR=0.068, NCP=2.615이고, 간명 적합 지수(parsimonious fit measures)는 AIC=51.615, PGFI=0.249, PNFI=0.326, RMSEA=0.023이다.

둘째, 비정치적 결사체 활동의 경우 촛불 집회 참가를 추동하는 직접적 효과는 나타나지 않았으나, 참여 의식을 매개로 하여 촛불 집회 참가를 견인하는 간접적 효과가 있었다. 구체적으로 비정치적 결사체 활동은 참여 의식에 0.146(t=4.147), 관용에 0.094(t=2.563) 그리고 민주적 의사결정 태도에 0.067(t=1.766)의 영향을 미치고 있었다. 또한 시민성 중 참여 의식은 촛불 집회 참가에 0.085(t=2.306)의 영향을 미치는 것으로 나타났다. 따라서 비정치적 결사체 활동이 촛불 집회 참가를 이끈 총 효과는 0.012였다. 이 중 직접적 효과는 없었고, 참여 의식을 매개로 한 간접적인 효과가 0.012였다. 간접적 효과의 경우는 정치적 결사체보다 비정치적 결사체에서 더욱 강하게 나타났다.

이러한 결과는 종친회·동창회·향우회와 취미 동호회 및 친목 모임 활동을 많이 활동할수록 참여 의식이 향상되었고, 그 결과로 촛불 집회 참가가 증가하게 되었다는 점을 보여 준다. 물론 정치적 결사체 활동처럼 비정치적 결사체 활동이 직접적으로 촛불 집회 참가를 견인하지는 못하였다. 그러나 비정치적 결사체 활동에 참여하는 개인 역시 공동체 문제에 대한 관심 및 참여의 가치를 증진할 수 있는 학습의 기회를 가질 수 있었고, 이러한 시민적 태도의 형성은 촛불 집회 참가를 추동하는 이유가 되었다.

셋째, 결과적으로 결사체 활동이 참여 의식을 매개로 하여 촛불 집회 참가를 이끈 간접적 효과는 촛불 집회 참가의 중층적 동기를 해명해 준다. 즉 평상시 정치적 혹은 비정치적 결사체에서 활동하는 개인들은 다양한 조직 활동 및 구성원들과의 상호 작용을 통해 시민적 덕성을 체화하는 계기를 가질 수 있었고, 특히 결사체 활동을 통해 내면화된 참여 의식이 촛불 집회 참가를 추동하는 또 다른 동기로 작용한 것이다. 이러한 참여 의식의 발현은 결사체에서 활동하는 사람들이 조직 차원의 동원이 없었음에도 촛불 집회에 자발적으로 참가하게 되었다는 것을 의미한다.

특히 주목할 것은 비정치적 결사체 활동을 통해 함양된 참여 의식이 촛불 집회 참가를 이끈 중요한 동기가 되었다는 점이다. 전통적으로 사회 자본론은 비공식적 관계에 기반을 둔 일차적 결사체 활동이 시민성 형성에 부정적인 영향을 미친다는 점을 강조해 왔다. 즉 동종의 모임, 단체의 활동이 지역이나 혈연과 같은 내부적 결속을 중심으로 형성될 경우 '두텁지만 협소한 신뢰(thick trust)'를 형성할 수 있으며, 이러한 접착 자본(bonding capital)은 시민 사회 발전과 민주주의의 안정성을 위협한다는 것이다. 따라서 일반적 신뢰를 함양시키는 못하는 비정치적 결사체 활동은 촛불 집회를 포함한 다양한 정치 참여를 촉진하는 기능을 수행할 수 없다고 할 수 있다. 그러나 이 글의 분석 결과는 일차적 유대에 기초한 결사체의 활동이 신뢰를 증진시킨다는 결과를 제시하지는 못했으나, 참여 의식을 포함해 관용과 민주적 의사 결정 태도의 향상이라는 순기능의 발현에 기여한다는 점을 보여 주었다. 더불어 정치적 결사체보다 비정치적 결사체 활동에서 배양된 참여 의식은 촛불 집회를 참가를 이끄는 더 큰 동기로 작용하였다.

따라서 종친회·동창회·향우회, 동호회 및 친목 모임의 활동은 촛불 집회와 같은 비제도적 정치 참여를 직접적으로 추동하지는 않더라도, 시민성의 함양을 통해 잠재적으로 정치 참여를 확대할 수 있다는 긍정적인 기능을 내포하고 있었다. 이 점은 일차적인 유대에 기초한 생활 속의 결사체 활동 역시 건전한 시민 사회와 및 민주주의 발전을 촉진하는 중요한 기반이 될 수 있다는 것을 시사하고 있다.

요약과 함의

제4장에서는 2016/17년 촛불 집회 참가자와 비참가자 중 결사체에서 활동하는 사람들 대상의 설문 조사 결과에 기초하여, 결사체 활동이 시민성

을 매개로 촛불 집회 참가에 미친 영향을 분석하였다. 이러한 작업은 결사체를 정치적인 것과 비정치적인 것으로 유형화하여 진행되었고, 결사체에서 활동하는 사람들이 조직적 동원과 무관하게 자발적으로 촛불 집회 참가하게 된 중층적 동기를 밝히기 위해서 수행되었다.

분석 결과에 의하면, 정치적 결사체 활동은 촛불 집회 참가를 촉진하는 직접적 효과와 참여의식을 경유하여 촛불 집회 참가를 추동하는 간접적 효과가 동시에 있었으나, 비정치적 결사체 활동의 경우는 참여 의식을 매개로 한 간접적 효과만 발견되었다. 그리고 직접적 효과는 정치적 결사체 활동에서 강하게 나타났던 반면, 간접적 효과는 비정치적 결사체 활동에서 두드러졌다. 따라서 사회 자본론에서 주장하는 결사체 활동의 시민성 함양 효과와 정치 참여 유인 효과는 부분적으로 확인되었다.

결과적으로 정당을 포함한 노동조합 및 NGO 활동과 종친회·동창회·향우회, 동호회 및 친목 모임의 활동은 신뢰, 관용, 참여 의식, 민주적 의사 결정 태도를 증대시켰고, 특히 결사체 활동에서 축적된 참여 의식은 시민들의 자발적인 촛불 집회 참가를 이끈 중요한 요인이 되었다. 이 점은 결사체 활동뿐만 아니라 정치적 및 비정치적 결사체 활동에서 배양된 참여 의식이 촛불 집회 참가를 촉진한 중요한 동기라는 것을 의미한다.

평화적 진행과 시민들의 자발적 참여를 통해 정치 권력의 퇴진을 이끈 2016/17년 촛불 집회를 계기로 시위나 집회가 시민들의 의사 표현 방식으로 확산될 가능성이 높아지고 있다. 촛불 집회 직후 엠브레인 트렌드 모니터가 전국 만 19세-59세 성인 남녀 1,000명을 대상으로 실시한 설문조사에 의하면, 응답자의 67.1%는 "집회가 국가의 잘못된 점을 바로 잡을 수 있는 힘이 있다", 그리고 60.3%는 "집회를 통해 자신의 의사가 국정에 반영될 수 있다"고 대답하였다.[28]이러한 현실을 고려할 때, 결사체 활동의 순기능을 확인한 제4장의 분석 결과는 다음의 두 가지 측면에서

28 금보령(2017).

결사체 활동의 중요성을 강조하고 있다.

첫째, 결사체 활동으로 대변되는 시민 사회 활성화는 건전한 시위와 집회의 확산을 위한 중요한 조건안이 된다. “자발적 결사체는 민주주의의 위대한 학교다”라는 토크빌(Tocqueville)의 주장처럼, 결사체는 시민적 덕성을 산출하는 교육의 장이었다. 또한 결사체 활동은 참여 의식의 함양을 통해 잠재적으로 정치 참여를 촉진시키는 참여 민주주의 실천의 장으로 기능하였다. 따라서 시민들의 결사체 참여를 유인할 수 있는 다양한 제도적·교육적 방안을 모색하여 평화로운 시위와 집회의 보편화에 필요한 긍정적인 기반을 마련할 필요가 있다.

둘째, 종친회·동창회·향우회, 동호회, 친목 모임과 같은 생활 속의 결사체 활동 역시 건전한 시민 사회와 평화로운 시위 및 집회 활성화의 기반이 된다. 사회 자본론에서는 비공식적인 유대를 기초로 형성된 결사체를 나쁜 사회적 자본이 배양되는 공간으로 바라보고 있다. 그러나 이 글의 분석 결과는 일차적 관계에 의해 형성된 결사체 활동 역시 시민적 덕성을 산출할 수 있으며, 궁극적으로는 촛불 집회와 같은 정치 참여를 유인한다는 점을 확인시켜 주었다. 따라서 공동체 구성원들의 주변에서 가깝게 형성된 수많은 결사체들은 생활 속에서 민주적 상호 작용을 경험하고 실천하는 공간이 될 수 있다. 이 경우 결사체 구성원들 간의 좋은 감정과 유대는 시민적 덕을 배양하여 사회 통합에 기여할 수 있으며, 집단적 능력을 향상시켜 풀뿌리 민주주의 활성화의 기반을 형성하게 할 것이다.

2

촛불 집회와 태극기 집회: 빅데이터로 본 정치 의식

제5장

빅데이터 연구와 분석

국정 농단 게이트에 대한 분노로 표출된 2016/17년 촛불 집회는 2016년 10월 말부터 2017년 3월 말까지 1,600만 명 이상이 참여한 대규모 시민 집회라는 기록을 세우며 20차례 이상 개최되었다. 청와대는 3차에 걸친 대통령 국민 담화를 통해 사태를 진정시키려고 노력하였으나 대통령을 파면하라는 시민들의 분노를 잠재울 수는 없었다. 2016년 12월 9일 국회의 대통령 탄핵 소추안은 가결되었고, 결국 2017년 3월 10일 헌법재판소는 '대통령 파면'이라는 결정을 내리게 된다. 이 과정에서 대통령의 탄핵을 반대하는 사람들은 결정에 영향을 주기 위해 일명 태극기 집회를 개최하여 촛불 집회에 맞불로 대응하였다. 촛불 집회와 태극기 집회의 활동은 각종 매체를 통해 실시간 보도되었으며, 특히 인터넷 포털 사이트의 뉴스 채널을 통해 빠르게 전파되었다.

언론 환경의 변화로 인하여 포털 사이트를 통해 기사를 접하는 비율은 갈수록 늘어나고 있으며, 온라인 뉴스 이용자들이 기사를 평가하고 의견을 개진하는 비율 역시 증가하고 있다. 한국언론진흥재단의 조사에 따르면, 포털사이트 뉴스 섹션 중 사회 영역에 댓글이 가장 많이 달린 것으로 확인되며, 그 다음이 정치 영역이었다.[1] 이 점은 온라인 뉴스 이용자들이 정치와 사회 문제에 대하여 적극적으로 의견을 표출하고 있다는 것을 보여 준다. 또한 포털 사이트 뉴스 이용자들은 기사뿐만 아니라 기사에 딸린 댓글도 함께 읽음으로써 기사에 대한 해석에 의해서도 영향을 받게 된다.[2] 그리고 온라인 이용자들이 적극적으로 댓글을 읽고 쓰면서 기사를 비판하고, 이에 대해 다른 이용자들과 의견을 교환하기도 한다는 것이다.

이러한 맥락에서 볼 때, 온라인 포털에 등록된 뉴스와 그에 딸린 댓글의 메시지를 분석하는 것은 해당 정국의 정치 및 사회적 이슈를 객관적으로 이해하는 장점을 가질 수 있다. 즉 특정한 이슈에 대한 언론사의 입장뿐만 아니라 대중들의 반응 혹은 의견을 동시에 확인하여 해당 정국에서 나타난 주요한 메시지를 확인할 수 있다는 것이다. 따라서 빅데이터 분석을 통해 촛불 집회와 태극기 집회에 대한 언론의 보도 및 댓글을 분석하는 것은 탄핵 정국에서 나타난 주요한 이슈와 사건을 해명하는 동시에 참가자들의 반응과 의견 교환 과정에서 발생하는 다양한 갈등을 밝힌다는 장점을 가진다. 특히 태극기 집회가 촛불 집회의 맞불 형태로 개최되었다는 점을 고려할 때, 두 집회에 대한 기사와 댓글의 분석은 탄핵 정국과 이후 일정 기간 한국 사회에서 나타난 주요 정치 갈등을 해명한다는 의미를 가진다.

따라서 제2부는 촛불 집회와 태극기 집회를 다룬 온라인 뉴스와 댓글을 수집하여 주요 인물, 사건, 기관 등을 비교 분석함으로써 탄핵 정국에서 나타난 주요 메시지를 규명하는 목적을 가진다. 이 과정은 단순히 탄핵을 둘러싼 찬성과 반대를 확인하는 것이 아니라 두 집회의 메시지 속에 숨겨진 다양한 문제 인식을 드러냄으로써 정치 갈등의 심층적 내면을 밝히는 데 초점을 두었다.

---

1 김선호 외, 2016, 『댓글 문화 분석』, Media Issue 제2권 10호(한국언론진흥재단), 2쪽.

2 김은미·김현주, 2004, "인터넷상에서의 사회적 의사 소통 양식과 합의 형성," 『정보통신정책연구 보고서』 제4권 54호(정보통신정책연구원), 7~106쪽.

일반적으로 뉴스의 메시지 혹은 담론 분석에서는 뉴스가 사회적 구성물이며, 뉴스의 양식이나 형식 및 내용의 전개가 구조화되어 있으며, 주제의 구조 요소에 의해 스토리가 구성된다는 점을 고려해야 한다.[3] 여기서 주제의 구조 요소란 사건의 '행위자', '행위(대상)', '행위 방식', '배경', '결과'를 말한다. 구체적으로 '행위자'는 그 행위를 수행하는 사람이 누구인가, '행위(대상)'는 행위의 주요 속성이 무엇인가, '행위 방식'은 행위자가 어떤 수단이나 방법을 이용했는가, '배경'은 행위의 배경이 무엇인가, '결과'는 그 행위로 인한 결과가 무엇인가 등을 밝히는 것이다.

따라서 촛불 집회와 태극기 집회의 온라인 뉴스와 댓글의 분석 역시 행위자와 행위(대상), 행위 방식, 배경, 결과의 관점에서 수행된다. 여기서 행위자와 행위(대상)는 탄핵을 둘러싼 주요 인물과 단체 및 기관으로 볼 수 있으며, 행위(대상)는 박근혜 정권의 실정에 대한 원인이나 탄핵의 책임 소재, 행위 방식은 탄핵 정국 해결의 주체와 방법, 그리고 배경 및 결과는 탄핵 이외에 탄핵 정국에서 나타난 주요 이슈로 구분할 수 있다. 즉 탄핵을 정국에서 나타난 주요 인물, 기관, 사건 등을 뉴스와 댓글에서 추출하여 그 이면에 숨겨진 메시지를 분석하는 것이다. 이러한 주요 요소의 분석은 개체명 인식(Named entity recognition)을 활용해 수행할 수 있다.[4]

두 집회의 온라인 뉴스와 댓글에서 나타난 주요 메시지를 규명하는 작업은 다음의 세 가지 과정을 거친다. 첫째, 탄핵 정국 기간인 2016년 10월 24일부터 2017년 3월 19일까지 포털 사이트에 등록된 정치 섹션 뉴스 중 촛불 집회와 태극기 집회 관련 뉴스와 댓글을 분석 대상으로 한다. 일반적으로 평일에 3~4천 건의 기사가 등록되는 정치 섹션 기사를 수집 및 분석하기 위해서 대용량 텍스트를 분석할 수 있는 도구가 필요하다. 이를 위하여 개체명 인식기를 활용하였다.

---

3 변영수, 2016, "신문의 갈등 이슈 양상: '촛불 집회'의 뉴스 프레임 강조 장치를 중심으로," 『겨레어문학』 제57권(겨레어문학회), 152쪽.

4 개체명 인식에 대한 자세한 설명은 제5장 3절을 참조한다.

둘째, 정치 섹션 기사 중에서 촛불 집회와 태극기 집회를 대표하는 기사는 제목이나 본문에 '촛불'과 '태극기'가 포함된 기사로 정의하였다. 그리고 추출한 각 기사에 달린 댓글을 수집하여 두 집회에 대한 온라인 사용자의 메시지를 확인하였다.

셋째, 개체명 인식기를 사용하여 주요 개체, 즉 인물, 사건, 기관 등의 빈도를 도출한 후, 주요 개체가 문서 안에서 어떠한 맥락으로 사용되었는지를 규명하기 위해서 의미 연결망 분석(semantic network analysis)을 수행한다. 의미 연결망 분석은 텍스트에서 의미를 가진 단어를 추출하고, 텍스트 내에서 구성되는 단어 간의 동시 출현 관계를 중심으로 네트워크를 생성하여 그 특성을 분석하는 방법이다. 이는 전통적인 내용 분석에서 특정 단어의 빈도만 고려하여 의미를 찾았던 것을 넘어서 특정 단어와 함께 자주 사용되는 단어를 동시에 분석하여 단어 사이의 구조적 관계를 파악하는 이점을 가진다.[5]

한편 제5장은 촛불 집회와 태극기 집회의 온라인 뉴스와 댓글에서 나타난 메시지를 본격적으로 분석하기 이전에 독자들의 사전 이해를 돕기 위해서 작성되었다. 먼저 2016/17년 촛불 집회(1차~20차)와 태극기 집회(1차~16차)의 주제, 참가 인원, 슬로건 등을 포함해 두 집회의 주요 특징을 분석하였다. 그리고 뉴스와 댓글, 온라인상에서 유통되는 단어, 집회에서의 구호 등을 중심으로 2008년 및 20016/17년 촛불 집회와 태극기 집회를 분석한 기존 연구를 검토하여 이 글의 차별성과 의미를 제시하였다. 마지막으로 촛불 집회와 태극기 집회의 온라인 뉴스와 댓글 분석에서 활용될 개체명 인식과 의미 연결망 분석의 내용 및 방법과 수행 과정을 구체적으로 소개하였다.

---

5 정덕호 외, 2013, "언어 네트워크 분석을 이용한 교육 과정 목표와 교과서 학습 목표와의 일치성 분석: 2009 개정 교육 과정의 지구 과학I을 중심으로," 『한국지구과학회지』 제34권 7호(한국지구과학학회), 711~726쪽.

2016년 10월 29일부터 시작된 촛불 집회는 11월 12일 100만 명(박근혜정권퇴진비상국민 행동 추산)을 넘기면서, 시민은 물론 언론사들은 촛불 집회에 폭발적인 관심을 보이기 시작하였다. 12월 9일 국회의 대통령 탄핵 소추안 가결 이후 헌법재판소의 판결을 기다리면서 촛불 집회의 참가 인원은 이전에 비해 다소 줄어들기는 했으나, 촛불 집회는 2017년 3월 10일 헌법재판소의 대통령 파면이 확정된 이후인 2017년 3월 11일까지 20차례 진행되었다.

촛불 집회를 주관한 '박근혜정권퇴진비상국민행동'의 홈페이지에서 확인할 수 있듯이, 20차례 개최된 집회는 주제어(슬로건)를 정해서 진행되었다.[6] 1차와 2차 집회의 주제는 '모이자, 분노하자, 내려와라 박근혜'로 대통령의 '하야'에 초점을 두었다. 3차 집회부터는 정권 '퇴진'이 주제어에 포함되었으며, 14차 집회부터는 '탄핵'이 주제어에 명시되었다. 또한 촛불 집회의 다양한 주제는 문장형으로 제시하고 그 뒤에 'OO차 범국민 행동'이라는 이름으로 차수를 밝히기도 하였다. 그 외 2차 집회에서는 온라인 홍보를 위해 해시태그(#)를 주제에 넣어 활용하기도 했다. 촛불 집회의 각 회차별 주제, 참가 인원, 특징을 정리하면 <표 5-1>과 같다.

<표 5-1> 촛불 집회의 회차별 주제, 참가 인원, 특징

회차	날짜	주제	주최 측 추산 참가인원	특징
1	2016. 10.29	'모이자, 분노하자, 내려와라 박근혜'	서울 2만	
2	11.05	모이자, 분노하자!, #내려와라 박근혜 2차 범국민 행동(부제: 분노 문화제)	서울 20만	■고 백남기 선생 연결식

6 박근혜정권퇴진비상국민행동은 2차 촛불 집회(2016년 11월 5일) 준비를 위해 11월 3일 구성되었고, 공식적으로는 11월 9일 출범하였다. 박근혜정권퇴진비상국민행동 홈페이지, http://www.bisang2016.net/?c=55&p=25&uid=7(검색일: 2018.01.10).

3	11.12	'백남기, 한상균과 함께 민중의 대반격을! 박근혜 정권 퇴진! 2016 민중 총궐기	서울 100만	■폭발적인 참가 인원 증가 ■민중 총궐기, 연행 23명 ■박사모 탄핵 반대 집회 시작
4	11.19	'광화문에서 전국으로! 박근혜는 즉각 퇴진하라'	96만 (서울 60만, 지방 36만)	■4차 집회 이후 연행자 0명 ■축제 분위기 속 평화 집회 ■수능 끝난 학생 대거 참여
5	11.26	'박근혜 즉각 퇴진 5차 범국민 행동'	190만 (서울 150만, 지방 40만)	■'1분 소등' 행사와 촛불 파도 타기
6	12.03	'박근혜 대통령 퇴진 촉구'	232만 (서울 170만, 지방 62만)	■탄핵 직전 최대 인원 결집
7	12.10	'박근혜 정권 끝장내는 날'	104만 (서울 80만, 지방 24만)	■국회, 탄핵 소추안 가결(12.9)
8	12.17	'박근혜 즉각 퇴진 공범 처벌, 적폐 청산의 날'	77만 (서울 65만, 지방 12만)	■ 앞 행진
9	12.24	'끝까지 간다! 9차 범국민 행동 -박근혜 정권 즉각 퇴진, 조기 탄핵, 적폐 청산 행동의 날'	70만 2천 (서울 60만, 지방 10.2만)	■문화 행사와 퍼포먼스 등 축제 분위기로 진행
10	12.31	송박영신(送朴迎新)	110만 4천 (서울 100만, 지방 10.4만)	■폭죽 놀이, 타종 행사 ■부산 소녀상 제막
11	2017. 01.07	'박근혜는 내려오고 세월호는 올라오라'	64만 3천(서울 60만, 지방 4.3만)	■세월호 1,000일에 초점 ■혹한으로 100만 이하로 인원 감소
12	01.14	즉각 퇴진, 조기 탄핵, 공작정치 주범 및 재벌 총수 구속 12차 범국민 행동의 날	14만 6천 (서울 13만, 지방 1만 6천)	■고 박종철 열사 30주기 추모제 ■분신한 정원 스님 영결식 ■경찰 집회 인원 추산 비공개 결정 ■혹한 등으로 인원 감소
13	01.21	'내려와 박근혜 바꾸자 헬조선 설맞이 촛불'	35만 (서울 32만, 지방 3만)	■재벌 총수 구속 촉구와 함께 '블랙리스트' 규탄
14	02.04	박근혜 2월 탄핵, 황교안 사퇴, 공범 세력 구속, 촛불개혁 실현 14차 범국민 행동의 날	42만 5천 (서울 40만, 지방 2만 5천)	■설 연휴로 한 주 휴식 ■보수 단체의 맞불 집회
15	02.11	천만 촛불 명령이다! 2월탄핵! 특검 연장! 박근혜·황교안 즉각 퇴진, 신속 탄핵을 위한 15차 범국민 행동의 날	75만 (서울 70만, 지방 5만)	■1박2일 행진 ■대보름 맞이 대동 놀이, ■물러나 쇼(사전 집회) 등
16	02.18	"탄핵 지연 어림없다!" 박근혜 황교안 즉각 퇴진! 특검 연장! 공범자 구속을 위한 16차 범국민 행동의 날	84만 (서울 80만, 지방 4만)	■주체 측 추산 전국 1,325만 (서울 1,108만, 지방 217만 1천)
17	02.24	박근혜 탄핵·구속! 특검 연장! 박근혜 4년, 이제는 끝내자! 2.25 전국 집중 17차 범국민 행동의 날	107만 (서울 100만, 지방 7만)	■'레드카드(퇴장)' 퍼포먼스 ■촛불 집회 참가자들에게 노란 리본을 매단 태극기 배포
18	03.01	박근혜 구속 만세! 탄핵인용 만세! 18차 범국민 행동의 날	30만	■3,1절 행사(우천)
19	03.04	박근혜 없는 3월 그래야 봄이다! 헌재 탄핵 인용! 박근혜 구속! 황교안 퇴진! 촛불의 힘으로 박근혜 정권 없는 봄을 맞이합시다! 19차 범국민 행동의 날	105만 (서울 95만, 지방 10만)	■'빨간공 7개 굴리기(황교안 퇴장)' 퍼포먼스 ■촛불 집회에 노란 리본을 매단 태극기 등장

20	03.11	모이자! 광화문으로! 촛불승리를 위한 20차 범국민 행동의 날	72만 (서울 65만, 지방 7만)	■3.10 박근혜 대령 탄핵안 인용으로 (파면) 결정

출처: 천정환, 2017, "누가 촛불을 들고 어떻게 싸웠나: 2016/17년 촛불 항쟁의 문화 정치와 비폭력·평화의 문제," 『역사비평』 2월호(역사비평사), 444쪽; 박근혜정권퇴진비상국민행동 홈페이지, http://www.bisang2016.net/(검색일: 2017.01.20).

촛불 집회 초기 박근혜 대통령의 거취에 대해 시민들과 주요 정치인들이 보인 반응은 차이가 있었다. <표 5-2>에서 알 수 있듯이, 대통령의 거취는 '질서 있는 퇴진', '하야', '탄핵', '2선 후퇴'의 4가지로 구분할 수 있는데, 헌법적 절차인 '탄핵'을 제외하고는 박근혜 대통령의 자진 사퇴를 요구하는 것이었다. '퇴진'은 대통령이 시기를 제시하고 사퇴하는 형식이었고, '하야'는 즉시 사퇴, '2선 후퇴'는 총리에게 권한을 이양하고 임기를 마무리하는 것이었다. 특히 대통령을 탄핵하자는 의견은 11월 4일 박근혜 대통령이 두 번째 담화를 발표한 이후 이재명 성남 시장이 "박 대통령을 탄핵하고 구속하라"라는 입장을 페이스북에 올리면서 언론의 보도를 통해 확산되기 시작하였다.[7]

<표 5-2> 주요 대선 인물의 대통령 거취에 대한 입장

거취 방향	주요 인물	소요 기간	진행 과정
질서 있는 퇴진	문재인, 안철수	6개월 안팎	대통령, 퇴진 시기 제시 - 과도 내각 구성 - 대통령 사퇴 - 60일 내 대선
하야	박원순	60일	대통령 사퇴 - 60일 내 대선
탄핵	김무성, 이재명	240일	탄핵안 발의 - 탄핵안 의결 - 180일 내 헌재 결정-60내 대선
2선 후퇴	유승민, 남경필, 원희룡, 오세훈, 김종인, 안희정, 손학규	1년 4개월	총리에 권한 이양 선언 - 국회 추천총리 선출 - 5년 임기 마무리

출처: 안성호, 2017, "청와대 정치의 실패, 여의도 정치의 과제 그리고 광화문 정치 승리의 담론," 『사회과학연구』 제34권 1호(충북대학교 사회과학연구소), 64쪽.

박근혜 대통령에 대한 탄핵 논의가 청와대와 정치권에서 본격화된

7 황지혜, 2016, 이재명 "박근혜 대통령 800억 중범죄 확인…탄핵하고 구속하라," 『동아일보』 11.02, http://news.donga.com/3/all/20161102/81127308/2#csidxe516ef7460068378b4b4ad277764c03(검색일: 2018.01.10).

것은 11월 20일 검찰이 국정 농단 게이트에 대한 중간 발표를 한 이후였다. 검찰은 중간 발표를 통해 최순실, 안종범 전 정책 조정 수석 비서관, 정호성 전 부속 비서관 등의 구속 기소와 함께 이들과 박근혜 대통령이 공모 관계가 있다고 밝혔다.[8] 이러한 결과에 대해 청와대 대변인은 검찰의 수사가 편향되었다고 주장하는 동시에 "차라리 헌법상 법률상 대통령의 책임 유무를 명확하게 가릴 수 있는 합법적 절차에 따라 하루빨리 이 논란이 매듭되기를 바란다."라고 밝히면서 청와대에서도 탄핵 절차의 가능성을 언급하였다.[9] 이후 각 정당에서도 탄핵을 당론으로 정하면서 본격적으로 국회 차원에서 탄핵 논의가 진행되었다. 정치권에서 대통령의 탄핵이 공식적으로 거론된 이후 진행된 5차(190만 명)와 6차(232만 명) 촛불 집회는 이전 4차 집회(96만 명)보다 참가 인원이 대폭 증가하였고, 참가자들은 박근혜 정권의 퇴진을 요구하였다.

반면 촛불 집회에 맞불로 대응한 태극기 집회에서는 박근혜 대통령의 사퇴나 탄핵을 반대하였다. 태극기 집회는 '탄핵기각을 위한 국민총궐기운동본부'(이하 탄기국)에 의해서 주도되었다. 탄기국의 집회가 태극기 집회라고 불리는 이유는 태극기를 주요 상징으로 사용했기 때문이다.[10]

---

8 민경호, 2016, "[전문] 검찰 특별수사본부 중간 결과발표," 『SBS 뉴스』 11.20, https://news.sbs.co.kr/news/endPage.do?news_id=N1003897624&plink=ORI&cooper=NAVER&plink=COPYPASTE&cooper=SBSNEWSEND(검색일: 2018.01.07).

9 서울신문 온라인뉴스부, 2016, "[靑 입장 전문] '검찰 수사결과 편향적…특검으로 무고함 밝히겠다'," 『서울신문』 11.20, http://www.seoul.co.kr/news/newsView.php?id=20161120500082&wlog_tag3=naver#csidxd6bd6e6a6ace75a8275694976da9d31(검색일: 2018.01.07).

10 박근혜 탄핵 반대 집회를 '태극기 집회'라고 부르는 것에 대하여 '맞불 집회'라는 명칭이 옳다는 의견이 있다. 즉 촛불 집회를 반대하는 집회라는 성격상 '맞불 집회'라는 용어를 사용해야 한다는 것이다. 그러나 탄핵 반대 집회를 주도한 단체에서도 공식적으로 '제10차 탄핵 반대 태극기 집회' 등으로 태극기 집회를 공식 명칭으로 사용하고 있다. 따라서 이 글에서는 박근혜 대통령의 사퇴나 탄핵을 반대하는 집회를 태극기 집회로 지칭한다. 이현우 외, 2017, "'촛불', '맞불' 집회에 대한 태도와 19대 대선," 『현대정치연구』 제10권

이 단체는 명칭에서 확인할 수 있듯이, 2016년 12월 9일 국회의 박근혜 대통령 탄핵 소추안 가결 직후인 12월 11일 결성되었다.[11] 그러나 탄기국은 박근혜 대통령의 사퇴나 탄핵을 반대하기 위해 개최된 이전의 집회까지도 태극기 집회로 명명하고, 태극기 집회의 첫 개최일을 11월 19일로 규정하였다.

11월 19일 집회를 주도한 단체는 박사모('박근혜를 사랑하는 사람들의 모임')였다. 당시 집회는 '가자! 서울역으로 가자! 광화문으로!'라는 주제로 진행되었고,[12] 국민행복실천협의회, 박해모 봉사단(박근혜를 사랑하는 해병들 모임), 대한민국 나사모(박근혜 대통령과 나라 사랑하는 모임), 대한민국 박대모(박근혜 대통령을 존경하는 모임), 엄마부대, 박근혜 뉴여성 서포터즈, 박근혜 서포터즈 등의 단체가 참여하였다. 다수의 보수 단체들이 참여한 이날 서울 집회에서 단상의 연사들과 참가자들이 태극기를 들고 참여하면서 태극기 집회라고 불리게 되었다.[13]

본격적으로 태극기를 상징으로 언급한 것은 '가자 대한문으로! 밤을 빛낼 태극기!이다'의 슬로건을 내건 2016년 12월 24일 제6차 집회였다. 그리고 2017년 1월 14일 9차 집회부터는 '태극기 집회'라는 명칭을 공식적으로 사용하기 시작하였다. 태극기 집회의 주제, 참가 인원, 특징을 회차별로 정리하면 <표 5-3>과 같다.

2호(서강대학교 현대정치연구소), 43~75쪽.

11 탄핵기각을위한국민총궐기운동본부(탄기국), http://cafe.daum.net/tankikuk/GnQD/1(검색일: 2017.01.20). 참조한다.

12 홍수민, 2016, "박사모, 19일 서울 도심서 대규모 집회 '전국 총동원령 발동한다'," 『중앙일보』 11.08, http://news.joins.com/article/20842315(검색일: 2018.01.07).

13 공식적인 1차 집회 이전에 11월 10일과 12일에도 보수 단체들의 집회가 여의도에서 개최되었다. 11월 10일에는 '엄마부대', '새로운 한국을 위한 국민운동', '통일한국당' 등 17개 보수 단체들이 '대통령 하야 반대 및 국가 안보 집회'라는 주제로 집회를 개최했고, 12일에는 '애국시민연합' 주최의 집회가 열렸는데, 당시에도 참가자들은 태극기를 들고 집회에 참여하였다.

<표 5-3> 태극기 집회의 회차별 주제, 참가 인원, 특징

(단위: 명)

회차	날짜	주제	주최(경찰) 측 참가인원	특징
1	11.19	제1차 박근혜 하야 반대 집회	6만 7천 (-)	■11.07 서울역 미스바 구국 기도회의 1,000명 참여 ■광화문 집회 참가자를 폭도로 규정 ■JTBC 취재진 촬영 장비 파손 논란 ■일부 노인 돈 받는 모습 포착 논란
2	11.26	제2차 박근혜 하야 반대 집회	1만 (800명)	■박사모 주최 대구 서문시장 개최
3	12.3	제3차 박근혜 하야 반대 집회: 헌정 질서 수호를 위한 국민의 외침	1만 5천 (1,500명)	■동대문 디자인 플라자 앞 개최 ■윤창중 청와대 전 대변인 참가
4	12.10	제4차 박근혜 하야 반대 집회: 탄핵 무효 국민총궐기	21만 3천 (4만)	■1차 광화문 일대 청계광장, 2차 마로니에 공원 행진 후 시국 선언 ■광화문 할복단 논란 ■폭력 집회 논란 ■서경선 목사 참여
5	12.17	제5차 박근혜 하야 반대 집회: 헌법 수호를 위한 국민 대처	100만 (3만)	■김진태 의원 참여 ■태극기 논란
6	12.24	제6차 박근혜 하야 반대 집회: 가자 대한문으로 밤을 빛낼 태극기	170만 (2만 1천)	■김진태 의원 참여 ■촛불 집회 측과 간헐적 마찰 발생
7	12.31	제7차 박근혜 하야 반대 집회: 송구영신 태극기	72만5천 (1만7천)	■박근혜 비판 자유 발언자 논란 ■장민성 대표 집단 폭행 의혹 논란 ■탈북자 이순실 목격
8	01.07.	제8차 박근혜 하야 반대 집회: 가자 강남 무역센터, 가장 특검으로!!	102만 (3만7천)	■박근혜 대통령 변호인 서석구 변호사, 이우현 의원, 홍재천 목사(전 한국기독교총연합회 대표) 참가 ■특검 사무실 인근까지 행진
9	01.14	제9차 태극기 집회: 가자 대학로!	120만 (이후 비공개)	■개신교 단체의 초대형 십자가 등장 ■김진태, 윤상현 의원, 신동욱 공화당 총재 등이 참여
10	01.21	제10차 탄핵 반대 태극기 집회: 또 다시 국가 위기의 갈림길에서	150만	■탄핵 반대 집회를 광신도 집회와 같다는 표현한 뉴욕타임즈 기사 논란[14] ■문창극 전 중앙일보 주필, 조갑제, 박희도 참여 ■JTBC 건물 진입 시도, ■서울시청 광장에 텐트 설치
11	02.04	제11차 태극기 집회	130만	■이인제, 김진태, 전희경, 윤상현, 조원진 의원, 김문수 전 경기도지사, 정준기 변호사, 윤무부 교수 등이 참여 ■집회 지원 차량을 탈취한 운전자와 집회 참가자 간의 물리적 충돌 발생
12	02.11	제12차 태극기 집회: 탄핵 무효! 태극기 애국집회!! 부당 탄핵, 증거 조작, 거짓 언론	210만	■남유진 구미시장 참여 ■국민 탄원서 서명 운동 ■언론사 기자 폭행 논란 ■02.12 손석희 자택 앞 시위: 변희재 및 박사모, 대한민국애국연합 등이 참여(주요 주장: 태블릿 PC 조작 보도, 손석희 평창동 주택 자금 출처 공개 등)

14 Choe, Sang Hun, 2017, "South Korean Right Is Frozen, as Impeached Leader's Loyalists

13	02.18	제13차 태극기 집회: 태극기여 박차고 일어나라	250만	■여형구 신부, 김평우 변호사 등 대통령 법률 대리인단, 김진태, 윤상현, 조원진, 전희경 의원 참석, ■국정 농단 게이트를 고영태 국가 반란 사건으로 규정 ■이재용 구속에 대한 비판
14	02.25	제14차 탄핵 기각 태극기 집회: 부당 탄핵, 증거 조작, 거짓 언론	300만	■02.24 박영수 자택 앞 시위: 박사모, 엄마부대, 자유청년연합 등 친박 단체들이 참여 ■태극기 집회 참여 인원 확대 논란
15	03.01	제15차 3.1 탄핵각 하를 위한 전국민 태극기 집회	500만	■02.27 앞 기습시위 ■중고등학교 학교 봉사 활동 일환의 3.1절 행사 참석 중 정치적 발언 논란 ■탄핵 기각에서 탄핵 각하로 변경
16	03.04	제16차 탄핵 각하를 위한 천만 민심 태극기 집회	500만	■권영해 탄기국 공동 대표 단식 논란 ■탄핵 심판 변호인단 서석구, 김평우 참여

출처: 박근혜 탄핵 반대 집회/경과 페이지, https://namu.moe/w/박근혜%20탄핵%20반대%20집회/경과(검색일: 2018.01.08.); 박근혜 대통령 탄핵 반대 시위 위키피디아 페이지, https://ko.wikipedia.org/wiki/박근혜_대통령_탄핵_반대_시위(검색일: 2018.01.08)를 종합하여 정리.

16차까지 이루어진 태극기 집회의 주제어는 시기별로 일정한 차이가 있었다. 1차부터 8차까지는 하야 반대가 주요 주제어였다. 9차부터는 태극기가 주요 주제어로 포함되었으며, 10차에는 탄핵 반대, 12차에는 탄핵 무효, 14차에는 탄핵 기각 등으로 주제어가 변경되었다. 즉 헌법재판소의 판결이 다가오면서 재판 자체에 문제를 제기하는 형태로 주제어가 변경된 것이다. 2017년 3월 10일 헌법재판소가 대통령의 파면을 결정한 이후에는 '탄핵 무효 국민 저항 총궐기 국민 대회'라는 주제로 태극기 집회가 진행되었으며, 박근혜 대통령의 사저인 삼성동 자택 앞에서 집회를 진행하기도 하였다.[15]

촛불 집회와 비교할 때 태극기 집회는 폭력이 동반되었다는 특징을

Won't Let Go," *The New York Times*, 02.18, https://www.nytimes.com/2017/02/18/world/asia/south-korea-impeached-leader-park-geun-hye.html?_r=0(검색일: 2018.01.20).

15 이후 조기 대선이 진행되면서 조원진 의원이 새누리당(구 새누리당을 그대로 유지) 대선 후보로 결정되었고, 박사모를 중심으로 한 집단은 탄핵 무효 및 박근혜 대통령의 석방을 주장하는 동시에 조원진 후보의 선거 운동과 결합하여 태극기 집회를 진행하였다.

가진다. 20차례 개최된 촛불 집회가 비폭력적이고 평화적인 방식으로 진행되었다면, 태극기 집회의 경우는 물리적 충돌이 발생하였다. JTBC의 최순실 태블릿 PC 보도 이후 진행된 1차 집회에서는 참가자들이 JTBC 취재진의 촬영 장비를 파손하였고, 2017년 1월 21일 10차 집회에서는 JTBC 사옥에 진입하려는 시도가 있었다. 또한 2017년 2월 12일 집회는 손석희 앵커의 자택 앞에서 시위를 진행하기도 하였다. 즉 태극기 집회 참가자들이 대통령을 탄핵으로 내몰고 탄핵에 우호적인 입장을 밝힌 언론을 공격한 것이다. 대통령 파면이 확정된 2017년 3월 10일에 개최된 집회에서는 참가자들이 취재 기자를 사다리로 폭행하였고, 차량을 탈취해 이동하던 중 스피커가 떨어지면서 사망 사고가 발생하기도 했다. 이날 경찰 9명, 의경 24명이 부상을 당하였고, 집회 참가자 7명이 연행되고 2명이 사망했으며, 그 외 2명의 중상자와 56명의 경상자가 발생하였다.[16]

또한 촛불 집회가 공연이나 참가자의 자유 발언의 형식으로 진행되었다면, 태극기 집회는 주요 정치인이나 보수 단체 대표들의 발언을 중심으로 집회가 진행되었다. 새누리당에서 친박 인물로 분류되는 김진태 의원, 윤상현 의원, 김문수 전 경기도지사 등이 집회에서 탄핵 반대를 주장했으며, 4차 집회에서는 서경선 목사, 8차 집회에서는 홍재천 목사(전 한국기독교총합회 대표) 등 종교 단체의 대표들도 공식 발언에 참여하였다. 특히 2017년 1월 14일 9차 집회의 사전 집회에서는 대형 십자가를 들고 이동하는 퍼포먼스나 십자군을 연상시키는 복장을 한 종교 단체의 모습도 포착되었다. 그 외 박근혜 대통령의 구속 수사가 진행되는 과정에 대통령 변호인단에 소속된 변호사들이 집회에 참여하여 탄핵 반대를 주장하면서 논란이 되기도 했다.

16 정재인, 2017, "탄핵 반대 집회 과격시위…의경 포함 경찰 부상 33명," 『뉴스1』 03.10, http://news1.kr/articles/?2933436(검색일: 2018.01.10).

촛불 집회는 2002년 '미선이·효순이 사건'을 추모하는 집회를 시작으로 한국의 독특한 저항 운동으로 등장하였다. 촛불 집회에 관한 연구는 2008년 미국산 쇠고기 수입 반대 집회부터 본격화되어 다양한 성과물이 축적되었으나, 태극기 집회에 관대한 연구는 아직 초기적인 수준에 머물러 있다. 2008년 및 2017년 촛불 집회와 태극기 집회에 관한 다양한 연구들 중에서도 뉴스 기사와 댓글, 온라인 커뮤니티에서 유통되는 다양한 언어, 집회에서의 구호 등을 중심으로 두 집회의 성격과 특성을 규명한 연구들을 검토할 필요가 있다. 이러한 작업은 온라인 뉴스와 댓글 데이터에서 나타난 주요 메시지를 분석하는데 참고할만한 자료를 검토한다는 의미를 가지며, 특히 이 글의 차별성을 제시하기 위해서도 필요하다.

먼저 촛불 집회에서 드러난 다양한 메시지를 분석한 연구는 뉴스 기사와 온라인 커뮤니티에서 유통되는 단어를 분석 대상으로 설정한 연구로 정리할 수 있다. 첫째, 언론사들의 기사를 분석 대상으로 한 연구들이 많았다. 백은정[17]은 조선일보와 한겨레 신문사의 기사를 분석 대상으로 설정하여 2008년 촛불 집회 기사에서 드러난 메시지의 차이점을 밝혔다. 그의 분석에 의하면, 조선일보는 '촛불 집회 부정 담론'과 '친정부 담론', '친미 정책 찬성 담론'을 꾸준하게 드러내고 있지만 한겨레의 경우는 '촛불 집회 긍정 담론', '반정부 담론', '반친미 정책 담론'을 드러내고 있었다.

변영수[18]는 특정 어휘의 빈도수와 특정 어휘가 들어간 문장에서 표현에 따라 문장 성격이 달라진다는 방법론을 적용하여 촛불 집회 기사에서 드러난 의미를 도출하였다. 분석 결과에 의하면, '촛불'은 단순한 사물을

17 백은정, 2009, "한국 언론의 '촛불 집회'에 대한 보도 경향과 이데올로기적 의미," 성균관대학교 일반대학원 석사학위 논문

18 변영수, 2015, "'촛불 집회' 기사의 담론 분석: 『조선일보』와 『한겨레』를 중심으로,' 『한글』 제309권(한글학회), 121~159쪽.

넘어서 촛불을 든 민심으로 쓰고 있으며, 이러한 경향은 부정 담론을 형성하는 조선일보보다는 긍정 담론을 형성하는 『한겨레』에서 더 강하게 나타나고 있었다. 또한 '촛불'과 다른 단어와의 결합 관계에서 조선일보는 촛불 집회를 '시위'로 지칭하는 경향이 강하였다. 반면, 『한겨레』는 촛불 집회를 '시위'보다는 '집회'를 더 많이 사용하고 있었으며, '촛불 대행진', '촛불 항쟁', '촛불 행사', '촛불 나들이' 등의 다양한 형태로 지칭하였다. 그 외 조선일보가 집회 참가자의 행위를 설명할 때 폭력적이고 부정적인 어휘나 서술어를 사용했다면, 한겨레는 정부나 대통령 및 경찰 등의 행위를 설명할 때 부정적인 표현을 쓰고 있다는 점이 밝혀졌다.

임양준[19]은 중앙 일간지인 조선일보, 한겨레와 지역 일간지인 강원일보 간의 뉴스 보도 프레임을 형식적인 면과 내용적인 면으로 나누어 2008년 촛불 집회에서 나타난 담론 구조를 분석하였다. 그에 분석에 따르면, 지역 일간지의 경우 미국 쇠고기 수입이 지역 경제에 미치는 영향에 대한 보도가 비중 있게 다루어져야 함에도, 촛불 집회 자체에 대한 뉴스 보도에 그치고 있었다. 그리고 주요 언론사들의 경우 미국산 쇠고기 수입이 국민 건강과 경제에 미치는 영향을 객관적으로 보도하여 사회적 갈등을 조정하기보다는 정부나 정부 반대 세력의 입장만을 대변하는 것에 머무르고 있었다.

2016/17년 촛불 집회를 분석한 노형일과 양은경[20]은 조선일보와 중앙일보를 보수 언론으로, 한겨레와 경향신문을 진보 언론으로 선정하여 다양한 언론 지형에서 형성된 촛불 집회의 담론을 분석하였다. 이들은 2016년 10월 말에서 2017년 3월 중순까지 매주 월요일자 지면에 게재된 기사를 분석 대상으로 선정하였고, 검색 키워드의 경우 촛불 집회 분석에서는 촛불, 촛불 집회, 집회, 시위의 네 가지를, 그리고 태극기 집회 분

19 임양준, 2009, "미국산 수입 쇠고기와 촛불 시위 보도에 나타난 뉴스 프레임 비교 연구," 『한국언론정보학보』 46호(한국언론정보학회), 108~147쪽.

20 노형일·양은경(2017).

석에서는 탄핵 반대, 태극기, 탄기국의 세 가지를 사용하였다. 이들의 분석에 의하면, 2016/17년 촛불 집회에 대해 언론은 비폭력 평화 시위라는 측면을 강조했고, 집회의 위험성보다는 안전하고 즐겁게 참여할 수 있는 공간으로 인식될 수 있는 언어와 표현을 사용하였다.

둘째, 온라인상에서 형성된 촛불 집회의 메시지를 분석한 연구는 다양한 커뮤니티를 분석 대상으로 한 경우가 많았다. 2008년 촛불 집회를 분석한 박선미[21]의 연구는 온라인 공론장으로 기능한 포털사이트 다음의 토론 게시판인 아고라의 활동을 분석하였다. 그의 분석에 의하면, 당시 아고라는 대중들이 지식과 정보를 공유하고 이를 토대로 지배 담론에 대항하는 여론을 형성한 뒤, 오프라인 집회 개최를 추동하는 사회 운동 주체로서의 역할을 담당하고 있었다.

김학준[22]은 온라인 커뮤니티에서 형성된 담론을 중심으로 2016/17년 촛불 집회의 의미와 진행 양상을 분석하였다. 그는 트위터, 페이스북의 SNS와 네이버 뉴스 댓글, 일베, 디시인사이드, 오늘의 유머 등 주요 커뮤니티를 분석 대상으로 설정하고, '최순실', '박근혜', '촛불', '탄핵', '개헌' 등을 주요 키워드로 하여 공개된 콘텐츠 1,947,300건을 수집 및 분석하였다. 또한, 촛불 집회를 시기별로 구분하여 콘텐츠의 메시지를 분석하였는데, JTBC의 최순실 태블릿 PC 보도부터 촛불 집회 개최 이전까지(2016년 10월 24일~28일)를 1차 시기, 1차 촛불 집회부터 국회 탄핵소추안 가결 직전까지(2016년 10월 29일~12월 8일)를 2차 시기, 국회의 대통령 탄핵 소추안 가결부터 판결 이전까지(2016년 12월 9일~2017년 3월 9일)를 3차 시기로, 그리고 2017년 3월 10일 대통령의 파면을 결정한 이후의 시기를 4

21 박선미, 2009, "그람시의 '유기적 지식인'과 '정당' 기능의 재해석: 2008 촛불 집회 관련 온라인 미디어 담론 분석," 『사이버커뮤니케이션학보』 제26권 4호(사이버커뮤니케이션학회), 51~93쪽.

22 김학준, 2017, "빅데이터를 통해 바라본 촛불 민의: 탄핵으로 가는 길, 탄핵 이후의 소망," 『황해문화』 통권 제95호(새얼문화재단), 60~75쪽.

차 시기로 구분하였다. 그는 해당 기간 온라인 커뮤니티에서 유통된 데이트를 텍스트 마이닝하고 1기를 무당의 습격, 2기를 시민의 귀환, 3기를 태극기의 역습, 4기를 보이지 않는 균열로 해석하였다.

이동환[23] 외의 연구는 박근혜 대통령의 1차 사과 이전인 10월 7일에 네티즌이 제안한 해시태그 운동(#그런데최순실은?)의 확산 과정 및 온라인 언론의 공론화 과정을 분석하였다. 분석결과에 의하면, #그런데최순실은 다른 수많은 해시태그로 분화되었고, 궁극적으로 전통적인 미디어와 직접적인 시민 활동으로 전이되었다. 즉 온라인 의제가 전통적인 미디어에서 취급되면서 그 영향력이 확산되었다는 점을 밝혔다. 또한 JTBC의 최순실 태블릿 PC 보도에 대한 온라인 사용자들의 반응을 분석하기 위하여 'JTBC 사회부 소셜 스토리 페이스북' 페이지 계정의 뉴스와 관련 댓글을 수집하여 분석한 연구도 있었다.[24] 이 연구에 따르면, 1차에서 3차까지의 촛불 집회 기간에는 온라인 이용자들이 JTBC 뉴스를 소비하는 입장에 머물러 있었다면, 4차부터는 JTBC 페이스북 페이지가 공론장으로서 소통의 역할을 담당하면서 매스 미디어와 소셜 미디어 간의 긴밀한 연결에 기여하고 있는 것으로 확인되었다.

뉴스 기사와 온라인 커뮤니티 이외에 촛불 집회에 대한 방송사 보도가 촛불 집회의 이슈를 생산했다는 연구도 주목해야 한다. 박기묵[25]은 MBC PD수첩의 미국산 쇠고기에 대한 광우병 보도가 2008년 촛불 집회와 개최와 이후의 사회적 담론 형성에 미친 영향을 분석하였다. 즉 PD수

---

23 이동환 외, 2017, "SNS를 통한 시민 사회 운동의 공론화 과정," 『사이버 커뮤니케이션학보』 제34권 2호(사이버커뮤니케이션학회), 83~123쪽.

24 이연옥 외, 2017, "2016년 촛불 집회의 페이스북 댓글 데이터를 통해 본 하이브리드 미디어 현상," 『Journal of The Korean Data Analysis Society』 제19권 2호(한국자료분석학회), 885~896쪽.

25 박기묵, 2018, "언론의 점화 효과와 정책 결정: MBC PD 수첩 이슈를 중심으로," 『한국행정논집』 제29권 1호(한국정부학회), 1~26쪽.

첩 보도의 점화 효과(Priming effects)를 네트워크 분석 기법을 활용하여 규명한 것이다. 이를 위해 KBS, MBC, SBS 지상파 3사의 뉴스 보도를 분석 대상으로 설정하고, KrKwic 소프트웨어를 사용하여 핵심 단어를 도출한 후 주요 네트워크 지표를 확인하였다. 분석 결과에 의하면, 촛불 집회는 광우병 보도로 인해 촉발되었으며, 그 결과로 쇠고기, 미국, 수입 등이 촛불 집회의 주요 쟁점이 되었다는 점이 밝혀졌다.

한편, 태극기 집회에서 드러난 메시지를 분석한 연구는 대표적으로 김성경과 최현숙의 연구를 들 수 있다. 먼저 김성경[26]은 태극기 집회 참가자들을 박근혜 지지자, 기독교 보수주의자, 극우주의자, “아버지 박정희에 대한 향수에 젖어 있는 노인” 등으로 설명하면서, 그들이 “종북 좌파 척결”, “공산당 척결”, “북한 지령을 받은 특검”, “십이만 종북 세력 척결”, “국가 전복 반란 행위” 등을 외치면서 박근혜 대통령을 옹호하는 이유를 분석하였다. 김성경은 태극기 집회 참가자들이 박근혜 대통령을 반공, 친미, 반북으로, 대통령 탄핵을 반미, 친북, 공산주의 도식으로 단순화하여 이해하고 있다고 보았다. 즉 태극기 집회 참가자들은 태극기를 자신들을 정의하는 상징으로 생각하고 있었고, 자신들을 공산주의를 몰아내고 국가를 위해 희생하며 살아온 사람들로 인식하고 있었다는 것이다. 더불어 태극기 집회 참가자들은 집회에 나온 이유를 위기에 처한 국가를 구하기 위한 것이라고 생각하기 때문에 단순히 돈을 받고 동원된 인원이라는 평가를 부당하다고 생각하고 있다는 점을 강조하였다.

최현숙[27]은 3월 10일의 탄핵안 인용이 결정된 직후 열린 태극기 집회의 현장에서 참가자의 구호와 대화를 녹취하여 당시 현장에서 드러난 담론의 맥락을 분석하였다. 이 연구에 의하면, 3월 10일 안국역 집회에 모

26 김성경, 2017, “분단의 마음과 환대의 윤리: ‘태극기’ 집회 참가자들과 탈북자를 중심으로,” 『민족문화연구』 통권 제75호(고려대학교 민족문화연구원), 199쪽.

27 최현숙, 2016, “모든 밀려난 존재들의 악다구니는 아름답다,” 『문학동네』 제24권 1호(통권 제90호), 1~16쪽.

인 사람들은 탄핵 기각을 굳게 믿고 있었고 대형 스피커와 스크린을 설치하며 축제를 준비하고 있었으나, 박근혜 대통령의 파면이라는 결과가 나오면서 폭력적인 구호가 난무하고 물리적 싸움과 충돌이 벌어지게 되었다. 당시 집회 참가자들은 지나가던 시민을 대상으로 무차별 폭언을 행사하기도 하였다. 더불어 "지금 웃음이 나와, 나라가 이 꼴이 됐는데, 웃음이 나오냐고", "아이구, 저것들이 뭘 알아. 전쟁이 나야 해. 전쟁이 나서 공산당한테 나라가 먹혀봐야 한다고... 아이구..." 등의 목소리도 확인되었다. 이를 바탕으로 최현숙은 태극기 집회 참가자들이 박근혜 대통령의 탄핵을 찬성하는 사람들을 종북으로 인식하는 이유로 분단과 전쟁의 중요한 사건이 무의식 속에 잠재되어 있다는 점을 지적하였다.

2016/17년 촛불 집회와 태극기 집회에서 드러난 메시지 혹은 담론 분석은 앞으로도 진행될 것이다. 이 글은 기존 연구와 비교하여 다음의 세 가지 측면에서 장점을 가진다. 첫째, 촛불 집회와 태극기 집회를 통해서 드러난 메시지를 언론사의 공식적인 뉴스뿐만 아니라 대중의 입장과 의견을 알 수 있는 댓글을 통해서도 확인할 수 있다는 것이다. 이것은 온라인 뉴스와 뉴스 기사에 딸린 댓글을 분석 대상으로 선정하기 때문에 가능한 것이다. 더불어 온라인 사용자의 다양한 의견을 확인할 수 있는 댓글 분석이 아직 많이 이루어지지 않았다는 점에서도 이 글은 중요한 의미가 있다.

둘째, 촛불 집회와 태극기 집회에 대한 온라인 뉴스와 댓글을 모두 분석 대상으로 설정함으로써 탄핵 정국에서 나타난 메시지에 대한 균형 잡힌 분석이 가능하다. 특히 태극기 집회에서 드러난 메시지 분석이 초기적인 상황인 점을 고려한다면, 이 글의 분석은 태극기 집회에 대한 연구자들의 관심을 확대하고 향후 연구의 객관적인 근거로 활용될 수 있다.

셋째, 방법론적으로 기존 연구와 일정한 차별성을 가진다. 대용량 텍스트 데이터, 즉 탄핵 정국의 뉴스 기사와 촛불 집회 및 태극 집회 기사와 댓글을 분석하기 위해서 개체명 인식기를 활용하여 주요 단어를 도출하였고, 주요 단어에 대한 의미 연결망 분석을 시도함으로써 기존 연구와의 차별을 시도하였다.

빅데이터 분석 방법 및 과정

촛불 집회와 태극기 집회의 온라인 뉴스와 댓글 데이터를 분석하는 단계는 크게 두 단계를 거친다. 첫 번째는 개체명 인식이라는 방법을 사용하여 주요 단어를 추출하는 것이고, 두 번째는 의미 연결망 분석을 통해 도출된 단어들이 원문(뉴스 혹은 댓글)에서 형성하고 있는 구조적 관계를 파악하는 것이다.

먼저 개체명 인식을 이해하기 위해서는 텍스트 마이닝(Text mining)에 대한 이해가 일정 부분 필요하다. 텍스트 마이닝이란 비정형 텍스트 데이터에서 자연어 처리(Natural Language Processing) 기술에 기반을 두어 유용한 정보를 추출 및 가공하는 것을 의미한다. 쉽게 말하자면 텍스트(Text)에서 의미 있는 정보를 캐는(mining) 것을 말하는 것이다. 여기서 자연어 처리 기술은 우리가 사용하는 문서나 음성을 컴퓨터가 인식할 수 있게 하는 기술이다. 개체명 인식은 일반적으로 자연어에서 사용된 인명, 지명, 조직명 등의 정보를 식별하여 해당 범주로 분류하는 작업을 지칭한다. 대부분 문서에서 개체명들은 핵심어로서 문서를 요약할 수 있는 중요한 정보자의 역할을 담당하기 때문에 개체명 인식은 그 자체로 중요한 의미를 가진다.[28]

이러한 개체명 인식은 다양한 분야의 정보가 담겨 있는 문서에서 핵심 개체를 발견 및 추출하여 개체들의 연관 관계를 분석하는 데 활용된

28 한남기, 2016, "word2vec 학습 자질을 사용한 새로운 한글 개체명 인식 모델 제안," 연세

다. 따라서 개체명 인식은 선험적으로 범주화된 지식에 의하여 대량의 문서의 주요 정보를 자동으로 분류해 줌으로써 대량의 문서에 대한 해석을 가능하게 하는 텍스트 마이닝이다. 그리고 최근에는 개체명 인식의 정확도 향상을 위해서 딥러닝을 포함한 다양한 형태의 알고리즘에 대한 연구가 이루어지고 있다.[29]

개체명 인식은 문서에서 유용한 정보를 요약하는 방법이기 때문에 빅데이터 분석에서 장점을 가진다. 첫째, 자연어 처리 시에 품사별 단어를 추출하는 과정에서 발생하는 어간과 어미의 분리 문제를 해결할 수 있다. 예를 들어 촛불 집회의 경우 촛불과 집회를 합친 것이지만, 기존 자연어 처리 시에는 명사들이 분리하여 도출되기 때문에 촛불 다음에 집회가 나타났는지 혹은 아닌지를 확인할 수 없다. 따라서 추가적인 작업을 요구하게 된다. 그러나 개체명 인식은 단어들로 요약되기 때문에 품사별로 단어가 분리되는 과정을 거치지 않아 기존 자연어 처리 방법보다 상대적으로 우월성을 가지게 된다. 둘째, 개체명 인식은 이미 사전에 등록된 단어들을 기계적으로 분류되는 방식이기 때문에 대량의 문서를 빠르게 다룰 수 있으며, 추출된 정보에 대한 신뢰성도 확보할 수 있는 장점이 있다.

일반적으로 개체명 인식은 14개의 분류 기준을 가지고 있으며, 세부 분류 기준은 <표 5-4>와 같다. 다양한 분류 기준 중에서 이 연구에서 활용하는 분류는 인물(PER), 기관(ORG), 문화(CVL), 사건(EVT)이다. 인물과 기관은 행위자나 행위 대상을 파악하기 위하여 선택했으며, 사건은 행위 방식이나 배경을 설명하는 데 유용할 것으로 판단하였다. 그리고 문화는 행위의 결과나 행위 대상의 속성을 설명하는 주요 요소로 판단하였다.

대학교 문헌정보학과 석사학위 논문.

29 배경만 외, 2014. "자연어 기반 인터페이스에서 개체명 패턴을 이용한 효과적인 개체명과 주제어 인식 방법," 『한국정보기술학회논문지』 제12권 1호(한국정보기술학회), 121~129쪽.

여기서 문화는 한 사회의 주요 행동 양식이나 상징 체계를 뜻하는 것이다. 따라서 문화는 촛불 집회와 태극기 집회에서 나타난 행위자의 성격과 행위 대상에 대한 인식과 평가를 측정할 수 있기 때문에 세부 범주로 활용하였다. 다만 문화라고 했을 때 범주가 너무 넓은 측면이 있어 분석에서는 오해를 피하고자 사회적 용어라는 단어를 사용하였다.

<표 5-4> 개체명 인식의 범주 및 정의

	개체명 분류	태그	정의
1	PERSON	PER	실존 인물과 가상의 인물(캐릭터, 신화 속 인물)
2	FIELD	FLD	학문 분유 및 이론, 법칙, 기술 등
3	ARTIFACTS_WORKS	AFW	인공물로 사람에 의해 창조된 대상물
4	ORGANIZATION	ORG	기관 및 단체, 조직과 회의/회담 포함
5	LOCATION	LOC	지역 명칭과 행정 구역 명칭
6	CIVILIZATION	CVL	문명 및 문화에 관련된 용어
7	DATE	DAT	날짜
8	TIME	TIM	시간
9	NUMBER	NUM	숫자
10	EVENT	EVT	특정 사건 및 사고의 명칭과 행사 등
11	ANIMAL	ANM	동물
12	PLANT	PLT	식물
13	MATERIAL	MAT	금속, 암석, 화학 물질 등
14	TERM	TRM	의학, 용어, IT관련 용어 등의 일반 용어

출처: 최윤수, 2015, "Word Embedding 자질을 이용한 한국어 개체명 인식," 창원대학교 공학 석사 학위 논문, 10쪽.

다음으로 의미 연결망 분석은 개체명 인식을 통해 도출된 주요 단어가 문서 안에서 어떤 맥락으로 사용되었는지를 분석하기 위해서 사용하였다. 의미 연결망은 연구자에 따라 언어 네트워크(language network), 의미 네트워크(semantic network) 등으로 부르고 있다. 언어 네트워크는 언어 텍스트 자체에 대한 관계적 분석을 강조한다면, 의미 네트워크는 언어 텍스트에서 내재된 의미론적 속성을 밝히는 데 초점을 두고 있다.[30] 이 글은 온라인 뉴스 기사와 댓글에서 나타난 메시지들의 의미를 파악하는 것에 초점을 맞추기 때문에 의미 네트워크 분석의 개념이 더 적절하다고 판단

30 이수상, 2014, "언어 네트워크 분석 방법을 활용한 학술 논문의 내용 분석," 『정보관리학

되며, 네트워크 역시 한글로 번역하여 의미 연결망이라고 명명하였다.

방법론으로 보면, 의미 연결망 분석은 내용 분석(content analysis) 방법의 범주에 해당한다. 내용 분석은 연구자가 분석틀을 가지고 뉴스에서 주요 단어를 코딩하여 통계 처리하는 방식이다. 그러나 이 경우 연구자 주관과 판단이 개입되어 결과가 달라질 수 있고, 다른 연구에 적용하기 힘들다는 문제점이 있다.[31] 반면에 의미 연결망 분석은 텍스트로부터 특정 개념을 파악하고, 이를 네트워크로 구성함으로써 기존의 내용 분석을 확대하는 방법이다. 남인용과 박한우는 뉴스 기사의 네트워크 분석의 장점을 다음과 같이 밝히고 있다.[32] 첫째, 비정형화된 텍스트(text) 데이터로부터 구조화된 패턴의 정보를 추출하여 커뮤니케이션 과정의 양상을 체계화할 수 있다. 둘째, 뉴스 기사가 단어들의 사용과 배열 등을 통하여 특정한 의미론적 연관성을 강조하기 때문에 의미 연결망 분석은 기사에서 사용된 단어들의 의미적 연관 구조에 초점을 맞춤으로써 전통적인 내용 분석을 향상시킬 수 있다. 셋째, 컴퓨터 소프트웨어를 사용함으로써 수작업의 문제점인 과도한 노동력과 자료 입력의 실수를 줄일 수 있다. 넷째, 메시지 내부에 숨어 있는 커뮤니케이션 송신자, 즉 제작자의 의도를 계량화(quantification), 도식화할(mapping) 수 있다

의미 연결망 분석에 대한 의미를 정리하면 다음의 세 가지로 요약할 수 있다. 첫째, 텍스트로 표현된 메시지의 내용에서 나타난 주요한 개념 간의 의미론적 연관(semantic association) 관계를 파악하여 텍스트에 내재된 다양한 특징을 파악할 수 있다. 이 경우 사용되는 주요 방법은 문서에

회지』 제31권 4호(한국정보관리학회), 50쪽.

31 Atteveldt, W. H., 2008, *Semantic Network Analysis: Techniques for Extracting, Representing, and Querying Media Content* (North Charleston, SC: Book Surge Publishing).

32 남인용·박한우, 2007, "대권 예비 후보자 관련 신문 기사의 네트워크 분석과 홍보 전략," 『한국정당학회보』 제6권 1호(한국정당학회), 84쪽.

사용된 단어의 빈도를 파악하고, 네트워크 안에서 특정한 단어가 가지는 의미를 분석하는 것이다.[33]

둘째, 기존의 내용 분석 방법을 다양한 네트워크 분석 지표를 사용하여 분석 수준을 높일 수 있다. 기존의 내용 분석 방법이 빈도 분석에 기반을 둔다면, 의미 연결망은 자주 함께 출현하는 단어의 쌍을 포착하여 의미 있는 단어들을 군집화하거나 네트워크로 연결하는 방법이다. 따라서 텍스트의 주제 파악을 쉽게 할 수 있다.[34]

셋째, 사회 연결망 분석 방법을 활용할 수 있다. 즉 텍스트 내의 단어 간의 관계를 부호화하고(encoding) 단어 간 네트워크로 모델링하여 분석하는 것이다.[35] 단어들 사이의 관계를 시각적인 네트워크로 구성할 경우 네트워크의 중심적 단어와 주변 단어들 사이의 관계 파악이 가능하며, 단어의 동시 출현 빈도(co-occurence)에 따라 그 강도의 측정이 가능하다.[36]

이러한 특성으로 인하여 의미 연결망 분석은 기사나 댓글 등 다양한 텍스트를 대상으로 사회 현상의 특성을 파악하는 데 활용하고 있다. 대표적으로 김대중과 노무현 대통령의 서거와 관련한 언론 보도의 특성,[37] 창조 경제와 관련한 언론의 보도 경향,[38] 세월호 피해자에 대한 언론 보도의

---

33 정덕호 외(2013).

34 김혜영 외, 2011, "사건 명사의 공기어 네트워크 구성과 분석," 『언어와 언어학』 제50권(한국외국어대학교 언어연구소), 81~106쪽.

35 김유호, 2012, "의료 민영화 논의에 따른 이슈 용어의 연결 중심성 분석," 『한국콘텐츠학회논문지』 제12권 8호(한국콘텐츠학회), 207~214쪽.

36 이혜준 외, 2010, "의미 네트워크 분석을 통한 프랜차이즈 교육 프로그램 개발," 『경영교육연구』 제14권 2호(한국경영학회), 105~128쪽.

37 이완수·최명일, 2014, "한국 대통령 죽음에 대한 집단 기억: 김대중·노무현 대통령 사후 평가에 대한 미디어의 언어 구성," 『한국언론학보』 제58권 5호(한국언론학회), 123~152쪽.

38 차민경·권상희, 2015, "언론의 '창조 경제'에 대한 의제 설정 의미 연결망 분석," 『한국언론학보』 제59권 2호(한국언론학회), 88~120쪽.

분석,[39] 한류 관련 뉴스에 대한 한국과 일본의 비교 분석[40] 등의 연구가 이루어졌다. 의미 연결망 분석의 특성을 활용하여 이 글은 촛불 집회와 태극기 집회 관련 뉴스와 댓글 텍스트에서 나타난 메시지를 분석하여 탄핵 정국의 특성을 제시한다.

촛불 집회와 태극기 집회의 뉴스와 댓글에서 나타난 메시지를 해명하는 작업은 뉴스 기사와 댓글 데이터의 수집, 불필요한 데이터의 제거 및 분석용 데이터 세트 구성, 개체명 인식 및 의미 연결망 분석, 그리고 분석 결과를 해석하는 과정을 거치게 된다. 먼저 데이터 수집은 1차 촛불 집회가 개최되기 이전인 2016년 10월 24일부터 대통령 파면을 결정(2017년 3월 10일)한 이후인 2017년 3월 19일까지 이루어졌다. 구체적인 분석 과정은 다음의 세 가지 측면에 초점을 맞추었다.

첫째, 데이터 수집은 포털사이트(네이버, 다음) 정치 섹션에 등록된 전체 기사와 각 기사에 달린 댓글을 대상으로 이루어졌으며, 뉴스와 댓글은 Python으로 프로그래밍하여 수집하였다. 댓글의 수집은 네이버 기사에 달린 댓글로 한정하였고, 앞서 수집된 기사의 URL을 기준으로 수집하였다.[41] 네이버 댓글의 경우 각 기사마다 1,000개를 제공하고 있는데, 수집 당시 기본 설정은 공감이 높은 댓글을 기준으로 제공하고 있어, 네이버가 제공하는 기준에 따라서 댓글을 수집하였다. 또한 웹에 올라와 있는 뉴스

39 홍주현·나은경, 2015, "세월호 사건 보도의 피해자 비난 경향 연구: 보수 종편 채널 뉴스의 피해자 범주화 및 단어 네트워크 프레임 분석," 『한국언론학보』 제59권 6호(한국언론학회), 69~106쪽.

40 정수영·황경호, 2015, "한·일 주요 일간지의 한류 관련 뉴스 프레임과 국가 이미지: 기사 헤드라인에 대한 의미 연결망 분석을 중심으로," 『한국언론학보』 제59권 3호(한국언론학회), 300~331쪽.

41 다양한 포털 사이트 채널 중 네이버를 선택한 이유는 네이버 뉴스가 온라인 사용자의 점유율이 높고 댓글 반응이 많다는 점을 고려한 것이다. 더불어 다음의 댓글을 수집하는 과정에서 지속적인 오류가 발생하여 연구자가 기술적으로 다음의 댓글을 수집할 수 없었음을 밝힌다.

기사의 경우 각 언론사의 저작권 표시나 기사와 연관된 다른 기사 제목 등과 같이 분석에 불필요한 데이터도 포함되어 있다. 따라서 분석에 필요한 기사 본문만 남기고 나머지 데이터는 삭제하였다.

둘째, 수집된 정치 섹션 전체 기사 중에서 촛불 집회와 태극기 집회와 관련된 기사는 본문이나 제목에 '촛불'과 '태극기'가 들어간 경우로 한정하여 분석하였다. 그리고 두 집회 기사를 분류하여 분석용 데이터 세트를 구성하였고, 각 데이터를 텍스톰(Textom) 개체명 인식기를 이용하여 주요 범주별 개체 빈도를 도출하였다. 텍스톰은 ㈜더아이엠씨에서 개발한 텍스트 마이닝 소프트웨어로 창원대 에스프레소 개체명 인식기가 적용되며, 대용량 데이터를 분석하는 데 유용하다.

셋째, 촛불 집회와 태극기 집회의 관련 뉴스와 댓글의 상위 개체명을 도출한 후 단어 간 맥락을 파악하기 위해 자체 프로그래밍한 python code로 동시 출현 빈도를 계산하여 매트릭스를 도출하였다. 그리고 의미 연결망을 구성하기 위하여 UCINET 6에 내장된 NetDraw를 사용하여 시각화하였다. 이상의 분석 과정 및 프로그램을 구체적으로 정리하면 [그림 5-1]과 같다.

[그림 5-1] 빅데이터 분석 과정 및 프로그램

	분석 과정	분석 프로그램
데이터 수집 및 분류	■ 2016년 10월 24일~2017년 3월 19일까지 포털사이트 네이버, 다음 정치 섹션에 등록된 뉴스 전체를 대상으로 뉴스 원문 수집 ■ 제목 및 본문에 '촛불', '태극기'가 포함된 기사 분류 후 해당 기사의 URL 기준 댓글 수집	데이터 수집 (Python) 데이터 분류 (Python)
개체명 추출	■ 각 데이터 셋의 개체 빈도 도출 ■ 개체명 키워드 세트에서 의미를 명확하게 나타내는 키워드 선별	개체명 인식기 (텍스톰(Textom))
동시 출현 매트릭스 추출	■ 선별된 키워드를 대상으로 원문에서 동시 출현 빈도를 계산하여 매트릭스 생성(단어들 간 전체 매트릭스와 주요 단어와 관계 도출)	동시 출현 빈도 계산 및 분석용 매트릭스 생성 (Python)
시각화	■ 생성된 매트릭스 및 분석 결과의 시각화	UCINET 6에 내장된 NetDraw

수집된 전체 뉴스 기사 데이터 중 네이버 정치 섹션에 등록된 기사는 519,855건, 다음 정치 섹션은 513,448건으로 총 1,033,303건이다. 전체 기사에서 촛불 집회 기사는 72,914건, 태극기 집회는 13,419건이다. 촛불 집회 관련 기사는 태극기 집회 기사보다 5배가량 높은 기사량을 보였다

네이버에서 수집된 뉴스 기사 519,855건 중 촛불 집회 기사는 36,839건, 태극기 집회 기사는 6,755건이다. 그리고 촛불 집회 기사의 댓글은 1,131,112건이며, 태극기 집회 댓글은 244,119건이다. 네이버에서 수집된 전체 기사 중에서 촛불 집회 관련 기사는 7%, 태극기 집회 기사는 1%로 나타나 촛불 집회와 관련된 기사가 많았다. 또한, 수집된 댓글량에서도 촛불 집회가 98%로 압도적으로 많았으며, 태극기 집회 기사의 댓글은 2%에 불과했다.

제6장
온라인 뉴스에 대한 빅데이터 분석

2016/17년 촛불 집회는 누적 인원 약 1천 6백만을 넘기면서 역대 최대 규모의 집회로 기록되었다. 촛불 집회 참가 인원의 증가는 언론사가 촛불 집회와 관련된 다양한 기사를 생산하는 데 기여하였다. 더불어 온라인 뉴스 이용자들은 댓글이라는 형태로 촛불 집회뿐만 아니라 태극기 집회에 대한 자신의 입장을 표현하고 소통하였다. 제6장은 촛불 집회와 태극기 집회를 다룬 온라인 뉴스의 주요 메시지를 분석하는 데 초점을 맞춘다.[1]

온라인상에서 유통되는 대용량 텍스트 뉴스 데이터를 분석하기 위하여 포털 사이트 정치 섹션에 등록된 기사를 분석 대상으로 설정하였다. 이를 위해 2016년 10월 24일부터 2017년 3월 19일까지 국내 포털 사이트 중 네이버와 다음의 정치 섹션에 등록된 전체 기사를 수집하였다. 수집된 기사 중 촛불 집회와 태극기 집회와 관련된 기사는 제목과 본문에 촛불과 태극기가 포함된 경우로 한정하였다. 구체적인 분석 내용 및 방법

1 이 장은 『예술인문사회융합멀티미디어논문지』에 발표한 글을 확대 및 수정하여 작성함. 김찬우·정병기, 2018, “온라인 뉴스 기반 촛불 집회와 태극기 집회의 정국 이슈 분석,” 『예술인문사회융합멀티미디어논문지』 제8권 1호(인문사회과학기술융합학회), 417~427쪽.

은 다음과 세 가지로 정리된다.

첫째, 네이버와 다음의 정치 섹션에 등록된 전체 기사와 촛불 집회 및 태극기 집회 기사의 데이터 특징을 기사량을 통해 설명하였다. 여기서 분석은 포털 사이트에 기사를 등록한 언론사를 확인하여 어떤 언론사가 여론을 주도했는지를 파악하고, 각 기사에서 촛불 집회와 태극기 집회를 어떻게 인식했는지를 파악하기 위해서 '집회', '시위', '문화제' 등 집회를 설명하는 단어의 사용 빈도를 확인하는 데 초점을 두었다. 이는 2008년 촛불 집회를 언론사별로 집회나 시위로 명명하며 집회의 성격을 규정해 독자들에게 전달했는데 이번 집회에 대하여 언론사들은 어떻게 평가했는지 확인하기 위해서다.

둘째, 정치 섹션의 전체 기사 중 촛불 집회 및 태극기 집회 관련 기사를 대상으로 개체명 인식기를 사용하여 주요 인물, 사건, 기관의 개체별 빈도를 도출하고, 그 특징을 밝혔다. 각 개체명 빈도는 상위 20개를 기준으로 제시하였다. 특히 촛불 집회와 태극기 집회의 기사량을 기준으로 하여 시기별로 나타난 개별 개체명의 빈도 변화를 분석하였다. 주요 개체명의 시기별 비교 분석은 촛불 집회와 태극기 집회 기사에서 나타난 주요 인물, 사건, 기관의 변화를 확인한다는 의미를 가진다.

촛불 집회는 네 시기로 구분하였다. 박근혜-최순실 국정 농단이 알려지면서 촛불 집회가 시작된 2016년 10월 24일부터 11월 8일까지를 1차 시기로, 촛불 집회 참여 인원이 늘어나면서 관련 기사가 급등하고 국회에서 대통령 탄핵 소추안이 통과된 이후인 11월 9일부터 12월 15일까지를 2차 시기로, 촛불 집회가 상대적으로 소강상태를 보였던 12월 16일부터 2017년 2월 13일까지를 3차 시기로 구분하였다. 마지막으로 탄핵 심판이 본격화되고 대통령 파면이 확정된 이후인 2월 14일부터 3월 19일까지를 4차 시기로 구분하였다.

태극기 집회의 경우는 촛불 집회와 달리 초기에 큰 활동이 없었기 때문에 세 시기로 분류하였다. 2016년 10월 26일부터 2017년 2월 3일까지를 1차 시기로, 헌법재판소의 판결이 다가오면서 집회 참가자들의 활동이 보도되어 기사량이 급증한 2월 4일부터 2월 19일까지를 2차 시기로, 그리고 헌법재판소의 대통령 파면 결정 이후 집회 참여 인원인 급증한 2월 20일부터 3월 19일까지를 3차 시기로 구분하였다.

셋째, 촛불 집회와 태극기 집회의 뉴스 기사에서 도출된 개체명, 즉 인물, 사건, 기관의 빈도를 기준으로 의미 연결망 분석을 시도하였다. 분석은 뉴스 원문에서 주요 단어의 동시 출현 빈도를 계산하여 수행되었는데, 이는 각 기사에서 동시에 언급된 단어 간의 의미를 밝히기 위한 것이다. 그리고 단어*단어의 매트릭스로 구성된 결과는 UCINET 6에 내장된 NetDraw를 사용하여 시각화하였다. 여기서 단어*단어 구성은 주요 인물과 사건 및 기관과의 관계를 파악하기 위하여 인물*사건, 기관 형태인 2-mode로 구성하였다. 추가로 전체 매트릭스에서 두 집회별로 탄핵을 지지한 인물과 반대한 인물을 기준으로 네트워크를 추출하여 분석하였다. 이는 탄핵 정국에서 탄핵 찬성 혹은 반대의 진영별로 주장하는 메시지가 다르다는 점을 비교한다는 의미를 가진다.

온라인 뉴스 데이터 특징

[그림 6-1]은 2017년 10월부터 2018년 3월까지 온라인 뉴스의 정치 섹션에 등록된 기사량과 촛불 집회 및 태극기 집회의 기사량을 보여 준다. 정치 섹션의 전체 기사는 네이버 519,855건, 다음 513,448건으로 총 1,033,303건이다. 이 중 촛불 집회 기사는 총 72,914건, 태극기 집회는 13,419건으로 나타나 촛불 집회 기사가 태극기 집회보다 약 5배가량 많았다.

일자별로는 12월 9일에 정치 섹션의 기사량이 가장 많아 네이버에서 8,507건, 다음에서 8,787건이 확인되었다. 이는 평상시 정치 섹션에 등록된 기사량이 약 3천여 건이라는 점을 고려할 때, 약 2배가량 높은 수치였다. 이러한 증가는 국회의 대통령 탄핵 소추안이 통과되면서 관련 동향을 상세하게 전달하고자 했던 당시의 상황이 반영된 결과이다. 촛불 집회의 기사량은 2016년 11월 12일(3차 촛불 집회), 11월 26일(5차 촛불 집회), 2017년 3월 10일(헌법재판소 탄핵 소추안 인용)에 많이 증가했다. 태극기 집회의 기사량은 헌법재판소의 판결이 나온 3월 10일에 가장 많았으며, 다음으로 3월 1일(삼일절 태극기 사용 논란)과 2월 11일(특검 연장 발표)에 기사량이 많았다.

[그림 6-1] 촛불 집회와 태극기 집회 기사량

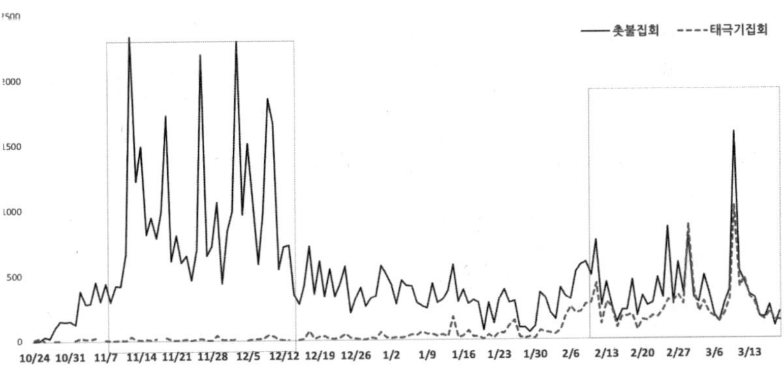

정치 섹션의 전체 기사량과 촛불 집회 및 태극기 집회 기사량을 언론사별로 분석한 결과는 <표 6-1>과 같다. 먼저 정치 섹션의 전체 기사량 국내 통신사인 연합뉴스(212,381건), 뉴시스(198,567건), 뉴스1(133,757건)가 가장 많았으며, 다음으로 인터넷 신문사인 이데일리(38,277건), 아시아경제(26,725건), 머니투데이(24,449건), 노컷뉴스(23,630건) 등의 순서대로 상위에 나타났다. 방송사의 경우 뉴스 전문 채널인 YTN(30,090건), KBS(21,719건), 종합 편성 채널인 MBN(20,481건), SBS(19694건), 연합뉴스TV(12,265건) 순으로 정치 섹션의 기사량이 많았다. 그리고 주요 언론사

를 진보 및 보수로 구분할 경우 중앙일보 14위(16,098건), 동아일보 15위(15,715건), 경향신문 18위(15,106건)로 확인되어, 보수 언론사의 정치 섹션 기사량이 더 많았다. 그 외 상위 20위권 이하 주요 언론사로는 21위 조선일보(11,703건), 26위 JTBC(7,863건), 29위 한겨레(5,976건), 32위 오마이뉴스(5,551건) 등이 있었다.

<표 6-1> 언론사별 전체 기사량 및 촛불 집회와 태극기 집회 기사량

(단위: 건)

	전체		촛불 집회		태극기 집회	
순위	언론사	기사수	언론사	기사수	언론사	기사수
1	연합뉴스	212,381	뉴시스	11,517	연합뉴스	1,952
2	뉴시스	198,567	연합뉴스	7,551	뉴시스	1,641
3	뉴스1	133,757	뉴스1	5,947	뉴스1	1,046
4	이데일리	38,277	YTN	3,137	YTN	629
5	YTN	30,090	SBS 뉴스	2,292	동아일보	495
6	아시아경제	26,725	이데일리	2,240	중앙일보	488
7	머니투데이	24,449	머니투데이	2,164	이데일리	448
8	노컷뉴스	23,630	동아일보	1,980	머니투데이	439
9	KBS	21,719	헤럴드경제	1,905	아시아경제	354
10	MBN	20,481	오마이뉴스	1,826	노컷뉴스	342
11	헤럴드경제	19,756	MBN	1,810	세계일보	326
12	SBS	19,694	아시아경제	1,804	매일경제	317
13	매일경제	16,784	노컷뉴스	1,675	헤럴드경제	304
14	중앙일보	16,098	한국경제	1,632	오마이뉴스	294
15	동아일보	15,715	매일경제	1,614	MBN	266
16	서울신문	15,580	중앙일보	1,602	한국경제	256
17	서울경제	15,301	연합뉴스TV	1,352	서울신문	243
18	경향신문	15,106	파이낸셜뉴스	1,203	국민일보	206
19	연합뉴스TV	13,265	경향신문	1,130	조선일보	205
20	세계일보	13,083	국민일보	1,127	연합뉴스TV	183

촛불 집회의 기사량이 많았던 상위 주요 언론사는 8위 동아일보(1,980건), 10위 오마이뉴스(1,826건), 16위 중앙일보(1,602건), 19위 경향신문(1,130건)이며, 20위권 밖에서는 22위 조선일보(1,106건), 27위 한겨레(932건) 등이 있었다. 즉 국내 통신사와 인터넷 신문사를 제외하고 진보와 보수 언론의 구분 없이 다양한 언론사에서 촛불 집회와 관련된 기사를 제공한 것이다. 태극기 집회의 기사량이 많았던 주요 언론사는 5위 동아일

보(495건), 6위 중앙일보(488건), 14위 오마이뉴스(294건), 19위 조선일보(205건), 24위 경향신문(180건), 27위 한겨레(161건) 등으로 확인되었다. 촛불 집회와 비교하여 태극기 집회의 기사량은 상대적으로 적었으나, 태극기 집회의 경우 동아일보, 중앙일보, 조선일보 등 보수 언론에서 관련 기사를 더 많이 다루었다.

정치 섹션의 전체 기사 중 촛불 집회와 태극기 집회 기사량을 보수 신문(조선일보, 중앙일보, 동아일보)과 진보 신문(한겨레, 경향신문, 오마이뉴스)으로 나누어 비교한 결과는 [그림 6-2] 및 [그림 6-3]과 같다. 촛불 집회 기사량에서는 주요 언론사가 유사한 기사량을 보였다. 그중 동아일보가 11월 3주 차에 273건의 가장 많은 촛불 집회 보도를 했으며, 2017년 1월 3주 차 역시 타 언론사와 비교해 더 높은 기사량을 보였다. 태극기 집회 기사량은 12월 1주 차까지는 진보 및 보수 신문 모두 낮은 기사량을 보이다가 12월 3주 차부터 관련 보도가 증가하였다. 특히 동아일보는 2017년 3월 3주 차에 105건의 가장 많은 태극기 집회 기사를 제공하였다.

시기별로 두 집회의 기사량을 비교해 보면, 촛불 집회는 전체 기간에서 2016년 10월 4주 차에서 12월 1주 차까지 기사량이 많이 증가한 반면, 태극기 집회는 2017년 2월 2주 차부터 3월 2주 차까지 보도가 집중적으로 이루어졌다. 즉 촛불 집회는 초기에 참가자가 급속도로 증가했기 때문에 전반부에 보도가 집중되었고, 태극기 집회의 경우는 탄핵에 대한 헌법재판소 판결이 다가오면서 탄핵 기각을 위한 집회가 증가하면서 후반부에 기사가 집중된 것이다.

[그림 6-2] 보수 및 진보 언론사의 촛불 집회 기사량

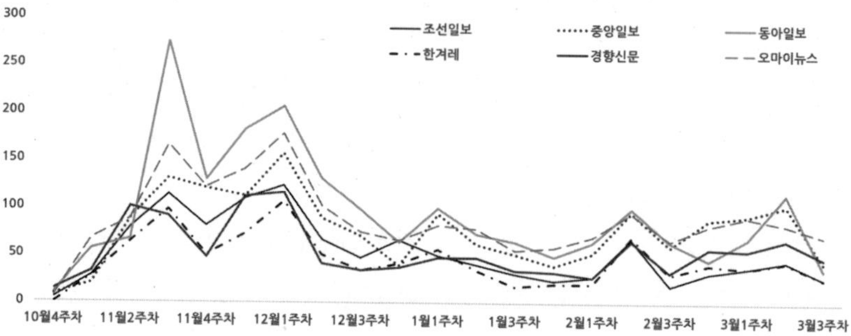

[그림 6-3] 보수 및 진보 언론사의 태극기 집회 기사량

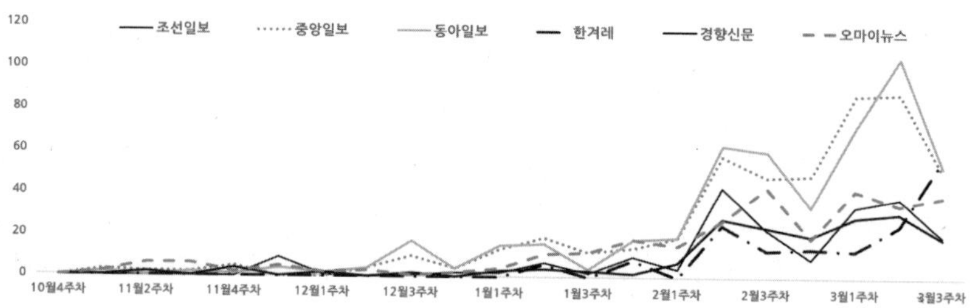

한편, <표 6-2>와 <표 6-3>은 언론에서 촛불 집회와 태극기 집회의 성격을 어떻게 규정했는가를 보여주고 있다. <표 6-2>에 의하면, 촛불 집회의 경우는 '촛불 집회'가 19,362건으로 가장 많았으며, '촛불 시위'는 1,697건, '촛불 문화제'는 391건으로 촛불 집회가 가장 많이 언급되고 있었다. 그 외 '촛불 민심'이라는 용어 역시 9,576건으로 언론에서 많이 사용되었다. 따라서 2008년 미국산 쇠고기 수입 반대 촛불 집회와 비교할 때, 2016/17년 촛불 집회는 '문화제', '집회', '시위'를 뛰어넘어 '민심', '행진' 등의 다양한 성격을 가진 사건으로 규정하는 특징을 보였다.

태극기 집회의 경우는 '태극기 집회'가 3,440건으로 가장 많았으며, '태극기 시위'는 96건, '태극기 문화제'는 0건으로 나타나 문화제에 대한 언급은 없었다. 그 외 '태극기 민심'은 253건으로 '촛불 민심'에 비해 매우

낮은 값을 보였다. '촛불 민심'은 탄핵 정국에서 정치인들이 시민들의 의견을 평가할 때 혹은 정국을 판단할 때 많이 사용됐지만 상대적으로 태극기 민심은 정치인들의 언급 자체가 낮았기 때문에 이와 같은 결과가 나온 것이다.

<표 6-2> 언론의 촛불 집회와 태극기 집회 성격 규정

(단위: 건)

분석 키워드	데이터량
촛불 집회	19,362
촛불 시위	1,697
촛불 문화제	391
촛불 행진	199
촛불 민심	9,576
태극기 집회	3,440
태극기 시위	96
태극기 문화제	0
태극기 행진	5
태극기 민심	253

촛불 집회와 태극기 집회를 각각 집회와 시위로 언급한 언론사를 분석한 결과는 <표 6-3>과 같다. 촛불 집회로 언급한 경우는 뉴시스가 3,302건으로 가장 많았으며, 그 다음으로 SBS 뉴스 1,895건, 연합뉴스 1,786건, 뉴스1 1,317건이 나타났다. 반면 촛불 시위로 언급한 경우는 연합뉴스가 153건으로 가장 많았으며, 그 다음으로 동아일보 98건, 머니투데이 97건, 뉴시스 87건, 뉴스1 86건, 중앙일보 72건 등이 확인되었다. 통신사와 인터넷 신문사를 제외할 경우, 동아일보, 중앙일보, 조선일보 등의 보수 언론은 주로 촛불 시위로 언급하는 기사가 많았다.

태극기 집회로 언급한 경우는 연합뉴스가 425건으로 가장 많았으며, 그 다음으로 뉴시스 313건, 뉴스1 252건, YTN 198건, 머니투데이 139건, 중앙일보 133건, 동아일보 115건 등의 순이었다. 반면, 태극기 시위로 언급한 경우는 머니투데이가 17건으로 가장 많았으며, 그 다음으로 동아일보 8건, 세계일보 7건, 연합뉴스 7건, 아시아경제 5건, 한겨레 5건 등이 확인되었다.

전반적으로 언론사의 태극기 집회와 시위의 언급량은 촛불 집회와 시위에 비교해 적었으나, 중앙일보, 동아일보 등 보수 언론사에서 태극기 집회를 집회로 다룬 기사가 많았다. 특히 태극기 시위의 경우 인터넷 언론사인 머니투데이를 제외하고는 10건 미만의 낮은 언급량을 보여 시위보다는 집회로 규정하는 경향이 강하게 나타났다.

<표 6-3> 언론사별 촛불 집회·시위 및 태극기 집회·시위 언급 빈도

(단위: 건)

촛불 집회		촛불 시위		태극기 집회		태극기 시위	
언론사	빈도	언론사	빈도	언론사	빈도	언론사	빈도
뉴시스	3,302	연합뉴스	153	연합뉴스	425	머니투데이	17
SBS 뉴스	1,895	동아일보	98	뉴시스	313	동아일보	8
연합뉴스	1,786	머니투데이	97	뉴스1	252	세계일보	7
뉴스1	1,317	뉴시스	87	YTN	198	연합뉴스	7
YTN	764	뉴스1	86	머니투데이	139	아시아경제	5
머니투데이	694	중앙일보	72	중앙일보	133	한겨레	5
한국경제	511	YTN	66	동아일보	115	오마이뉴스	4
MBN	493	헤럴드경제	62	이데일리	111	헤럴드경제	4
헤럴드경제	476	이데일리	57	SBS 뉴스	100	뉴스1	3
중앙일보	456	조선일보	56	헤럴드경제	85	미디어오늘	3
동아일보	446	오마이뉴스	54	매일경제	82	중앙일보	3
KBS 뉴스	426	KBS 뉴스	52	아시아경제	82	프레시안	3
이데일리	407	한국경제	43	MBN	82	YTN	3
오마이뉴스	406	아시아경제	41	노컷뉴스	79	경향신문	2
매일경제	401	MBN	41	KBS 뉴스	78	노컷뉴스	2
아시아경제	399	매일경제	40	오마이뉴스	71	서울신문	2
연합뉴스TV	366	SBS 뉴스	39	세계일보	67	이데일리	2
노컷뉴스	322	노컷뉴스	36	채널A	67	주간경향	2
TV조선	321	미디어오늘	36	TV조선	62	주간동아	2
국민일보	292	세계일보	35	한국경제	61	채널A	2

2016/17 촛불 집회 기사에 나타난 메시지

개체명 인식기를 활용하여 정치 섹션의 전체 기사 중 촛불 집회 기사의 데이터를 분석한 결과는 <표 6-4>와 같다. 주요 인물, 기관, 사건의 언급 빈도는 20위권에 든 경우로 한정하여 제시하였다.

첫째, 주요 인물의 경우 '문재인', '이재명', '안희정', '추미애', '박원순', '김부겸' 등의 더불어민주당 정치인이 많이 언급되었으며, 그 외 국민의당의 '박지원', '안철수' 등과 정의당의 '심상정' 등이 뒤를 이었다. 그리고 '이정현', '김무성', '김진태', '유승민' 등의 새누리당 의원과 '반기문' 전 총장도 자주 언급되었다. 또한 '노무현' 전 대통령이 일정 부분 언급되었는데, 이것은 2004년 탄핵 과정을 박근혜 대통령 탄핵과 비교하는 기사가 많았기 때문에 나타난 현상이다. 전반적으로 촛불 집회의 기사에서 20위권 안에 언급된 인물은 탄핵을 찬성 혹은 반대했던 당시의 여당과 야당의 갈등 상황이 반영되어 정당의 인물들이 많았다.

둘째, 주요 기관의 경우 '청와대', '주요 정당', '헌법재판소', '삼성' 등이 10위권 안에서 언급되었으며, 그 외 '시민 단체', '박사모'의 촛불 집회와 태극기 집회를 주도한 단체도 20위권 안에 위치했다. 이것은 탄핵 정국 동안 청와대와 국내 주요 정당이 탄핵과 관련된 주요 이해당사자들에 대한 언급이 많았다는 것을 의미하며, 헌법재판소는 국회 탄핵 소추안 판결에 대한 예상과 실제 대통령 파면에 대한 언론의 언급이 많아지면서 4위에 위치한 것이다. 그리고 시민 단체나 박사모의 경우에는 탄핵 찬성과 반대 집단의 활동에 대해 언론에서 많은 관심을 가지면서 나타난 것이다.

셋째, 주요 사건은 '촛불 집회', '시민 혁명', '평화 혁명' 등 촛불 집회를 표현한 단어와 '대선', '국민 투표'와 같이 탄핵 이후 선거와 관련된 단어가 20위권 안에 있었으며, '촛불 시위'라는 부정적인 표현도 11위권에 있었다. '시민 혁명', '평화 혁명'의 언급은 국회에서의 탄핵소추안 통과와 헌법재판소의 탄핵 심판으로 이어지는 동안 물리적 충돌 없이 대규모 촛불 집회가 진행되었고, 이러한 과정에 대해 언론이 '시민 혁명'이나 '평화 혁명'으로 긍정적으로 표현했다는 것을 보여준다. 또한 탄핵소추안 통과 이후 조기 대선의 가능성이 커지면서 차기 대통령에 대한 언론의 관심이 증가한 결과로 선거 관련 키워드도 자주 언급되었다.

전체적으로 촛불 집회 기사의 개체명에서는 주요 야당 인물 중 차기 대선 후보로 거론되었던 인물이 자주 언급되었으며, 그 결과로 국회와 주요 정당의 기관도 많이 언급되었다. 그리고 촛불 집회는 '시민 혁명'이나 '평화 혁명' 등의 혁명으로 비유하는 표현도 많이 보도되었다.

<표 6-4> 촛불 집회 기사의 인물, 기관, 사건 개체명

(단위: 건)

순위	인물		기관		사건	
	키워드	빈도	키워드	빈도	키워드	빈도
1	박근혜	89,626	청와대	40,851	촛불 집회	9,806
2	문재인	62,373	민주당	31,456	기자 간담회	1,405
3	이재명	15,919	국회	28,415	결선 투표	1,233
4	안희정	14,273	헌법재판소	12,045	대선	833
5	추미애	13,789	새누리당	11,924	미르재단	578
6	박지원	11,649	정의당	10,200	대연정	489
7	안철수	11,496	국민의당	8,644	민중 총궐기	488
8	황교안	10,221	최고위원회의	2,661	전당 대회	311
9	박원순	9,133	본회의	1,906	지방 선거	283
10	반기문	8,404	삼성	1,887	KOPA	266
11	이정현	4,866	청문회	1,293	촛불 시위	229
12	노무현	4,774	비상시국회의	1,214	박근혜 정권 퇴진	216
13	심상정	4,491	시민 단체	1,182	콘서트	186
14	손학규	4,480	대정부 질문	1,153	시민 혁명	179
15	김부겸	4,306	임시 국회	1,134	광주민주화운동	108
16	김무성	4,217	국무 회의	1,123	국민 운동	103
17	김진태	4,103	박사모	1,028	국민 투표	94
18	유승민	3,742	서울대	1,025	비상 시국 위원회	68
19	남경필	2,695	친박근혜	998	국민주권운동본부	67
20	이재용	2,418	참여정부	890	평화 혁명	53

<표 6-5>, <표 6-6>, <표 6-7>은 촛불 집회 뉴스 기사에서 나타난 개체명 변화를 시기별로 분석한 결과이다. 시기는 기사량과 탄핵 정국의 정치적 맥락을 고려하여 네 시기로 구분하였고,[1] 분석을 위해 앞서 도출된 주요 인물, 사건, 기관의 개체명 빈도를 시기별로 재구성하였다.

첫째, 촛불 집회 기사에서 나타난 인물의 개체명 변화를 분석한 결과는 <표 6-7>과 같다. 3차 시기를 제외하고는 '박근혜' 전 대통령이 언급량 1위를 차지하였다. 3차 시기에는 국회의 대통령 탄핵안 통과 이후 차기 대선 후보로 문재인 전 민주당 대표가 주목받으면서 '문재인'이 가장 많이 언급되었다. 시기별로 특징을 살펴보면, 1차 시기에는 '김병준'이 총리 내정자로 언급되면서 박근혜 대통령 다음으로 많이 언급되었으며, '박지원', '박원순', '추미애', '안철수' 등 야당의 주요 정치인이 10위권 안에 위치했다. 그 외 '한광옥'(대통령 비서실장 내정자), '최순실', '안종범'(정책조정수석), '정호성'(부속비서관) 등 청와대의 인사 개편의 인물과 비선 실세로 지목된 인물들이 20위권 안에서 확인되었다.

2차 시기에는 주요 정당들이 대통령의 하야 및 2선 후퇴를 요구하면서 각 정당 대표 및 주요 정치인이 자주 언급되었다. 보수 정당의 인물 역시 대규모 촛불 집회가 진행되는 동안 탄핵 정국에 대해 언급을 많이 한 결과로 20위권 안에 위치하였다. 3차 시기는 탄핵 소추안 통과 이후 차기 대선에 대한 가능성이 커지면서 차기 대선 후보로 거론되는 인물들이 자주 언급되었으며, 새누리당 내부의 갈등으로 인해 친박 및 반박 인물들도 함께 언급되었다. 마지막으로 4차 시기에는 헌법재판소의 판결이 다가오면서 정당별 차기 대선 후보들의 발언이 많아지고, 특검 및 헌법재판소 재판관에 대한 관심이 높아져 관련 인물들이 20위권 안에서 확인되었다.

1 촛불 집회의 시기 구분에 대해서는 이장의 서문을 참조한다.

<표 6-5> 촛불 집회 기사의 시기별 인물 개체명 변화

(단위: 건)

순위	1차 시기 2016.10.24~11.08		2차 시기 2016.11.09~12.05		3차 시기 2016.12.16~2017.02.13		4차 시기 2017.02.14~03.19	
	키워드	빈도	키워드	빈도	키워드	빈도	키워드	빈도
1	박근혜	6,286	박근혜	52,016	문재인	1,4396	박근혜	13,559
2	김병준	1,736	추미애	9,438	박근혜	13,986	문재인	7,264
3	박지원	933	박지원	7,043	반기문	6,864	안희정	6,799
4	박원순	912	문재인	4,938	박원순	4,724	이재명	5,886
5	추미애	718	안철수	4,493	이재명	3,971	황교안	3,055
6	안철수	487	이정현	3,972	안철수	2,845	안철수	2,384
7	이정현	472	김무성	3,422	안희정	2,513	심상정	1,145
8	문재인	437	황교안	3,393	황교안	2,471	손학규	1,127
9	이재명	418	이재명	3,038	박지원	2,084	노무현	1,118
10	한광옥	355	박원순	3,022	추미애	1,942	유승민	1,067
11	정세균	355	정진석	2,058	김부겸	1,865	김진태	1,032
12	최순실	292	심상정	1,940	손학규	1,632	추미애	906
13	안종범	237	김부겸	1,785	노무현	1,361	박지원	874
14	안희정	190	김진태	1,676	김진태	1,097	홍준표	796
15	정진석	176	안희정	1,536	정우택	999	박영수	790
16	김부겸	174	노무현	1,490	심상정	885	이정미	704
17	노무현	172	유승민	1,423	김종인	867	이재용	666
18	김무성	152	한광옥	1,359	유승민	853	남경필	636
19	윤관석	138	남경필	1,319	이재용	801	김문수	618
20	정호성	109	최순실	1,208	김동철	767	최성	614

둘째, 촛불 집회 기사에서 나타난 기관의 개체명 변화를 분석한 결과는 <표 6-6>과 같다. 전 기간에 걸쳐 '청와대', '민주당', '국회'가 주요 기관으로 1위와 2위의 언급량을 차지했으며, 4차 시기에는 헌법재판소 판결에 대한 관심이 집중되면서 '헌법재판소'가 2위를 차지했다. 시기별 특징을 살펴보면, 1차 시기에는 대학생들과 시민 단체의 시국 선언으로 인하여 주요 정당과 함께 '국민대', '서울대', '시민 단체', '총학생회' 등이 많이 언급되었으며, JTBC 최순실 태블릿 보도로 인하여 'JTBC'가 언론사 중 16위를 차지하였다.

2차 시기에는 국정농단 게이트에 대한 청문회가 진행되는 동안 정부 부처와 기업 및 경제 단체 등이 비리와 연관되어 있음이 밝혀지면서 '국방부', '법무부', '전경련', '삼성' 등이 20위권 안에 등장하였다. 3차 시기에는 국회의 대통령 탄핵 소추안 통과 이후 특검에 대한 보도가 증가하여

'특별검사팀'이 20위권 안에 위치했으며, '유엔'의 경우는 반기문 전 사무총장의 대선 출마와 이후 불출마 과정에 대한 보도로 인하여 4위에 위치했다. 마지막으로 4차 시기에는 헌법재판소의 대통령 탄핵안 판결 보도가 증가하여 '헌법재판소'가 2위를 차지했으며, 박근혜 대통령 탄핵안 인용 이후의 정부 운영에 대한 보도로 인하여 '정부', '임시 정부' 등이 많이 언급되었다. 그리고 '선거인단'은 조기 대선으로 인해 정당별 대선 후보 선출 방식에 대한 이슈가 주목받으면서 자주 언급되었다. 그 외 박근혜 대통령을 지지하는 '박사모'(박근혜를 사랑하는 사람들의 모임)는 2차 시기부터 4차 시기까지 지속해서 20위권 안에 나타났으며, '국정원'(국가정보원) 역시 3차 시기부터 계속 주요 기관으로 언급되었다.

<표 6-6> 촛불 집회 기사의 시기별 기관 개체명 변화

(단위: 건)

순위	1차 시기 2016.10.24~11.08		2차 시기 2016.11.09~12.05		3차 시기 2016.12.16~2017.02.13		4차 시기 2017.02.14~03.19	
	키워드	빈도	키워드	빈도	키워드	빈도	키워드	빈도
1	청와대	3,129	청와대	28,564	민주당	8,340	민주당	5,772
2	민주당	1,434	국회	16,589	국회	6,080	헌법재판소	4,993
3	국회	1,213	민주당	13,228	청와대	4,496	청와대	3,226
4	새누리당	590	새누리당	7,108	유엔	3,688	국회	2,910
5	정의당	432	정의당	5,404	정부	3,283	정의당	1,900
6	정부	382	국민의당	4,756	새누리당	2,688	정부	1,410
7	국민의당	373	정부	4,243	헌법재판소	2,362	국민의당	882
8	국민대	167	헌법재판소	3,065	국민의당	1,867	삼성	518
9	최고위원회의	163	비상시국회의	1,159	정의당	1,775	삼성전자	467
10	시민 단체	140	국무 회의	962	임시 국회	645	특별검사팀	390
11	총학생회	123	청문회	823	삼성	638	선거인단	339
12	인사 청문회	119	의원 총회	704	참여정부	630	국정원	245
13	참여정부	106	삼성	606	박사모	400	임시 국회	235
14	서울시청	101	시민 단체	605	청문회	375	원내대책회의	146
15	서울대	99	국방부	549	삼성전자	328	새누리당	137
16	JTBC	75	민주노총	524	국정원	325	박사모	129
17	비상대책위원회	56	원내대책회의	523	시민 단체	278	시민 단체	129
18	의원총회	55	전경련	481	특별검사팀	275	관훈 클럽	128
19	K스포츠재단	55	법무부	467	한나라당	272	임시 정부	112
20	미르재단	52	박사모	437	국조 특위	240	법사위	112

셋째, 촛불 집회 기사에서 나타난 사건의 개체명 변화를 정리하면 <표 6-7>과 같다. 전 시기에 걸쳐 '촛불 집회'가 언급량 1위를 차지했으며, 1차 및 2차 시기에는 '기자 간담회'가 2위를 차지했다. 이는 박근혜 대통령의 국정 농단 게이트와 관련하여 민주당, 국민의당, 새누리당 등의 주요 정치인들이 기자 간담회를 진행하면서 주요 사건으로 언급된 것이다. 시기별 특징을 살펴보면, 1차 시기에는 시민들의 촛불 집회 활동에 대한 보도가 많아지면서 '민중 총궐기', '장외 투쟁', '강경 투쟁', '전국 노동자 대회', '청년 총궐기'가 20위권 안에 나타났으며, 특히 촛불 집회에서 고 백남기 농민의 영결식이 함께 진행된 결과로 '영결식'이 5위의 언급량을 차지하였다.

2차 시기에는 수능이 끝난 고등학생들의 촛불 집회 참가에 대한 보도가 증가하면서 '대학수학능력시험'이 12위에 위치하였으며,[2] 집회 참가자가 많이 증가하면서 '시민 혁명'이나 '평화 혁명'과 같이 집회를 평가하는 용어와 함께 촛불 집회에서 진행되었던 '서명 운동'이나 '규탄 대회', '콘서트'도 자주 언급되었다. 특히 '군사 정변'이 19위에 위치했는데, 이는 추미애 더불어민주당 대표의 "박 대통령 계엄령 준비한다는 정보가 돌고 있다."[3]라는 발언 이후 과거 비상 계엄령 발령 사례 중 5.16 군사 정변이 언급된 결과로 나타난 것이다.

3차 시기에는 조기 대선이 예상되는 가운데 각 정당에서 경선 규칙에 대한 논의가 활발해지면서 '결선 투표', '전당 대회', '국민 투표', '모바일 투표' 등이 많이 언급되었으며, '지방 선거'는 박근혜 대통령 탄핵 소

---

2 이호진, 2016. "'청소년이 주인' …수능 끝난 고3 수험생들 거리로 나와," 『JTBC 뉴스』 11.19, http://news.jtbc.joins.com/article/article.aspx?news_id=NB11359708&pDate=20161119(검색일: 2018.01.20).

3 금원섭, 2016, "추미애 "박 대통령 계엄령 준비한다는 정보가 돌고 있다." 『조선일보』 11.18, http://news.chosun.com/site/data/html_dir/2016/11/18/2016111800860.html(검색일: 2018.01.20).

추안 통과 이후 2018년 지방 선거의 정당 지지도 변화에 미치는 영향이 보도되면서 상위에 언급되었다. 그리고 THAAD는 배치에 대해 각 정당의 찬성과 반대의 목소리가 많이 보도된 결과로 'THAAD'가 5위를 차지하였다. 마지막으로 4차 시기에는 조기 대선이 확정되어 본격적인 선거운동이 진행되면서 '결선 투표', '국민 경선', '국민 투표', '장미 전쟁'과 같은 대선 관련 이슈가 자주 언급되었다. 그리고 안희정 충남도지사가 더불어민주당의 경선 과정에서 발언한 대연정론이 언론의 집중적인 관심을 받게 되어 '대연정'이 3위에 위치하였다. 그 외 20위 '백색 테러'의 경우는 헌법재판소의 탄핵 심판 이후 재판관을 대상으로 백색 테러가 우려된다는 점을 지적하는 기사로 인하여 주요 사건으로 나타났다.[4]

<표 6-7> 촛불 집회 기사의 시기별 사건 개체명 변화

(단위: 건)

순위	1차 시기 2016.10.24~11.08		2차 시기 2016.11.09~12.05		3차 시기 2016.12.16~2017.02.13		4차 시기 2017.02.14~03.19	
	키워드	빈도	키워드	빈도	키워드	빈도	키워드	빈도
1	촛불 집회	259	촛불 집회	5,480	촛불 집회	1,578	촛불 집회	1,493
2	기자 간담회	78	기자 간담회	515	결선 투표	1,103	대선	357
3	민중 총궐기	60	민중 총궐기	340	기자 간담회	558	대연정	217
4	장외 투쟁	37	촛불 시위	134	대선	445	기자 간담회	134
5	영결식	33	박근혜 정권 퇴진	94	지방 선거	162	본선	129
6	촛불 시위	25	대선	94	전당 대회	159	동계 올림픽	113
7	대선	17	시민 혁명	86	콘서트	74	민중 총궐기	77
8	국민 보고 대회	16	전국 노동자 대회	70	시민 혁명	67	박근혜 정권 퇴진	70
9	평창 동계 올림픽	12	대학수학능력시험	66	박근혜 정권 퇴진	47	지방 선거	61
10	제천시국촛불행동	11	비상대책회의	66	THAAD	41	토론회	57
11	강경 투쟁	6	서명 운동	39	촛불 시위	38	만세 운동	54
12	보궐 선거	4	규탄 대회	38	국민 투표	37	결선 투표	54
13	전당 대회	4	장외 투쟁	35	광주민주화운동	36	국민 운동	34
14	서명 운동	4	콘서트	34	모바일 투표	31	국민 경선	33
15	역사바로세우기	3	평화 혁명	32	간담회	23	촛불 시민 혁명	28
16	경제안보상황실	3	국민 운동	31	SLBM	20	시민 혁명	26
17	전국 노동자 대회	3	동계 올림픽	26	창당 준비 회의	20	국민 투표	25
18	세계 인권 선언	2	총파업	26	국민 운동	20	THAAD	18
19	부정 평가	2	군사 정변	22	관훈 토론회	20	장미 전쟁	14
20	청년 총궐기	2	국민 투표	20	신년 기자 회견	18	백색 테러	13

4 김지훈·김민경, 2017, "경찰, 헌재 재판관 8명 경호 착수," 『한겨레』 02.23, http://www.hani.co.kr/arti/society/society_general/783898.html(검색일: 2018.01.20).

한편, 촛불 집회 뉴스 기사의 의미 연결망의 분석은 주요 개체명 중 인물을 기준으로 수행되었다. 즉 앞서 개체명에서 도출된 주요 단어를 인물을 기준으로 기관 및 사건 간의 동시 출현 빈도를 계산한 후, 단어*단어 매트릭스를 도출하고, 그 결과를 NetDraw[5]로 시각화하여 단어 간 맥락을 파악한 것이다. 촛불 집회 뉴스 기사의 의미 연결망을 시각화된 결과는 [그림 6-4]와 같다.

[그림 6-4] 촛불 집회 기사의 인물, 기관, 사건 의미연결망

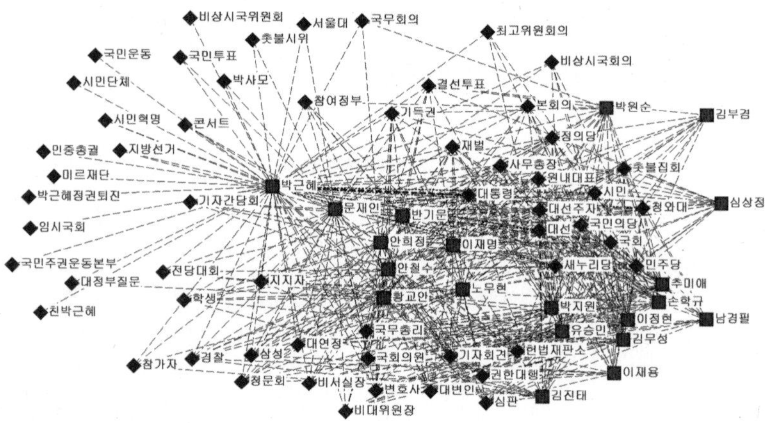

촛불 집회 의미 연결망에서는 '박근혜' 전 대통령을 중심으로 '문재인', '반기문', '안희정', '안철수' 등 차기 대선 후보로 언급된 인물들이 중심을 형성하고 있었다. 그리고 '박근혜' 전 대통령은 탄핵을 반대하는 기관 및 사건과도 연결되어 있는 동시에 '대선'과 '대선 주자' 및 주요 정당 등과도 강하게 연결되어 있었다. 즉 '기자 간담회', '박사모', '지지자' 등 탄핵을 반대하는 집단과 '미르재단', '임시 국회', '청문회', '삼성' 등 박근혜-최순실 게이트와 관련된 사건과 및 기관과 연결되어 있었고, '민주당',

5 Borgatti et al., 2013, *Analyzing social networks* (Thousand Oaks, CA: SAGE).

'국민의당' 등의 야당과도 강하게 연결되어 있었다. 그 외 '박근혜' 전 대통령은 '국회'와 '시민', '촛불 집회', '대선'과도 강하게 연결된 것으로 나타났다. 이것은 촛불 집회를 다룬 기사에서 대통령의 탄핵을 찬성 및 추진하는 야당, 촛불 집회를 찬성하는 시민, 그리고 탄핵 이후 조기 대선에 대한 관심이 동시에 나타났다는 것을 의미한다.

[그림 6-5]와 [그림 6-6]은 촛불 집회 기사의 의미 연결망에서 탄핵을 찬성한 인물과 반대한 인물을 중심으로 의미 연결망을 분리한 결과이다. 첫째, 탄핵 찬성 의미 연결망에서는 '문재인', '이재명', '안희정' 등 더불어민주당의 대선 후보들이 중심을 차지하고 있으며, 그 주변으로 '안철수', 고 '노무현' 대통령이 나타났다. 의미 연결망 오른쪽에는 '대선', '대신 주자', '시민', '촛불 집회' 등 탄핵 이후 조기 대선과 관련된 사건과 '민주당', '정의당', '국민의당' 등의 주요 정당이 있었다. 이 그룹의 주변에 '심상정', '손학규', '추미애', '박지원', '김부겸', '박원순' 등의 주요 정당 인물이 나타났다. 의미 연결망 왼쪽에는 '국민 투표', '학생', '시민 혁명' 등의 주요 사건이 주로 '문재인' 전 대표를 중심으로 연결되어 있었다. 이것은 언론에서는 '문재인' 전 대표가 촛불 집회 혁명의 중심인물로 정권 심판의 역할을 부여받은 인물이라는 메시지가 많이 제시되었다는 것을 의미한다.

둘째, 탄핵 반대 의미 연결망에서는 '박근혜' 전 대통령이 중심에 위치했으며, 이를 중심으로 '청문회', '대정부 질문', '국무 회의' 등 초기 국정 농단에 게이트에 대한 청와대의 대응이 나타났다. 의미 연결망 왼쪽에는 '박사모', '박근혜 정권 퇴진', '국민주권운동본부' 등 탄핵을 반대한 기관과 사건이 함께 함께 있었다. 의미 연결망 오른쪽에는 대통령 권한 대행인 '황교안', '김무성', '이정현', '김진태' 등 탄핵 반대 인물과 같은 정당에 속했던 '유승민', '남경필' 등이 나타났고, 이들 인물 주변으로 '헌법재판소', '대선' 등의 단어가 연결되어 있었다. 이 점은 향후 보수 정당의 지도자 혹은 차기 대선 주자들이 촛불 정국의 해결에 대한 직접적인 언급보다는 대통령 파면 이후의 차기 대선 전망에 대해 메시지를 많이 제시했다는 것을 보여 준다.

[그림 6-5] 촛불 집회 기사 의미 연결망 : 탄핵 찬성 진영 인물 중심

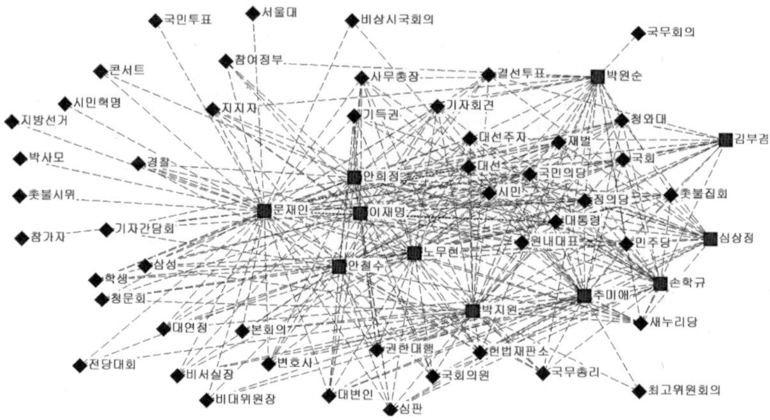

[그림 6-6] 촛불 집회 기사 의미 연결망 : 탄핵 반대 인물 중심

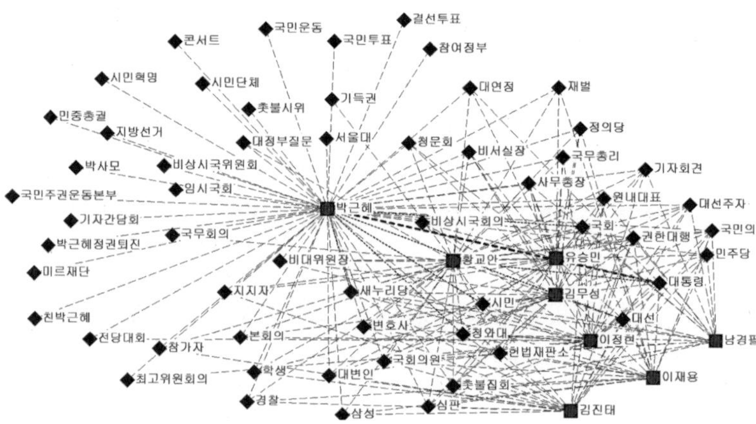

2016/17 태극기 집회 기사에 나타난 메시지

개체명 인식기를 활용하여 정치 섹션의 전체 기사 중 태극기 집회 기사의 데이터를 분석한 결과는 <표 6-8>과 같다. 촛불 집회 기사와 마찬가지로 주요 인물, 기관, 사건, 사회적 용어의 언급 빈도는 20위권에 든 경우로 한정하여 제시하였다. 태극기 집회의 경우는 촛불 집회보다 기사량이 적어 개체별 빈도 역시 낮게 나타났다.

첫째, 주요 인물의 경우 '문재인' 전 대표, '안희정' 충남도지사, '이재명' 성남시장과 함께 '김진태', '김문수', '홍준표', '황교안' 등 박근혜 대통령의 탄핵에 부정적이었던 인물이 10위권에서 언급되었다. 그리고 국회의 탄핵안 판결을 담당했던 '이정미' 헌법재판관과 국정 농단 게이트를 수사한 '박영수' 검사도 자주 언급되었다. 둘째 주요 기관은 '헌법재판소'와 '청와대' 이외에 '박사모', '자유총연맹', '광복회' 등 박근혜 대통령을 지지하는 단체가 많이 언급되었다. 셋째, 주요 사건의 경우 '촛불 집회' 언급 빈도가 가장 높았으며, '탄핵 무효 국민 총궐기', '연평 해전', 'THAAD'(사드)', '나라 사랑' 등 탄핵 반대와 안보와 관련된 단어가 20위권에서 확인되었다.

전체적으로 태극기 집회 기사의 개체명에서는 탄핵 반대 진영의 야당 인물과 탄핵을 찬성하는 야당 인물이 함께 언급되고 있었으며, 주요 기관으로는 대통령 파면을 결정했던 헌법재판소와 탄핵을 반대하는 보수 단체들의 활동에 대한 언급이 많았다. 주요 사건 역시 촛불 집회에서는 나타나지 않았던 '연합 훈련', 'THAAD', '나라 사랑'처럼 안보 의식과 애국과 관련된 활동이 자주 언급된 것으로 드러났다.

<표 6-8> 태극기 집회 기사의 인물, 기관, 사건 개체명

(단위: 건)

순위	인물		기관		사건	
	키워드	빈도	키워드	빈도	키워드	빈도
1	박근혜	15,723	헌법재판소	5,623	촛불 집회	1,016
2	문재인	8,487	청와대	5,331	국민 운동	146
3	김진태	3,633	국회	3,260	대선	136
4	황교안	2,719	민주당	2,533	만세 운동	96
5	김문수	2,278	새누리당	2,033	탄핵무효국민총궐기운동본부	71
6	안희정	1,990	정부	1,196	독립 만세 운동	60
7	윤상현	1,729	박사모	1,047	지방 선거	44
8	유승민	1,584	국민의당	661	대연정	44
9	홍준표	1,269	정의당	598	연평 해전	43
10	이재명	1,223	특별검사팀	429	합동 연설회	30
11	원유철	1,171	친박근혜	424	연합 훈련	24
12	안철수	1,120	삼성	393	촛불 시위	20
13	이정미	964	자유당	258	기념 행사	20
14	정우택	935	비상대책위원회	206	THAAD	19
15	반기문	898	국방부	189	태극기국민운동	18
16	박영수	844	구미시청	186	백색 테러	13
17	박지원	839	한나라당	168	나라 사랑 의식	11
18	이인제	816	자유총연맹	134	탄기국	8
19	남경필	774	광복회	121	자유대한민국	7
20	이재용	649	시민 단체	111	대통령 탄핵 기각	5

<표 6-9>, <표 6-10>, <표 6-11>은 태극기 집회 뉴스 기사에서 나타난 개체명 변화를 시기별로 분석한 결과이다. 촛불 집회와 달리 기사량이 많지 않아 태극기 집회의 경우는 세 시기로 구분하였다.[6] 촛불 집회 기사와 마찬가지로 분석을 위해서 앞서 도출된 주요 인물, 사건, 기관의 개체명 빈도를 시기별로 재구성하였다.

첫째, 태극기 집회 기사에서 나타난 인물의 개체명 변화를 분석한 결과는 <표 6-9>와 같다. 전 시기에 걸쳐 '박근혜' 전 대통령의 언급량이 1위를 차지했다. 시기별 특징을 살펴보면, 1차 시기에서는 보수 진영의 차기 대선 후보로 거론되었던 '반기문' 전 사무총장과 박근혜 대통령의 탄핵 반대를 적극적으로 주장한 '김진태' 의원이 2위와 3위를 차지해 많이

6 촛불 집회의 시기 구분에 대해서는 이장의 서문을 참조한다.

언급되었다. 그 외 탄핵을 반대하며 태극기 집회에 참여했던 '김문수' 전 경기도지사와 박사모 회장 '정광용'도 20위권 안에 위치했다. 9위의 '태영호'(전 영국주재 북한 공사)는 바른 정당이 주체한 초청 좌담회에서 북한이 "세습 통치에 기초한 노예사회"라는 발언[7]이 보수 단체들에 의해서 많이 인용되면서 주요 인물로 나타났다.

2차 시기에서는 '김문수' 전 경기도지사와 '윤상현', '김진태' 의원 등 보수 정당 의원들이 태극기 집회에 참여하여 탄핵 기각을 주장[8]한 것이 보도되면서 5위의 순위로 언급되었다. 그리고 당시 청와대 압수 수색과 특검 과정에서 밝혀진 비리 사실을 강하게 비판했던 '이재명', '안철수', '추미애', '박지원' 등 야당 인사도 주요 인물로 언급되었다. 3차 시기에는 대연정 발언으로 인해 '안희정' 지사가 4위의 치지했으며, 그 외 보수 정당의 차기 대선 후보로 언급되는 인물들이 자주 언급되었다. 그리고 헌법재판소와 특별검사팀에 대한 관심과 보도가 증가한 결과로 '이정미' 재판관과 '박영수' 검사도 주요 인물로 언급되었다.

둘째, 태극기 집회 기사에서 나타난 기관의 개체명 변화를 정리하면 <표 6-10>과 같다. 전 시기에 걸쳐 '청와대'와 '헌법재판소'가 언급량에서 상위를 차지하고 있었다. 시기별 특징을 살펴보면, 1차 시기에는 '박사모'가 1위의 '청와대' 다음 2위로 많이 언급되었고, '새마을' 운동 단체 등 보수 단체가 탄핵 반대 활동을 적극적으로 진행한 결과로 20위권에 등장하였다. '구미시청'의 경우 2017년 1월 8일에 문재인 전 민주당 대표의 구미시청 방문 시 보수 단체가 난동을 부린 사건이 보도를 통해 알려

---

7 홍해인, 2017, "태영호, "북한, 공산 사회 아니라 세습 기초한 노예 사회,"『연합뉴스』 01.17, http://www.yonhapnews.co.kr/bulletin/2017/01/17/0200000000AKR20170117061400001.HTML(검색일: 2018.01.20).

8 우경희·이건희, 2017, "태극기 바람 타고 집결하는 보수, 반격 꿈꾸나,"『머니투데이』 02.06, http://news.mt.co.kr/mtview.php?no=2017020615587625594(검색일: 2018.01.22).

지면서 주요 기관으로 언급되었다.[9] 그리고 청문회와 특검 조사에서 국정 농단 게이트에 연관된 것으로 밝혀진 '국방부', '문화체육관광부', '삼성전자' 등도 주요 기관으로 나타났다.

<표 6-9> 태극기 집회 기사의 시기별 인물 개체명 변화

(단위: 건)

순위	1차 시기 2016.10.24~11.08		2차 시기 2016.11.09~12.05		3차 시기 2016.12.16~2017.02.13	
	키워드	빈도	키워드	빈도	키워드	빈도
1	박근혜	2,911	박근혜	3,112	박근혜	9,700
2	반기문	596	김문수	1,354	김진태	2,395
3	김진태	570	황교안	786	황교안	1,706
4	표창원	235	윤상현	776	안희정	1,302
5	황교안	227	김진태	668	홍준표	972
6	유승민	216	안희정	660	유승민	936
7	박정희	123	원유철	518	윤상현	916
8	문재인	104	정우택	481	김문수	863
9	태영호	98	유승민	432	이재명	841
10	박영수	89	이재용	401	안철수	789
11	최순실	88	김용민	374	이정미	784
12	이재용	88	이인제	374	원유철	653
13	김기춘	77	이재명	350	박영수	577
14	박원순	73	안철수	299	박지원	572
15	서청원	67	홍준표	297	남경필	522
16	트럼프	63	추미애	271	안상수	472
17	김무성	62	박지원	241	김무성	448
18	김문수	61	남경필	214	이인제	438
19	김일성	60	반기문	210	노무현	431
20	정광용	56	박영수	178	정우택	416

2차 시기에는 새누리당의 분당과 정당별 조기 대선 준비에 대한 보도가 증가하여 정당별 주요 의사 결정 기구인 '원내대책회의', '최고위원회의', '비상대책위원회'가 주요 기관으로 언급되었으며, 이와 관련된 주요 정당이 10위권 안에 위치하였다. 그리고 태극기 집회를 포함해 탄핵 반대 활동을 많이 펼친 '박사모', '자유총연맹' 등의 보수 단체도 20위권

9 박순기, 2017, 문재인 전 대표 차량 구미시청서 시위 시민에 한때 가로막혀(종합), 『연합뉴스』 01.08, http://www.yonhapnews.co.kr/bulletin/2017/01/08/0200000000AKR20170108039651053.HTML?input=1195m(검색일: 2018.01.22).

안에 있었다. 마지막으로 3차 시기에는 헌법재판소의 탄핵안 인용 혹은 기각에 대한 관심과 보도가 많아지면서 '헌법재판소'가 1위를 차지했으며, 주요 정당과 함께 조기 대선에 따른 정당별 주요 기구도 주요 기관으로 언급되었다. 13위의 '광복회'의 경우는 3.1절을 맞이하여 탄핵 반대 집회에서 태극기를 시위 도구로 사용하지 말라는 입장을 발표하면서 상위에 나타난 것이다.[10]

<표 6-10> 태극기 집회 기사의 시기별 기관 개체명 변화

(단위: 건)

순위	1차 시기 2016.10.24~11.08		2차 시기 2016.11.09~12.05		3차 시기 2016.12.16~2017.02.13	
	키워드	빈도	키워드	빈도	키워드	빈도
1	청와대	678	새누리당	1,774	헌법재판소	4,160
2	박사모	498	헌법재판소	1,072	청와대	3,852
3	국회	439	민주당	1,058	국회	1,841
4	헌법재판소	391	국회	980	민주당	1,324
5	유엔	329	청와대	801	정부	707
6	정부	304	국민의당	307	박사모	407
7	새누리당	191	자유당	225	정의당	364
8	구미시청	186	정의당	213	국민의당	335
9	민주당	151	삼성	201	친박근혜	242
10	국방부	100	원내대책회의	144	최고위원회의	221
11	특별검사팀	77	박사모	142	원내대책회의	173
12	문화체육관광부	53	최고위원회의	135	삼성	136
13	서울시청	52	비상대책위원회	132	광복회	110
14	삼성전자	51	특별검사팀	120	삼성전자	89
15	일본 영사관	47	자유총연맹	98	임시 국회	82
16	시민 단체	44	한나라당	71	국방부	73
17	새마을	43	서울중앙지법	63	국무 회의	70
18	통일부	39	윤리위원회	63	유엔	70
19	북한군	30	K스포츠재단	62	한나라당	68
20	한나라당	29	신한국당	51	새누리당	68

10 박병수, 2017, "광복회, 3.1절 앞 "태극기 시위도구 사용 안된다," 『한겨레』 02.07, http://www.hani.co.kr/arti/politics/defense/784338.html(검색일: 2018.01.22).

셋째, 태극기 집회 기사에서 나타난 사건의 개체명 변화를 정리하면 <표 6-11>과 같다. 전 시기에 걸쳐 '촛불 집회'가 모두 1위의 언급량을 보였는데, 이는 태극기 집회 관련 보도를 하면서 촛불 집회와 비교하여 설명하면서 나타난 것이다. 시기별 특징을 살펴보면, 1차 시기에는 박근혜 대통령이 10월 25일에 1차, 11월 4일에 2차로 대국민 사과를 통해 자기 뜻을 밝힌 것과 관련하여 각 정당에서 기자 간담회를 통해 견해를 밝히면서 '기자 간담회'가 2위로 많이 언급되었다. 그 외 '국민총궐기운동본부', '결의 대회', '국가 안보 지키기', '범시민 궐기 대회' 등 보수 단체에서 주관하는 집회가 주요 사건으로 언급되었다. 반대로 '민중 총궐기', '비상 국민 행동', '대학생 시국 대회' 등 촛불 집회 관련 집회들도 함께 언급되고 있었다. 이러한 경향은 탄핵을 반대하는 보수 집회를 보도하면서 탄핵을 찬성하는 활동을 비교하여 보도하면서 나타난 것이다. 반면 '유엔 창설일'과 '연평 해전', '독도 사랑', '해상 사격 훈련', 'THAAD' 등은 안보와 애국심을 강조한 보수 단체의 주장이 많이 보도되면서 주요 사건으로 나타났다.

2차 시기에는 조기 대선 가능성이 커지면서 '대선'이 3위로 많이 언급되었으며, '자유대한민국 지키기', '새로운 한국을 위한 국민운동' 등 탄핵을 반대하는 단체들의 활동이 주요 사건으로 언급되었다. 그리고 'THAAD', '서해북방한계선'(NLL), '연합 훈련' 등 안보 이슈도 20위권 안에서 언급되었다. 3차 시기에는 '탄핵 무효 국민 총궐기 운동', '태극기 국민운동' 등 탄핵을 반대하는 보수 단체 활동이 주요 사건으로 언급되었으며, 보수 단체들의 헌법재판소 재판관들에 대한 위협을 우려하는 목소리가 많이 보도되면서 '백색 테러'도 14위에 있었다. 그 외 '장기전'은 탄핵 무효를 주장하는 단체가 지속해서 반대 집회를 개최할 것이라는 보도가 확산하면서 18위에 위치했으며, '문서 파쇄'는 청와대가 문서 파쇄기를 구입하여 비리와 관련된 증거를 인멸하고 있다는 보도로 인하여 20위에 나타났다.[12]

<표 6-11> 태극기 집회 기사의 시기별 사건 개체명 변화

(단위: 건)

순위	1차 시기 2016.10.24~11.08		2차 시기 2016.11.09~12.05		3차 시기 2016.12.16~2017.02.13	
1	촛불 집회	195	촛불 집회	400	촛불 집회	421
2	기자 간담회	78	국민 운동	55	대선	100
3	국민총궐기 운동본부	40	대선	32	독립 만세 운동	89
4	국민 운동	14	민주당	28	국민 운동	77
5	촛불 시위	12	기자 간담회	19	탄핵 무효 국민총궐기운동	71
6	결의 대회	10	국민총궐기 운동본부	18	예비 경선	61
7	유엔 창설일	8	비상대책회의	13	연평 해전	40
8	민중 총궐기	7	결선 투표	12	합동 연설회	30
9	만세 운동	6	대연정	11	경선	29
10	새마을기	6	토론회	8	국민 대회	29
11	국가안보 지키기	5	국민 대회	8	태극기 국민운동	18
12	비상국민행동	4	국민 투표	6	판결	15
13	연평 해전	3	자유대한민국 지키기	6	전당 대회	15
14	평창 올림픽	3	새로운 한국을 위한 국민운동	4	백색 테러	13
15	대학생 시국 대회	3	THAAD	4	THAAD	13
16	범시민 궐기 대회	2	연합 훈련	2	보궐 선거	12
17	비상대책위원회	2	서해북방한계선	2	외환 위기	7
18	독도 사랑	2	민생 투어	2	장기전	5
19	해상 사격 훈련	2	탄핵 반대 단체	2	관훈 토론회	4
20	THAAD	2	고성방가	2	문서 파쇄	2

한편, 태극기 집회 뉴스 기사의 의미 연결망의 분석은 주요 개체명 중 인물을 기준으로 수행되었다. 촛불 집회 뉴스 기사와 마찬가지로 앞서 개체명에서 도출된 주요 키워드를 인물을 기준으로 기관 및 사건 간의 동시 출현 빈도를 계산한 후, 단어*단어 매트릭스를 도출하고, 그 결과를 NetDraw로 시각화하여 단어의 관계 구조를 분석하였다. 태극기 집회 기사의 의미 연결망을 시각화된 결과는 [그림 6-7]과 같다.

태극기 집회의 의미 연결망은 '국회' 및 '헌법재판소'를 대상으로 탄핵안의 기각을 요구하는 경향이 강하게 나타났다. 또한 'THAAD'가 의미 연결망의 중심에 위치하여 인물과 기관을 연결하고 있어 안보가 중요한

11 최혜정 외, 2017, "청와대, 작년 9월부터 문서 파쇄기 26대 구입…증거 인멸했나," 『한겨레』 03.15, http://www.hani.co.kr/arti/politics/bluehouse/786713.html(검색일: 2018.01.21).

이슈로 언급되었다. 특히 촛불 집회와 비교하여 태극기 집회의 의미 연결망에서는 '촛불 집회', '촛불 시위', '대선' 등의 다양한 사건이 중심에 나타나고 있었다. 이것은 탄핵 반대 측에서 촛불 집회를 불법 시위로 규정하고, 이에 대응하기 위해 국민운동을 벌여야 한다는 기사가 많았기 때문이다. 또한 시민보다는 '국민'이 강조되었다.

반면 '자유총연맹', '자유당', '탄핵 무효 국민 총궐기 운동 본부' 등 탄핵을 반대하는 주요 단체와 이들 단체가 주장한 '연평 해전'이나 '한미 연합 훈련' 등의 안보 이슈도 일정하게 높은 빈도를 보였지만, 의미 연결망에서는 외부에 나타나 안보가 탄핵 기간에 중요한 논지로 활용되지 못했음을 확인할 수 있다.

[그림 6-7] 태극기 집회 기사의 인물, 기관, 사건 의미 연결망

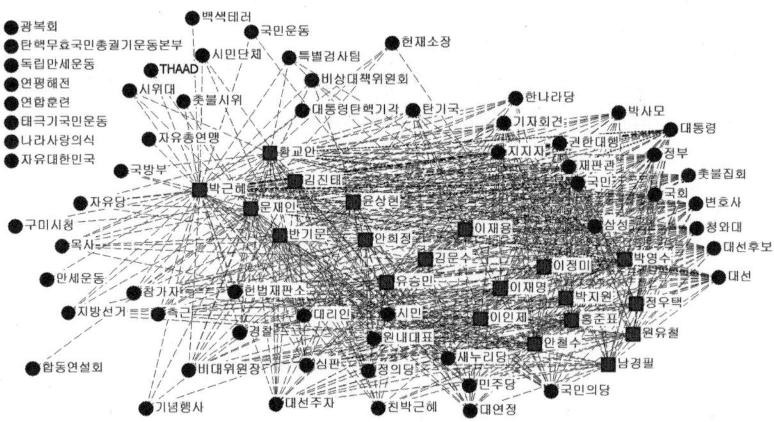

태극기 집회 기사의 전체 의미 연결망에서 탄핵을 찬성한 인물과 반대한 인물을 중심으로 의미 연결망을 분리한 결과는 [그림 6-8]과 [그림 6-9]와 같다. 첫째, 탄핵 찬성 진영 인물의 의미 연결망에서는 야당의 다양한 인물 중에서 '문재인' 전 대표가 중심에 있었으며, 문 전 대표는 '탄기국'이나 '박사모'와 같이 차기 대선 주자의 활동을 비판하는 기관들과

도 연결되어 있었다. 그 외 '안희정' 충남도지사, '이재명' 성남시장 역시 차기 대선 후보라는 이유로 의미 연결망 중심에 있다. 이러한 인물들은 주로 촛불 정국에서 정부와 청와대의 입장 발표에 반발했던 사건들과 연결되어 있었다.

[그림 6-8] 태극기 집회 기사 의미 연결망 : 탄핵 찬성 진영 인물 중심

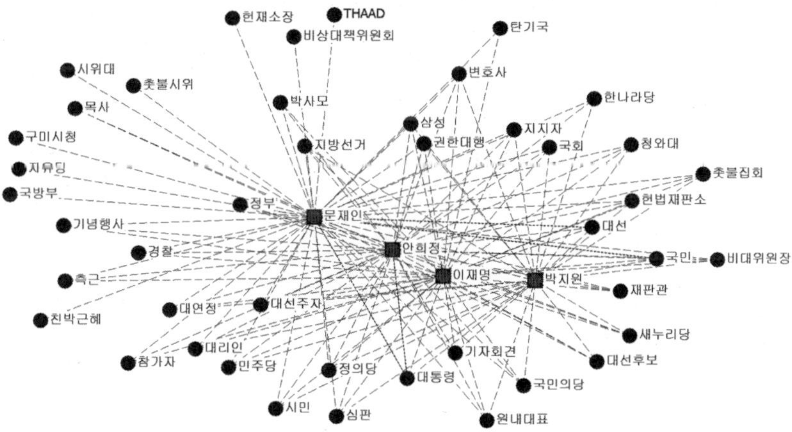

[그림 6-9] 태극기 집회 기사 의미 연결망 : 탄핵 반대 진영 인물 중심

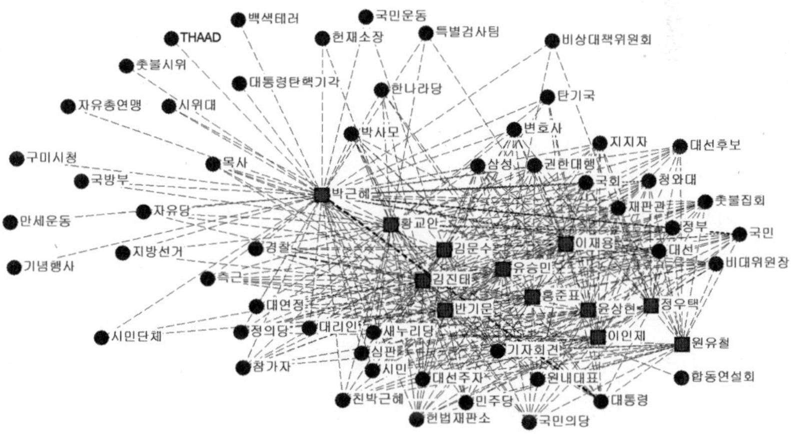

둘째, 탄핵 반대 진영 인물의 의미 연결망은 [그림 6-9]의 탄핵 찬성 의미 연결망과 달리 행위자들이 좀 더 촘촘하게 연결되어 있었고, '박근혜' 전 대통령과 '황교안' 국무총리 의미 연결망 중심에 위치했다. 박근혜 대통령은 탄핵 기각을 주장하는 단체 및 활동과 다수 연결되어 있으며, 황교안 국무총리는 대통령 권한 대행 역할로 인해 '청와대', '국회', '정부'와 함께 '박사모', '친 박근혜' 등 탄핵 기각을 주장하는 단체와도 강하게 연결되어 있었다. 이는 대통령 권한 대행으로서 국무총리의 활동을 전달하는 보도와 보수 단체를 중심으로 보수 정당의 차기 대선 주자로 황교안 대통령 권한 대행이 주목받았던 보도가 많았기 때문에 나타난 현상이다. 그 외 '김진태', '김문수'가 의미 연결망 박근혜 대통령과 가깝게 위치하여 적극적인 탄핵 반대 입장을 표출한 것으로 확인되었다. '헌재소장', '헌법재판소', '변호사' 등이 의미 연결망 외부에 나타난 것은 탄핵을 반대하는 인물들이 헌법재판소의 탄핵 기각을 주장하는 메시지를 지속해서 주장했다는 것을 보여 준다.

요약과 함의

제6장에서는 1차 촛불 집회가 열리기 직전인 2016년 10월 24일부터 헌법재판소의 대통령 파면 결정이 확정된 이후인 2017년 3월 19일까지 포털 사이트 정치 섹션에 등록된 기사를 수집하여, 촛불 집회와 태극기 집회 기사에서 나타난 다양한 메시지를 분석하였다. 구체적으로 포털 사이트 정치 섹션의 뉴스 기사와 촛불 집회 및 태극기 집회 기사를 분석 대상으로 설정하여, 뉴스 기사를 통해 표출된 두 집회의 성격을 규명하였다. 그리고 개체명 인식기를 통해 주요 인물, 기관, 사건의 개체명 빈도를 도출하고, 시기별로 나타난 개체명의 변화 양상을 살펴보았다. 그리고 의미

연결망 분석을 통해 주요 개체명의 구조적 관계를 네트워크로 시각화하여 그 의미를 도출하였다. 이러한 시도는 탄핵 정국에서 표출된 정치 갈등을 심층적으로 규명했다는 의미를 가진다.

분석 결과에 의하면, 정치 섹션의 촛불 집회와 태극기 집회 관련 기사는 연합뉴스, 뉴시스, 뉴스1 등의 통신사가 가장 많이 제공하였다. 그리고 촛불 집회에 대한 기사는 진보 및 보수 신문 구분 없이 많은 기사를 등록했지만 태극기 집회는 보수 신문이 진보 신문보다 더 많은 기사를 제공하는 특징을 보였다. 그리고 뉴스 기사에서 촛불 집회와 태극기 집회는 '시위'보다는 '집회'라는 이름으로 많이 사용되고 있었으며, 촛불 집회는 '촛불 문화제', '촛불 행진'의 다양한 단어로 언급되었다. 그러나 태극기 집회 기사에서는 문화제나 행진 등의 명칭을 찾아볼 수 없었다. 이 점은 2008년 촛불 집회가 폭력적 성격을 강조하기 위하여 언론사들이 시위라는 이름으로 성격을 규정한 것과 비교해 2016/17년 촛불 집회의 경우는 초기부터 비폭력 집회나 집회 종료 후 시민들의 집회 장소 청소 등이 이슈가 되면서 언론사들이 평화로운 집회로 성격을 부각시켰다는 것을 말해 주고 있다.

두 집회의 주요 인물, 사건, 기관의 개체명 분석과 의미 연결망 분석 결과를 종합하면 다음과 같다. 첫째, 촛불 집회 기사에서는 박근혜 대통령 탄핵에 대한 언급보다 탄핵 이후에 치러질 대선에 대한 관심이 높았다. 시기별로는 헌법재판소의 판결이 다가올수록 조기 대선이 예상되는 시점부터 주요 야당 인물 중에서도 차기 대선 후보에 대한 메시지가 많았다. 또한 '시민 혁명'이나 '평화 혁명' 등의 표현에서 알 수 있듯이, 과거 정부에서 개최되었던 촛불 집회와는 다른 2016/17년 촛불 집회의 비폭력성과 혁명성이 강조되었다.

둘째, 태극기 집회 기사에서는 촛불 집회에 대응하는 탄핵 반대 주장이 보도되는 가운데 주로 탄핵으로 인한 안보 위협 메시지의 빈도가 높게 나타났다. 시기별로는 헌법재판소 판결이 다가올수록 박근혜 대통령의 탄핵 기각을 주도하는 인물을 중심으로 기각의 메시지가 많았다. 그리고 촛불 집회 기사와 달리 폭력 집회나 고성방가 등 불법성을 강조하는 등 비판적인 메시지가 많았다. 그 외 촛불 집회에서는 시민이 주체지만 태극기 집회에서는 국민이 주체로 호명되었다.

그 외 박근혜 정권의 실정 및 탄핵의 책임 소재와 관련해 촛불 집회 기사에서는 정당, 청와대, 재벌 등의 다양한 대상이 거론됐지만, 태극기 집회 기사는 정당을 핵심 원인으로 지목했다. 정국 해결의 주체 및 방법과 관련해서는 촛불 집회 기사의 경우 시민과 정당에 의한 평화적 방식을 선호했고, 탄핵 이후의 정권 교체를 목표로 하는 메시지가 주를 이루었다. 반면, 태극기 집회의 기사는 박근혜 대통령을 지지하는 단체들을 애국 시민으로 강조하면서 탄핵 이후의 정국 해결보다는 탄핵 기각에 집중하고 있었다.

이를 통해 볼 때, 대선 이후 새로운 정권에서도 촛불 집회와 태극기 집회로 나뉜 두 집단의 갈등은 그 강도를 논외로 한다면, 탄핵 이슈에 머물러 박근혜 대통령 재판에 영향을 미치려는 방향으로 전개될 가능성이 높다. 따라서 문재인 정권에서의 사회 통합 노력은 두 집회로 표출된 이념적 갈등을 해소하는 것에 상당한 초점을 두어야 할 것으로 보인다.

제7장 온라인 뉴스 댓글에 대한 빅데이터 분석

앞선 제6장에서는 촛불 집회와 태극기 집회의 기사를 통해 탄핵 정국에서 드러난 메시지와 그 변화를 검토하였다. 제7장에서는 두 집회의 기사에 달린 댓글을 분석 대상으로 설정하여 촛불 정국에서 대중들이 표출한 메시지를 분석한다.[1]

촛불 집회와 태극기 집회 기사의 댓글을 분석하기 위해서 '촛불'과 '태극기'가 들어간 정치 부문 기사 데이터 중 포털 사이트 네이버에 게시된 기사의 댓글을 수집하였다. 네이버는 온라인 뉴스 이용자 중 80% 이상이 사용하는 국내 최대의 포털 사이트이다.[2] 따라서 네이버에 등록된

---

1 이 장은 『예술인문사회융합멀티미디어논문지』에서 발표한 글을 확장하여 새롭게 작성함. 김찬우·정병기, 2018, "촛불 집회와 태극기 집회를 둘러싼 정국 인식: 온라인 뉴스 댓글에 대한 빅데이터 분석," 『예술인문사회융합멀티미디어논문지』 제8권 호(인문사회과학기술융합학회), 875~885쪽.

2 한국언론진흥재단의 2016년 언론 수용자 의식 조사에 따르면, 포털을 통해 인터넷 뉴스를 이용하는 비율은 네이버 93.7%, 다음 37.5%, 구글 8.5%, 네이트 5.5%의 순이었다. 한국언론진흥재단 미디어연구센터 조사분석팀, 2016, "2016 언론 수용자 의식 조사: 제21회 미디어 환경 변화에 따른 이용자 행태 조사," 『한국언론진흥재단 조사분석서 2016-02호』(서

온라인 뉴스의 댓글을 분석하는 것은 탄핵 정국에서 나타난 다수 시민의 여론을 파악하는 데 유용하다.

일반적으로 온라인 뉴스 이용자들은 뉴스 기사뿐만 아니라 댓글도 함께 읽으면서 추가적인 정보를 생산하고 전달하는 역할을 담당한다.[3] 그리고 온라인 뉴스 이용자들의 댓글은 해당 뉴스에 대한 커뮤니케이션 순환(circulation)을 통해 미디어와 수용자 사이에 공유된 의미를 창출하여 개인의 의견 및 사회적 여론 형성의 동력으로 기능할 수 있다.[4] 즉 매스미디어의 일방적인 의제 설정과 여론 형성이 아니라 시민들의 적극적인 참여에 의한 공론의 형성과 새로운 의제 설정이 가능하다는 것이다.[5] 그리고 온라인 뉴스가 언론사의 일방적인 의견이나 입장을 이용자에게 제공한다면, 댓글은 다양한 이용자 간의 의견이 교환되는 특징을 가지고 있다. 그렇기 때문에 댓글에서 생성되는 의견은 이용자들 간의 일정한 갈등을 내포하게 된다.

따라서 촛불 집회와 태극기 집회의 기사에 달린 댓글을 분석하는 것은 언론사 중심이 아니라 뉴스 이용자들의 여론을 중심으로 탄핵 정국의 인식을 포착하는 동시에 대중의 의견 교환 과정에서 나타난 정치적 갈등을 해명하는 장점을 가진다. 이런 배경에서 제7장에서는 각 집회의 기사에 달린 댓글을 수집 및 분석하여 온라인 이용자들이 탄핵 정국에서 표출한 다양한 메시지를 분석한다. 구체적인 분석 내용 및 방법은 제6장에서 다루었던 두 집회의 뉴스 기사 분석과 같다. 다만 댓글의 경우는 작성

울: 한국언론진흥재단), 144쪽.

3 이재신·성민정, 2007, "온라인 댓글이 기사 평가에 미치는 영향," 『한국광고홍보학보』 제9권 4호(한국광고홍보학회), 7-45쪽.

4 정일권·김영석, 2006, "온라인 미디어에서의 댓글이 여론에 미치는 영향에 관한 연구," 『한국언론학보』 제50권 4호(한국언론학회), 302-327쪽.

5 김성태·이영환. 2006, "인터넷을 통한 새로운 의제 설정 모델의 적용," 『한국언론학보』 제50권 3호(한국언론학회), 175-204쪽.

된 댓글에 공감(찬성) 혹은 비공감(반대)의 형태로 참가자들이 자신의 감정을 표현한다는 점을 고려하여, 추가로 공감 혹은 비공감이 높았던 댓글에서 나타난 메시지도 분석하였다. 구체적인 분석 내용과 방법은 다음의 세 가지로 정리할 수 있다.

첫째, 포털 사이트 중 네이버에 등록된 촛불 집회와 태극기 집회 기사의 댓글량을 분석하여 두 집회의 특징을 분석하였다. 여기서 분석은 다양한 언론사 기사 중 댓글이 많이 달린 언론사를 파악하고, 댓글의 참가자들이 촛불 집회와 태극기 집회의 성격을 어떻게 인식했는지를 파악하기 위해서 댓글에서 '집회', '시위', '문화제' 등의 언급 빈도를 파악하는 데 초점을 두었다.

둘째, 촛불 집회와 태극기 집회 기사의 댓글을 대상으로 개체명 인식기를 사용하여 주요 인물, 사건, 기관, 사회적 용어[6]의 개체별 빈도를 도출하고, 그 특징을 밝혔다. 두 집회의 뉴스 기사에 대한 개체명 분석의 경우처럼 댓글에서 나타난 개별 개체명은 상위 20개를 기준으로 제시하였고, 분석을 위한 두 집회의 시기 구분은 제6장과 마찬가지로 댓글량과 탄핵 정국의 정치적 맥락을 고려하여 촛불 집회는 1차에서 4차 시기로, 태극기 집회는 1차에서 3차 시기로 설정하였다.[7]

6 여기서 사회적 용어는 제5장의 개체명 분류 중 문화에 해당하는 것이다. 일반적으로 한 사회의 주요 행동 양식이나 상징 체계를 뜻하는 문화는 촛불 집회와 태극기 집회 관련 텍스트에서 나타난 행위자의 성격과 행위 대상에 대한 인식과 평가를 측정하는 데 유용하다. 그러나 문화라는 개체명을 그대로 사용할 경우 그 범주를 너무 넓게 인식할 수 있기 때문에 의미를 명확하게 전달하기 어려운 점이 있다. 따라서 이 글에서는 문화를 사회적 용어로 대체하여 사용하였다. 제6장의 뉴스 분석에서는 인물, 사건, 기관에 대한 언론사의 언급이 정제된 표현으로 전달되기 때문에 언론사의 평가에 기초한 사회적 용어의 분석이 중요하지 않았다. 그러나 댓글의 경우 온라인 사용자들이 같은 인물, 사건, 기관에 대해서도 다양한 언어로 표현하기 때문에 사회적 용어의 개체명 분석을 추가하여 그 의미를 도출하였다.

7 촛불 집회와 태극기 집회의 기사 및 댓글을 분석하기 위해서 설정한 시기 구분은 제6장의 서문을 참조한다.

셋째, 촛불 집회와 태극기 집회 기사의 댓글에서 나타난 인물, 사건, 기관, 사회적 용어의 개체명 빈도를 기준으로 의미 연결망 분석을 시도하였다. 이는 댓글의 원문에서 주요 개체명의 동시 출현 빈도를 계산한 후, 단어*단어의 매트릭스로 구성된 결과를 UCINET 6에 내장된 NetDraw를 사용하여 시각화하여 수행되었다. 여기서 단어*단어 구성은 제6장의 뉴스 기사 분석과 같이 인물을 중심으로 인물*사건, 기관, 사회적 용어형태인 2-mode로 구성하였다. 또한 전체 매트릭스에서 탄핵을 주도한 인물과 탄핵을 반대한 인물 및 소속 정당을 기준으로 의미 연결망을 분리하여 비교하였다. 그리고 댓글의 경우 온라인 사용자들이 공감과 비공감이라는 행위를 통해 댓글을 평가하는 특징이 있기 때문에 공감이 높은 댓글과 비공감이 높은 댓글을 추출하여 그 내용과 의미를 분석하였다.

온라인 뉴스 댓글 데이터 특성

[그림 7-1]은 2016년 10월 26일부터 2017년 3월 16일까지 촛불 집회와 태극기 집회 기사에 대한 일별 댓글량을 그래프로 나타낸 것이다. 촛불 집회 댓글은 총 1,131,112건, 태극기 집회의 경우는 244,119건이었다. 촛불 집회 기사의 댓글은 2016년 12월 9일에 27,544건으로 가장 높았으며, 다음으로 12월 3일 24,879건, 11월 14일 21,989건의 순으로 나타났다. 태극기 집회 기사의 댓글은 2017년 3월 10일 17,970건으로 가장 높았으며, 3월 1일 11,356건, 3월 12일 8,945건 순으로 확인되었다.

시기별 댓글량을 분석해 보면, 촛불 집회의 댓글은 국회의 대통령 탄핵 소추안 통과 시점과 참가 인원이 100만을 넘긴 시점에 많았던 반면, 태극기 집회의 경우는 헌법재판소 대통령 파면 시점에 가장 많았다는 특징이 있었다. 따라서 촛불 집회 댓글량은 2016년 12월까지 급격히 증가한 후 감소하다가 탄핵 가결 이후 다시 증가했다. 반면, 태극기 집회 댓글량은 2017년 2월부터 증가하기 시작한 후 헌법재판소의 대통령 탄핵안 인용 시점에 가장 많았다. 이것은 탄핵 정국에서 탄핵을 찬성하는 사람들과 반대하는 사람들의 인식 변화를 보여 준다. 촛불 집회 초반기에는 탄핵 지지자들이 국정 농단 게이트에 대한 분노로 인해 촛불 집회 기사에 댓글을 많이 달아 자신의 태도를 밝혔으나, 이들은 국회의 탄핵 소추안 가결 이후에는 관망하는 입장으로 선회하였다고 할 수 있다. 그러나 태극기 집회가 2017년 2월부터 자주 진행되면서 탄핵 찬성자와 반대자들이 두 집회의 기사에 댓글을 달아 자신들의 견해를 밝히기 시작하였고, 그 결과로 댓글량이 다시 많아지게 되었다.

[그림 7-1] 촛불 집회와 태극기 집회 기사의 댓글량

(단위: 건)

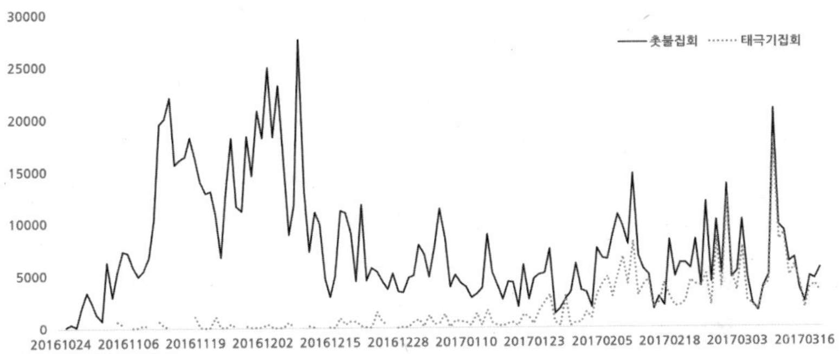

<표 7-1>은 포털 사이트 네이버의 촛불 집회와 태극기 집회의 기사에서 댓글이 많이 달린 언론사를 분석한 결과이다. 촛불 집회 댓글은 국내 통신사인 연합뉴스(232,490건), 뉴스1(120,685건), 뉴시스(114,133건) 등에서 가장 많이 등록되어 있었다.[8] 그리고 머니투데이(79,771건), SBS 뉴

8 한국언론재단 미디어연구센터의 포털에서 많이 보는 뉴스와 댓글 많은 뉴스에 대한 분석 결과를 보면, 각 포털에 따라 연합뉴스가 1위를 차지했으며, 다음으로 뉴스1, 뉴시스 등의 순으로 나타났다. 이들 3개 통신사의 뉴스 이용자 중 네이버를 PC로 이용하는 사람들은

스(56,821건), 동아일보(40,094건), 이데일리(33,571건) 등의 인터넷 신문사의 기사에 댓글이 많이 달린 것으로 나타났다. 그 외 주요 진보 및 보수 신문의 경우 촛불 집회는 6위의 동아일보(40,094건) 기사에서 댓글이 가장 많았고, 그 다음이 10위의 경향신문(30,157건), 12위의 한겨레(26,384건), 13위의 중앙일보(26,336건) 등으로 나타났다.

태극기 집회 댓글 역시 국내 통신사인 연합뉴스(51,313건), 뉴시스(25,004건), 머니투데이(24,888건), 뉴스1(20,807건) 등에 가장 많이 등록되어 있었고, 그 다음으로 동아일보, 이데일리, 중앙일보 등의 순로 나타났다. 그 외 오마이뉴스, 경향신문, 한겨레 등 진보 일간지와 조선일보도 상위 순위에 있었다.

<표 7-1> 언론사별 촛불 집회와 태극기 집회 기사 댓글량

(단위: 건)

순위	촛불 집회		태극기 집회	
	언론사	댓글수	언론사	댓글수
1	연합뉴스	232,490	연합뉴스	51,313
2	뉴스1	120,685	뉴시스	25,004
3	뉴시스	114,133	머니투데이	24,888
4	머니투데이	79,771	뉴스1	20,807
5	SBS 뉴스	56,821	동아일보	11,471
6	동아일보	40,094	이데일리	11,095
7	이데일리	33,571	중앙일보	9,424
8	노컷뉴스	33,441	세계일보	7,885
9	한국일보	30,201	한국일보	6,403
10	경향신문	30,157	SBS 뉴스	6,287
11	JTBC	28,094	오마이뉴스	5,319
12	한겨레	26,384	노컷뉴스	5,214
13	중앙일보	26,336	경향신문	4,904
14	국민일보	21,815	한겨레	4,474
15	세계일보	21,298	JTBC	4,468
16	YTN	20,832	아시아경제	4,346
17	아시아경제	20,144	헤럴드경제	3,479
18	헤럴드경제	19,550	YTN	3,381
19	서울신문	14,972	조선일보	3,313
20	오마이뉴스	14,545	서울신문	3,089

62.2%, 모바일로 이용하는 사람들은 27.5%였다. 오세욱·양정애, 2016, 『포털에서 많이 보는 뉴스와 댓글 많은 뉴스』, Media issue 제2권 11호(한국언론진흥재단), 3쪽.

두 집회의 댓글이 많은 언론사를 비교해 보면, 상위 순위는 큰 차이가 없었고 다양한 언론사의 기사에서 많은 댓글이 확인되었다. 즉 촛불 집회와 태극기 집회 기사의 댓글 참가자 모두 통신사가 제공한 기사에 가장 많은 댓글을 달았으나, 인터넷 신문과 보수 및 진보 언론사의 기사에도 댓글을 달아 의견을 표명한 것이다. 다만 특징적인 것은 촛불 집회 기사의 댓글량에서는 조선일보가 20위권에 나타나지 않았으나, 태극기 집회 기사에서는 19위를 차지했다는 점이다.

한편, <표 7-2>는 댓글의 기사량을 통해 댓글 참가자들이 촛불 집회와 태극기 집회의 성격을 어떻게 규정하고 있는가를 보여주고 있다. 이는 두 집회 기사의 댓글 데이터에서 '집회', '시위', '문화제', '혁명'이 포함된 경우를 분류하여 분석을 수행한 결과이다.

촛불 집회 댓글의 전체 데이터에서는 '촛불 집회'로 언급된 경우가 12,592건으로 가장 많았으며, '촛불 시위'는 4,701건, '촛불 행진'은 58건, '촛불 문화제'는 10건으로 확인되었다. 같은 데이터에서 '태극기 집회'로 언급된 경우는 4,577건, '태극기 시위'는 102건, '태극기 행진'은 9건, '태극기 문화제'는 0건이었다. 태극기 집회 댓글의 전체 데이터에서는 '태극기 집회'로 언급된 경우가 4,292건으로 가장 높고, 다음으로 '태극기 시위' 92건, '태극기 행진' 4건, '태극기 문화제' 0건으로 나타났다. 같은 데이터에서 촛불 집회로 언급된 경우는 2,746건, 촛불 시위는 544건, 촛불 행진은 3건, 촛불 문화제는 0건이었다.

따라서 촛불 집회와 태극기 집회의 댓글 참가자들은 두 집회를 모두 '집회'로 인식하고 받아들이고 있었다. 이 점은 태극기 집회가 촛불 집회에 대한 대응으로 발생했다는 점과 무관하지 않을 것이다. 그 외 촛불 '혁명'의 언급은 2017년 2월 댓글부터 나타나기 시작하였다. 이러한 경향은 촛불 집회를 지지했던 시민들이 촛불 집회를 통해 대통령의 탄핵을 끌어냈다는 성과를 혁명으로 규정하고 있다는 점을 보여 준다.

<표 7-2> 댓글의 촛불 집회와 태극기 집회 성격 규정

(단위: 건)

	촛불 집회 기사 댓글	태극기 집회 기사 댓글
촛불 집회	12,592	2,746
촛불 시위	4,701	544
촛불 문화제	10	0
촛불 행진	58	3
촛불 혁명	677	130
태극기 집회	4,577	4,292
태극기 시위	102	92
태극기 문화제	0	0
태극기 행진*	9	4
태극기 혁명	9	9

* 태극기 행진이 들어간 경우는 일명 '댓글 부대'가 동일한 댓글을 여러 기사에 반복해서 올린 것으로 확인되었다. 촛불 집회 기사의 댓글에서 "mast**** 옵션 열기 2017년 02월 11일 태극기 행진 영상 https://www.youtube.com/watch?v=rhpf5qbEw-w"라는 댓글이 여섯 차례 업로드 되었으며, 이 댓글은 태극기 집회 기사의 댓글에서도 동일하게 확인되었다. 이러한 현상은 댓글에 '옵션 열기'라는 텍스트를 통해 확인되었다. 이와 관련한 기사는 김지원, 2017, "[지금 SNS에선] '옵션 열기' 소동,"『경향신문』 12.10, http://news.khan.co.kr/kh_news/khan_art_view.html?artid=201712102118005&code=990100(검색일: 2018.01.10.)을 참조함.

2016/17 촛불 집회 댓글에 나타난 메시지

개체명 인식기를 활용하여 촛불 집회 기사의 댓글 데이터를 분석한 결과는 <표 7-3>과 같다.[9] 주요 인물, 기관, 사회적 용어, 사건의 언급 빈도는 20위권에 든 경우로 한정하여 제시하였다. 첫째, 주요 인물에서는 '박근혜' 전 대통령이 105,307건으로 가장 많이 언급되었으며, 다음으로 당시 야당의 대선 후보로 거론되었던 '문재인', '이재명', '안철수', '안희정'의 언급 빈도가 높았다. 그 외 '노무현', '박정희', '이명박', '김대중'의 전임

9 개체명 인식기는 기존 개체 사전을 기반으로 하여 문서에서 개체별 빈도를 도출하기 때문에 신조어나 약어 등은 분석되지 않는 문제점이 있다. 예를 들어 '박근혜'를 '닭그네'로 표현할 경우 개체명 인식기는 '닭그네'를 인물로 파악하지 못하는 것이다. 그러나 댓글에서 비유의 묘미를 분석하지 못하는 문제점이 있더라도 다양한 용어를 통해 표현된 댓글의 분석은 다수 시민의 메시지를 파악하는 데 유용하다. 그리고 뉴스 데이터 분석에 사용한 개

대통령에 대한 언급도 20위권에서 확인되었다.

둘째, 주요 기관의 경우에는 탄핵 주도 정당인 더불어 '민주당'에 대한 언급이 가장 많았으며, 그 외 '박사모', '친일파', '전교조(전국교직원노동조합)', '공산당', '민(주)노총(전국민주노동조합총연맹)' 등의 다양한 집단과 기관이 언급되었다. 이러한 경향은 댓글 참가자들이 탄핵 반대 혹은 찬성의 관점을 특정한 집단에 비유하여 제시했기 때문에 나타난 결과이다.

셋째, 사회적 용어에서는 '부역자'의 언급 빈도가 가장 높았으며, '지지자', '지도자' 등이 상위에 있었다. 그 외 '재벌', '공무원', '장관' 등 국가 권력과 밀접한 집단의 언급이 많았으며, '부모', '범죄자', '부정부패', '매국노', '기회주의자' 등의 언급도 많았다.

넷째, 주요 사건의 경우는 '대선'의 언급 빈도가 가장 높았으며, 다음으로 '대연정', '올림픽', '월드컵' 등이 상위에 있었다. 특히 '연평 해전', 'NLL' 등의 안보 관련 이슈의 언급 빈도도 상위에 있었으며, '경술국치', '사사오입' 등 역사적 사실도 댓글에서 20위권 안에서 언급되고 있었다. '의전'은 황교안 국무총리의 활동이 권한 대행을 넘어 대통령의 의전을 요구한다는 뉴스 기사가 보도된 후 댓글에서 주요한 사건으로 언급되었다.[10]

전체적으로 촛불 집회 기사의 댓글에서는 탄핵 찬성자와 반대자들 간에 논쟁이 많았던 것으로 나타났다. 탄핵 지지자들은 '친일파', '부역자', '지도자', '부정부패', '국민운동', '시민운동' 등의 키워드를 활용하여 박근혜 대통령과 국정 농단 게이트를 비판하는 동시에 촛불 집회의 정당성을 주장하고 있었다. 반면, 탄핵 반대자들의 경우는 '통진당(통합진보당)', '전교조', '공산당', '기회주의자', '연평 해전', 'NLL' 등 보수 진영이 주로 활용하는 안보 이슈 부각이라는 프레임을 사용하여 자신들이 입장

체명 인식기를 댓글에도 그대로 적용하여 분석 도구의 일관성을 유지하는 것 역시 필요하다. 따라서 개체명 인식기를 활용하여 댓글 데이터도 분석한다.

10 김태규·정인환, 2016, "'민폐 의전' 황교안, 이번엔 대통령급 요구," 『한겨레』 12.15, http://www.hani.co.kr/arti/politics/politics_general/774819.html(검색일: 2018.01.20).

을 주장한 것으로 확인되었다.

<표 7-3> 촛불 집회 기사 댓글의 인물, 기관, 사회적 용어, 사건 개체명

(단위: 건)

순위	인물		기관(집단)		사회적 용어		사건	
	키워드	빈도	키워드	빈도	키워드	빈도	키워드	빈도
1	박근혜	105,307	민주당	30,092	부역자	8,199	대선	756
2	문재인	100,173	청와대	23,044	지지자	7,592	대연정	659
3	이재명	47,902	국회	7,482	지도자	6,603	올림픽	340
4	안철수	34,654	박사모	7,217	헌법	5,204	월드컵	317
5	안희정	25,262	삼성	5,675	재벌	5,108	연평 해전	314
6	노무현	20,240	JTBC	4,509	가족	5,083	미르재단	98
7	반기문	16,824	친일파	3,777	대권	4,743	NLL	45
8	박지원	15,181	국정원	3,321	학생	4,291	리베이트	44
9	추미애	11,920	정의당	2,852	공무원	4,229	경선	41
10	황교안	11,416	자유당	2,758	총장	4,190	총선거	35
11	박원순	8,931	유엔	2,666	부모	4,181	판결	30
12	박정희	8,179	통진당	2,518	장관	4,175	집회	30
13	이명박	7,976	국민당	2,300	재판관	4,074	의전	29
14	김진태	7,908	네이버	2,278	주인	3,206	장기전	29
15	이정현	7,344	전교조	1,914	범죄자	3,199	국민운동	24
16	김정은	6,973	공산당	1,880	부정부패	3,120	시민운동	21
17	김대중	6,417	민노총	1,661	내각	3,096	패권	20
18	김무성	6,147	조선일보	1,449	계엄령	3,069	고해성사	19
19	유승민	5,072	한나라당	1,358	매국노	2,997	경술국치	10
20	손학규	4,671	대구	1,221	기회주의자	2,832	사사오입	8

<표 7-3>, <표 7-4>, <표 7-5>, <표7-6>은 촛불 집회 뉴스 기사 댓글에서 나타난 개체명 변화를 시기별로 분석한 결과이다. 시기는 댓글량과 탄핵 정국의 정치적 맥락을 고려하여 네 시기로 구분하였고,[11] 분석을 위해 앞서 도출된 주요 인물, 기관, 사회적 용어, 사건의 개체명 빈도를 시기별로 재구성하였다.

첫째, 촛불 집회 기사의 댓글에서 나타난 인물의 개체명 변화를 분석한 결과는 <표 7-4>와 같다. 1차 시기와 2차 시기에서는 '박근혜' 전 대통

11 촛불 집회의 시기 구분에 대해서는 제6장의 서문을 참조한다.

령이 가장 많이 언급되었으나, 3차 시기부터는 '문재인' 전 민주당 대표의 언급 빈도가 가장 높았다. 문재인 전 민주당 대표의 언급은 탄핵 이후 차기 대선 후보로 문 전 대표가 부상하면서, 이에 대해 지지 혹은 반대의 댓글이 많았던 당시의 상황을 반영하고 있다. 시기별 특징을 살펴보면, 1차 시기에는 '문재인', '이재명', '박원순', '안철수' 등 탄핵을 지지하는 인물 중에서도 차기 대선 후보들이 많이 언급되어 10위권 안에 등장하였다. 그러나 '이정현', '김무성' 외에 다른 새누리당 인물은 20위권에 포함되지 않았다. 그리고 국정 농단 게이트 관련자로 최태민이 14위에 나타났는데, 그것은 그가 박근혜 대통령과 최순실의 관계를 연결하는 중요 인물이었기 때문이다.

2차 시기에는 1위 박근혜 대통령을 제외하고 탄핵을 지지하는 민주당 정치인들이 많이 언급되어 2위에서 6위를 차지하였다. 또한 '황교안', '김진태', '김기춘' 등 보수 정치인들도 자주 언급되어 20위권 안에 있었다. 3차 시기에는 1차 및 2차 시기에 언급된 인물이 비슷하게 20위권 안에 나타났으나, '손학규', '이석기', '이재용' 등이 새롭게 20위권 안에 등장하였다. 이석기의 경우는 탄핵 반대자들이 촛불 집회 참가자 혹은 지지자들을 이전의 통합진보당 사태와 관련된 사람들이라고 비판하면서 자주 언급되었고, 이재용은 청문회와 특검을 거치는 동안 범죄 사실이 밝혀지면서 언급되었다. 4차 시기에는 더불어민주당 경선 후보가 많이 언급되어 1위부터 4위에서 등장했다. 그 외 자유한국당의 '홍준표'와 정의당의 '심상정' 같이 각 정당의 대선 후보로 예상되는 인물에 대한 언급 빈도도 높았다. 그리고 탄핵 반대를 주장하는 인물 중 '김진태' 의원 외에 '김문수' 전 경기도지사가 많이 언급되어 13위를 차지하였다.

전체적으로 촛불 집회 기사의 댓글에는 '박근혜' 대통령과 탄핵 반대를 주장한 인물 중에서도 더불어민주당 정치인들이 가장 많이 언급되었다. 이는 댓글 참가자들이 탄핵 정국을 해결할 주체로 더불어민주당 소속 인물을 지목하고 있으며, 박근혜 대통령의 실정과 무능을 지적하면서 탄핵 정국을 비판했다는 점을 보여준다. 그 외 국정 농단 게이트 관련자의 경우는 '최태민'과 '이재용'을 제외하고는 댓글상에서 크게 언급되지 않았다.

<표 7-4> 촛불 집회 기사 댓글의 시기별 인물 개체명 변화

(단위: 건)

순위	1차 시기 2016.10.24.~11.08.		2차 시기 2016.11.09.~12.05.		3차 시기 2016.12.16.~2017.02.13.		4차 시기 2017.02.14.~03.19.	
	키워드	빈도	키워드	빈도	키워드	빈도	키워드	빈도
1	박근혜	7,082	박근혜	60,273	문재인	39,462	문재인	28,249
2	문재인	1,735	문재인	30,729	박근혜	24,041	이재명	21,340
3	노무현	1,013	추미애	10,286	이재명	15,848	박근혜	13,969
4	이재명	853	박지원	10,121	안철수	15,567	안희정	11,948
5	박원순	743	이재명	9,435	반기문	11,370	안철수	11,716
6	안철수	665	안철수	8,773	안희정	11,043	노무현	3,632
7	김병준	579	노무현	8,487	노무현	7,134	황교안	2,671
8	박지원	426	이정현	6,424	박원순	4,971	김진태	1,695
9	박정희	398	반기문	5,147	황교안	4,829	유승민	1,650
10	이명박	392	김무성	4,962	박지원	3,218	박정희	1,614
11	추미애	355	황교안	4,002	이명박	2,733	이명박	1,438
12	김대중	351	박정희	3,771	김진태	2,625	박지원	1,382
13	이정현	347	김진태	3,501	박정희	2,368	김문수	1,192
14	최태민	336	이명박	3,436	김대중	2,217	손학규	1,090
15	반기문	314	박원순	2,887	손학규	2,187	김대중	1,061
16	유시민	294	김대중	2,786	유승민	1,673	홍준표	829
17	안희정	174	김기춘	2,223	이석기	1,551	이재용	772
18	전두환	170	안희정	2,097	김종인	1,400	심상정	687
19	김정일	161	최태민	1,946	추미애	1,233	전두환	642
20	김무성	125	유승민	1,677	이재용	1,097	김종인	633

둘째, 촛불 집회 기사의 댓글에서 시기별로 나타난 기관 개체명의 변화를 정리하면 <표 7-5>와 같다. 전 기간에 걸쳐 '청와대', '정부', '민주당'이 1위와 2위의 언급 빈도를 보였다. 즉 댓글 참가자들은 '청와대'와 '정부'를 탄핵 정국을 불러온 주범으로 비판하는 동시에 탄핵 정국 해결 기관으로 야당인 '민주당'을 지목하고 있었다. 시기별 특징을 살펴보면, 1차 시기에는 'JTBC'가 최순실 태블릿 PC 보도한 후 댓글에서도 4위로 언급되었으며, '네이버'의 경우는 뉴스 기사 편집이나 댓글 조작 등의 문제가 제기되면서 5위로 언급되었다. 그리고 댓글 참가자들이 조선일보의

보도 행태에 다양한 의견을 제시한 결과로 조선일보도 10위에 등장하였다. 이 시기 국정 농단 게이트가 밝혀지면서 댓글 참가자들이 게이트 관련 인물들을 친일파로 평가하면서 '친일파'도 8위에 위치하였다. 그 외 박근혜 정부의 정책에 대한 비판으로 인하여 '한진 해운 사태'나 '해군 기지 건설' 문제도 많이 언급되었다.

2차 시기에는 탄핵 반대를 주장하는 집단에 대한 비판을 중심으로 댓글이 달리면서 '박사모'가 1차 시기의 11위보다 6단계 상승하여 5위의 언급 빈도를 보였다. 그리고 국정원의 국정 개입 문제가 보도되면서 이를 비판하는 댓글이 많아 '국정원'이 9위에 위치하였다. 3차 시기에는 반기문 전 사무총장의 대선 출마 소식으로 인하여 '유엔'이 6위로 언급되었고, '전경련'의 불법 자금 지원 문제로 인하여 20위 안에서 언급되었다. 4차 시기에는 새누리당이 당명을 자유한국당으로 변경한 후 이승만 정권의 자유당을 연상시킨다는 비판성 댓글이 많아져 '자유당'이 2위에 올랐으며, 촛불 집회 진행 과정에서 MBC의 편파 보도 문제가 제기되면서 'MBC'가 18위로 언급되었다. '노사모'의 경우는 조기 대선의 가능성이 커짐에 따라 더불어민주당 경선 과정에서 노사모가 개입되었다는 의혹이 제기되어 20위로 언급되었다.

셋째, 촛불 집회 기사의 댓글에서 시기별로 나타난 사회적 용어의 개체명 변화를 정리하면 <표 7-6>과 같다. 전 시기에 걸쳐 '국민'이 언급 빈도 1위를 차지하여 댓글에서 국민이 중요한 용어로 유통되었다. 다음으로 '대통령', '총리', '정치인' 등의 언급이 많았는데, 이는 댓글에서 정치 권력에 대한 비판이 많았기 때문에 나타난 결과이다.

시기별 특징을 살펴보면, 1차 시기에는 '아들'이 9위로 많이 언급되었는데, 이는 국정 농단 게이트가 불거진 후 전임 대통령이나 정치인 아들의 군 복무 문제를 박근혜 대통령과 최순실 비리 문제와 같은 맥락에서 비판하는 댓글이 많아져 나타난 결과이다. 그리고 박근혜 대통령이 사이비 종교와 관련 있다는 의혹이 제기되면서 댓글에서 '무당'과 '교주'

가 자주 언급되었다. 2차 시기에는 박근혜 대통령과 최순실의 범죄 사실이 밝혀지면서 관련자의 법적 처벌을 요구하는 보도가 많아졌고, 그 결과 '비리', '심판', '범죄자'의 용어가 댓글에서 자주 언급되었다. 그 외 '계엄령'은 추미애 대표의 쿠데타 관련 발언에 대해 우려와 지지가 반영된 것이며, '내각'의 경우는 야당이 거국 중립 내각을 수립하여 정국 수습을 하자는 제안을 한 결과로 댓글에서도 언급이 많아졌다.[12]

<표 7-5> 촛불 집회 기사 댓글의 시기별 기관 개체명 변화

(단위: 건)

순위	1차 시기 2016.10.24.~11.08.		2차 시기 2016.11.09.~12.05.		3차 시기 2016.12.16.~2017.02.13.		4차 시기 2016.02.14.~03.19.	
	키워드	빈도	키워드	빈도	키워드	빈도	키워드	빈도
1	청와대	1,341	청와대	15,294	민주당	9,759	민주당	7,234
2	민주당	953	민주당	12,131	정부	4,308	자유당	2,534
3	국회	308	국회	4,567	청와대	4,156	청와대	2,257
4	JTBC	181	정부	4,511	박사모	3,116	박사모	1,975
5	네이버	176	박사모	2,041	삼성	2,296	정부	1,745
6	삼성	145	친일파	1,754	유엔	2,034	삼성	1,637
7	정의당	139	JTBC	1,727	JTBC	1,768	국회	1,028
8	친일파	133	삼성	1,568	국회	1,587	친일파	835
9	국정원	115	국정원	1,275	국정원	1,191	JTBC	831
10	조선일보	88	정의당	1,220	친일파	1,055	국정원	758
11	박사모	86	국민당	1,167	통진당	1,026	네이버	532
12	전교조	86	통진당	1,038	정의당	908	공산당	437
13	국민당	66	네이버	836	전교조	834	조선일보	408
14	한나라당	58	헌재	776	공산당	746	민노총	399
15	유엔	52	한나라당	687	국민당	744	통진당	371
16	공산당	49	전교조	660	네이버	733	전교조	340
17	민노총	48	공산당	637	민노총	666	국민당	323
18	IMF	43	청문회	631	헌재	620	MBC	266
19	한진	34	조선일보	607	한나라당	457	한나라당	157
20	해군 기지	32	민노총	549	전경련	436	노사모	117

3차 시기에는 2차 시기에 많이 언급된 용어들이 비슷하게 등장하였고, 새로운 용어로는 '대권'과 '부모'와 '노인'이 확인되었다. '대권'은 국

12 허남섭·송국권, 2016, "거국 중립 내각 -> 탄핵 -> 당 해체," 『신동아』 12월호, http://shindonga.donga.com/3/all/13/787321/1(검색일: 2018.01.08).

회 탄핵 소추안 통과 이후 조기 대선 가능성이 커지면서 언급되었다. '노인'의 경우는 탄핵 기각을 주장하는 태극기 집회가 본격적으로 진행되면서 노인을 비판하는 댓글이 많아져 18위에 올랐으며, '부모' 역시 비슷한 맥락에서 많이 언급되었다. 4차 시기에는 '공무원', '공약', '노동자' 등이 20위권 안에서 나타났는데, 이는 조기 대선이 결정된 이후 각 후보자가 발표한 탄핵 정국 해결 방안의 내용에 대해 댓글 참가자들이 다양한 의견을 제시했던 당시의 상황이 반영된 것이다. 그 외 '재판관'은 헌법재판소의 탄핵안 판결이 다가오면서 재판관의 결정 방향에 대한 보도에 대해 댓글 참가자들이 다양한 의견을 제시하면서 11위로 언급되었다.

<표 7-6> 촛불 집회 기사 댓글의 시기별 사회적 용어 개체명 변화

(단위: 건)

순위	1차 시기 2016.10.24.~11.08.		2차 시기 2016.11.09.~12.05.		3차 시기 2016.12.16.~2017.02.13.		4차 시기 2017.02.14.~03.19.	
	키워드	빈도	키워드	빈도	키워드	빈도	키워드	빈도
1	국민	10,947	국민	121,871	국민	48,486	국민	29,047
2	대통령	10,810	대통령	86,996	대통령	48,065	대통령	28,178
3	총리	2,013	국회의원	14,817	후보	11,011	후보	11,235
4	정치인	987	정치인	10,203	정치인	6,565	정치인	4,834
5	경찰	946	총리	9,933	국회의원	5,796	국회의원	2,596
6	비리	728	시민	6,340	시민	3,671	지지자	2,390
7	국회의원	652	비리	5,953	총리	3,282	시민	2,002
8	시민	650	심판	4,885	지지자	2,967	총리	1,902
9	아들	549	경찰	4,121	부역자	2,826	지도자	1,681
10	무당	382	부역자	3,764	대행	2,355	재벌	1,494
11	가족	299	헌법	2,961	아들	2,230	재판관	1,492
12	심판	294	지도자	2,560	지도자	2,102	부역자	1,472
13	측근	264	계엄령	2,247	심판	2,082	공무원	1,107
14	꼭두각시	200	학생	2,155	재벌	1,784	대행	1,105
15	아줌마	163	범죄자	2,122	대권	1,678	공약	917
16	단두대	152	부모	2,121	학생	1,477	헌법	864
17	부정부패	145	장관	2,068	경찰	1,426	노인	757
18	부역자	138	공무원	1,847	부모	1,347	대권	692
19	교주	137	내각	1,738	노인	1,294	부정부패	616
20	매국노	125	재벌	1,730	헌법	1,251	노동자	515

넷째, 촛불 집회 기사의 댓글에서 시기별로 나타난 사건 개체명의 변화를 정리하면 <표 7-7>과 같다. 시기별로 살펴보면, 1차 시기에는 탄핵

정국과 직접 관련된 사건이 20위권 안에서 언급되지 않았다. '월드컵'은 촛불 집회가 대규모로 확대되면서 마치 2002년 월드컵을 상기시킨다는 은유적인 의미로 많이 언급되어 1위를 차지했다. 그 외 '별신굿'의 경우는 박근혜 대통령이 최태민, 최순실과 함께 사이비 종교와 관련되어 있다는 이슈가 나오면서 댓글에서 언급된 것이다. 2차 시기에는 '대선'이 언급 빈도 1위를 차지했으며, '총선거'도 8위에 등장하였다. 즉 대통령이나 국회의원들이 조기 대선을 통해 탄핵 정국을 해결하자는 의견을 많이 제시하면서 뉴스 댓글에서도 많이 다루어지게 된 것이다. 그 외 '콘서트', '집회', '국민운동', '시민운동', '추모제' 등 촛불 집회의 다양한 활동 방식을 소개하고 평가하는 단어들도 20위권 안에 위치했다. 반면, 탄핵을 반대 진영에서는 '연평 해전', '공산 혁명' 등 안보와 반공 이데올로기를 상징하는 단어를 사용하여 탄핵 지지자들을 비판하였다. '쿠데타'의 경우 추미애 대표가 더불어민주당 최고위원회에서 "박근혜 대통령이 최종적으로 계엄령까지도 준비하고 있다는 정보도 돌고 있다"고 언급하면서 댓글에서도 '쿠데타'가 많이 언급된 것이다.[13]

3차 시기에는 '대선', '대연정', '토론회', '경선', '총선거', '재선' 등 조기 대선과 관련한 사건이 많이 언급되었다. 그리고 '연평 해전', '공산 혁명', '핵전쟁' 등 탄핵 반대 진영에서 지속해서 안보 이슈를 활용하여 정권 유지를 강조하는 사건들이 확인되었다. 특히 '리베이트'의 경우 차기 대선 주자로 안철수 의원이 언급된 후 국민의당의 리베이트 의혹이 보도되면서 댓글에서도 많이 언급되었다.[14] 4차 시기에는 조기 '대선'이 많이 언급되는 가운데 헌법재판소의 탄핵안 판결이 다가오면서 'NLL', 'THAAD', '공산 혁명' 등 안보와 반공 이데올로기를 표방하는 단어들도

13 한윤조, 2016, "추미애 "朴대통령 계엄령 준비한다는 정보 돈다…즉각 하야하지 않으면 후속 법적조치 들어가겠다," 『매일신문』 11.18, http://www.imaeil.com/sub_news/sub_news_view.php?news_id=56623&yy=2016(검색일: 2018.01.10).

14 조규희, 2016, "국민의당 '편파 조사 TF 만든 선관위는 박근혜 정부 돌격대'," 『뉴스1』

탄핵 반대자를 중심으로 자주 언급되었다. 여기서 '병자호란'은 THAAD 배치 이후 중국의 보복 문제가 불거진 이후 역사적 사건을 기반으로 해서 THAAD 문제를 비판했던 사람들이 많아져 주요 사건으로 언급되었다. '꼭두각시놀음'의 경우는 헌법재판소에 출석하여 자기 변론을 하는 박근혜 대통령을 비아냥거리는 용어로 언급되었다.

<표 7-7> 촛불 집회 기사 댓글의 시기별 사건 개체명 변화

(단위: 건)

순위	1차 시기 2016.10.24.~11.08.		2차 시기 2016.11.09.~12.05.		3차 시기 2016.12.16.~2017.02.13.		4차 시기 2017.02.14.~03.19.	
	키워드	빈도	키워드	빈도	키워드	빈도	키워드	빈도
1	월드컵	38	대선	230	대선	356	대연정	317
2	대선	20	올림픽	198	대연정	340	대선	142
3	올림픽	16	월드컵	184	결선	231	본선	127
4	수능	8	수능	136	연평 해전	140	올림픽	53
5	연평 해전	7	연평 해전	122	월드컵	66	토론회	51
6	별신굿	1	콘서트	53	콘서트	54	연평 해전	45
7	국민운동	1	집회	21	리베이트	22	콘서트	38
8	서울구치소	1	총선거	21	토론회	17	결선	25
9	리베이트	1	국민운동	18	수능	16	경선	21
10			공산 혁명	13	경선	16	NLL	15
11			의전	11	총선거	12	리베이트	13
12			고해성사	11	시민운동	12	의전	8
13			리베이트	8	판결	11	병자호란	8
14			판결	8	의전	10	THAAD	7
15			시민운동	7	GUILLOTINE	9	독립 운동	5
16			사사오입	5	공산 혁명	6	기념 행사	4
17			추모제	3	간담회	6	공산 혁명	2
18			쿠데타	3	핵전쟁	5	총선거	2
19			대연정	3	재선	4	시민운동	2
20			취임식	3	THAAD	4	꼭두각시 놀음	2

촛불 집회 기사의 댓글에 대한 의미 연결망의 분석은 주요 개체명 중 인물을 기준으로 수행되었다. 즉 앞서 개체명에서 도출된 주요 단어를 인물을 기준으로 사건과 사회적 용어 및 기관 간의 동시 출현 빈도를 계산한 후, 단어*단어의 매트릭스를 도출하고, 그 결과를 NetDarw로 시

10.24, http://news1.kr/articles/?2811217(검색일: 2018.01.10).

각화하였다. 촛불 집회 기사의 댓글 의미 연결망이 시각화된 결과는 [그림 7-2]와 같다.

촛불 집회 댓글 의미 연결망의 중심에는 탄핵 대상인 '박근혜' 전 대통령과 '문재인', '안철수', '이재명', '안희정', '반기문' 등 당시 대선 후보들이 나타났으며, 그 외 '노무현', '이명박', '박정희' 전임 대통령도 있었다. 이들은 의미 연결망 오른쪽의 '국민의당', '민주당', '청와대' 등의 기관과 '대선' 등의 사건과 강하게 연결되어 있었다. 그리고 의미 연결망의 오른쪽에는 탄핵을 지지 또는 반대하는 주요 정치인이 있으며, 주요 사건과 사회적 용어는 왼쪽에 흩어져 있는 형태로 나타났다. 이는 중심인물을 제외한 다른 인물들은 사건이나 기관과는 연관되어 언급되지 않았다는 것을 의미한다.

그 외 '국민운동', '시민운동' 등 촛불 집회의 성격을 평가하는 단어는 댓글 의미 연결망에서 주요한 위치에 있지 않았으며, '경술국치', '사사오입' 등 역사적 사건을 통해 탄핵 정국을 평가하는 단어는 의미 연결망에서 분리되어 나타났다. 다만 탄핵을 지지할 때 함께 언급되었던 '연평 해전'이나 '공산당' 등의 안보 이슈는 의미 연결망에서 약한 연결을 유지하고 있었다.

따라서 댓글 참가자들은 탄핵 이후 조기 대선에 대한 관심이 높아지면서 차기 대선 후보들과 후보들이 소속된 정당들에 높은 관심을 보였다. 즉 탄핵 정국에서 차기 대선 후보를 중심으로 주요 메시지를 형성하고 있었으며, 탄핵 정국의 해법을 정권 교체를 통해서 해결할 것을 요구하고 있었다.

촛불 집회 기사의 댓글 의미 연결망에서 탄핵을 찬성한 인물과 반대한 인물을 중심으로 의미 연결망을 분리한 결과는 [그림 7-3], [그림 7-4]와 같다. 첫째, 탄핵 찬성 인물 중심의 의미 연결망에서는 '문재인', '안희정', '이재명', 고 '노무현' 대통령이 중심에 위치했다. 즉 더불어민주당 소속 의원들의 적극적인 탄핵 요구로 인하여, 댓글에도 이들 중심인물이 탄핵 정국을 해결할 수 있는 주체로 부각된 것이다. 특히 '문재인' 전 대표는 다른 인물에 비교해 차기 대선에서 유리한 인물로 인식되어 지지와 반대가 함께 언급되었기 때문에 '민주당', '대선', '촛불 집회' 등과 다수 연결되어 있었다. 이재명 시장의 경우는 네이버의 기사 배치나 댓글 조작 등의 문제를 제기했기 때문에 댓글에서도 네이버와 강하게 연결되어 있었다.

[그림 7-2] 촛불 집회 기사 댓글의 인물, 사건, 사회적 용어, 기관 의미 연결망

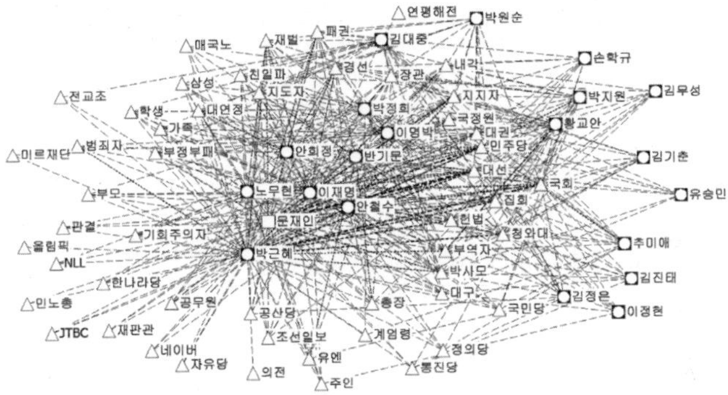

그 외 의미 연결망 외부에는 '박원순', '손학규', '박지원', '추미애'가 있다. '박원순' 서울시장의 경우는 광화문 촛불 집회의 적극적 지원에 대한 발언이 댓글 참가자들로부터 격려와 지지를 받았기 때문에 '집회', '지지자', '대권', '지도자' 등의 단어와 연결되어 있었다. 추미애 대표의 경우는 앞서 제기된 계엄령 발언이 사회적 논쟁으로 이어진 결과로 댓글에서도 '계엄령'과 강하게 연결되어 있었다.

둘째, 탄핵 찬성 인물 중심의 의미 연결망에서는 '박근혜', '박정희', '이명박' 등의 전임 대통령, '반기문' 전 UN 사무총장이 중심을 이루고 있었다. 그리고 '박근혜' 전 대통령은 '재벌', '패권', '박사모', '부역자' 등의 용어들과 강하게 연결되어 있었다. 이는 댓글 참가자들이 국정 농단 게이트를 비판할 때 박근혜 대통령을 언급하는 한편, 박근혜 대통령 지지자가 댓글에서 탄핵 기각을 강하게 주장하면서 나타난 결과이다.

[그림 7-3] 촛불 집회 기사 댓글 의미 연결망 : 탄핵 찬성 인물 중심

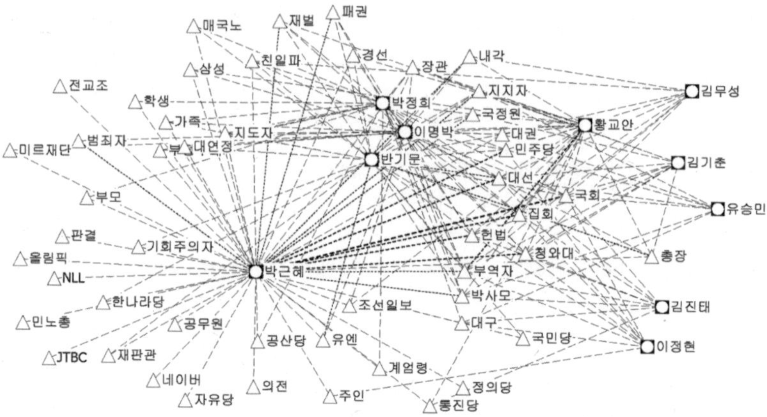

[그림 7-4] 촛불 집회 기사 댓글 의미 연결망 : 탄핵 반대 인물 중심

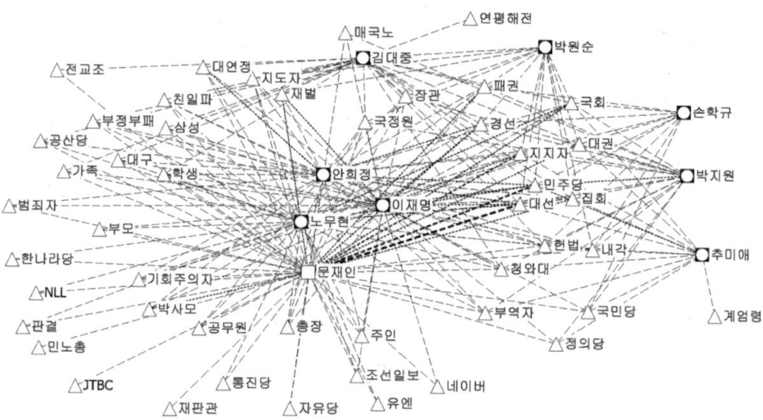

그 외 의미 연결망 외부에는 '황교안', '김진태', '김무성', '유승민'이 위치했다. '황교안' 대통령 권한 대행은 '부역자'와 강한 연결을 보이고 있으며, '김진태' 의원은 탄핵 반대를 주장한 '박사모' 및 박근혜 대통령 지지 단체 등과 연결되어 있었다. 그리고 '김무성' 의원과 '유승민' 의원

은 ‘대선’과 ‘대권’ 등과 연결되어 있었다. 이는 댓글 참가자들이 보수 정당의 차기 대선 주자에 대한 언급을 많이 했다는 점을 보여 준다.

한편, <표 7-8>과 <표 7-9>는 촛불 집회 기사의 댓글 중 공감과 비공감이 높았던 상위 10개를 정리한 것이다. 여기서 공감과 비공감은 댓글에 대한 온라인 사용자의 긍정 혹은 부정의 의견을 표현한 것이다.[15] 촛불 집회 기사 댓글에서 공감 수는 9천여 건의 값을 보였다면, 비공감 수는 545건이 가장 높은 것으로 나타났다. 즉 댓글 참가자들의 비공감에 대한 의견 제시는 상대적으로 낮았다는 것이다.

첫째, 촛불 집회 기사 댓글 중 공감 수가 높았던 댓글은 시기적으로 2016년 11월 15일에서 27일 사이에 작성된 것이다. 언론사별로는 4건의 SBS 뉴스 기사, 3건의 뉴시스 기사, 각각 1건의 뉴스1과 머니투데이 기사의 댓글에 대한 공감이 많았다. 특히 차기 대선의 투표를 독려하는 SBS 뉴스 기사의 댓글이 9,609건의 가장 높은 공감을 받았다. 공감 수가 높았던 다른 댓글은 대통령과 국정 농단 게이트 관련자의 처벌에 관한 것이었다.

둘째, 비공감이 높았던 댓글은 시기적으로 2016년 11월부터 2017년 3월 사이에 작성된 것이다. 언론사별로는 4건의 뉴스1 기사, 2건의 JTBC 기사, 각각 1건의 머니투데이, 뉴시스, 노컷뉴스, 국민일보 기사의 댓글에 대한 비공감이 많았다. 545건으로 가장 많은 비공감을 받았던 댓글은 박원순 서울 시장의 대선 출마 선언을 반대하는 것이었다. 그리고 ‘심상정’ 의원과 ‘안철수’ 의원을 지지하는 댓글에 대한 비공감도 높았다. 즉 차기 대선 후보를 지지하는 댓글에 비공감을 많이 했다는 것이다. 이러한 경향은 탄핵 이후 조기 대선으로 이어지는 과정에서 후보 지지 그룹 간 경쟁이 반영된 결과로 해석할 수 있다.

---

15 여기서 유의할 점은 네이버는 전체 댓글을 제공하지 않는다는 점이다. 현재 네이버 뉴스 댓글은 1,000개까지 제공하고 있으며, 댓글 정렬의 기본 설정은 공감 수를 기준으로 한 것이다. 따라서 가장 많은 댓글이 달린 기사나 공감 수는 데이터에 따라 달라 질 수 있다.

<표 7-8> 공감이 높은 촛불 집회 기사 댓글(10개 예시)

(단위: 건)

날짜	언론사	내용	공감수
2016.11.27	SBS 뉴스	우린 모두 망각하면 안 된다. 지난 대선 때 60대 이상 투표율이 높았다는 사실을..... 다가오는 2017년에는 꼭 투표합시다. 우리가 낸 세금이라는 사실을 잊으면 안돼요. 지금 촛불 집회하는 마음으로 꼭 투표합시다. 요즘은 선거 전 부재자 투표도 있어요. 작은 선거라도 꼭 참여해야 해요. 꼭! 꼭! 꼭!	9,609
2016.12.04	머니투데이	크리스마스엔 국민 좀 쉬게...내려와라	9,166
2016.11.26	뉴시스	지금껏 보여준 패션쇼 중에 가장 잘 어울리는 복장이네요~	8,675
2016.11.27	SBS 뉴스	여태까지 검찰의 행동은 그냥 대통령 예우해준 걸로 생각할 테니, 지금이라도 최 씨네 재산 몰수 + 박근혜 내란죄 무기 징역 + 우병우 씨, 김기춘 씨...... 때려줘라 제발...	7,295
2016.11.26	뉴시스	얼마 안 남은, 곧 현실화될 모습.	7,144
2016.11.15	뉴스1	질문 좀 해 왜 듣고만 있냐!!!!!!!!!!!!	7,107
2016.11.16	뉴시스	어쩐지 여성가족부 행태가 이상하다 했더니 그 동안 여성가족부 장관을 최순실이 임명했네요. 특히 김희정 장관은 최순실 딸 정유라를 노골적으로 옹호한 대가로 여가부 장관이 되었습니다. 이게 말이 됩니까? 여성가족부가 아닌 최순실가족부로 전락한 여성가족부 없애고, 최순실이 임명한 모든 장·차관들을 정부 기관에서 모두 쫓아내야 합니다...	7,068
2016.11.21	동아일보	지 애비에게 못된 것만 쳐 배워 가지고... 지금이 유신 시대냐? 5공 시대냐?	6,924
2016.11.19	SBS 뉴스	김연아 러시아에게 금메달 뺏긴 사건 그것도 구린내 엄청나지	6,827
2016.11.15	SBS 뉴스	고영태는 구속 안 함??	6,688

<표 7-9> 비공감이 높은 촛불 집회 기사 댓글(10개 예시)

날짜	언론사	내용	비공감수
2017.01.26	뉴스1	꼭 대통령이 아니라 서울시장으로서도 나라를 위해서 할 수 있는 게 많다. 나름 잘하고 있고	545
2017.02.16	뉴스1	박근혜가 아니고 심상정이었더라면 지금 얼마나 좋았을까?	467
2016.12.05	JTBC	말씀 한마디 한마디에 진심과 신념이 느껴짐..꼭 탄핵 가결시켜 주시길.. 안철수 의원 똑똑하고 논리도 정연하고 완전 지지합니다	437
2016.11.14	뉴스1	박원순 괜히 분열시키지 마시오...	422
2017.03.04	머니투데이	사실 보수를 표방하는 여권에선 그나마 제대로 된 인물은 유승민 한 명뿐이지 않나? 저런 사람은 지지율 고작 1프로대고 황교안 같은 매국노, 홍준표 같은 조폭, 김문수 같은 정신병자, 김진태 같은 사이코가 더 주목받는 것만 봐도 새누리는 답 없다는 게 나옴.	411
2016.12.01	뉴시스	박지원이는 숱하게 비공개로 새누리 의원들 만나고 다니며 개헌 꿍꿍이 프로젝트 진행하고 다니는데, 왜 제1야당 대표는 아무도 못 만난다는 거냐? 게다가 추 대표가 퇴진 협상을 하러간 것도 아니고, 탄핵에 동참하라고 요구하러 만난 것뿐인데.. 박지원처럼 개헌하기 위해 비공개로 만나고 다니는 것보다는 공개적으로 탄핵 동참하라고 만나는 게 훨씬 낫구만.	403
2016.11.22	노컷뉴스	헌법재판관들도 싹 갈아야 하는 거 아니냐?	379
2016.12.05	JTBC	그동안 재산 주식을 사회에 나누며 겸손하고 똑똑하다...부족한 부분도 있지만 나온 사람 중엔 제일 믿음이 간다	368
2017.02.24	국민일보	안철수가 요즘 열심히 한단 말야 참신한 교육 개혁도 내고 말야 많이 좋아졌어 난 당신을 지지함	353
2017.02.16	뉴스1	정의당은 앞으로 눈부시게 성장할 것이다. 심상정 대표님 화이팅!!	349

2016/17 태극기 집회 댓글에 나타난 메시지

개체명 인식기를 활용하여 태극기 집회 기사의 댓글 데이터를 분석한 결과는 <표 7-10>과 같다. 주요 인물, 기관, 사회적 용어, 사건의 언급 빈도는 촛불 집회 댓글 분석과 마찬가지로 20위권에 든 경우로 한정하여 제시하였다. 첫째, 주요 인물로는 '박근혜' 전 대통령을 포함해 '김진태', '김문수', '황교안' 등의 탄핵 반대 진영의 사람들과 '문재인', '안철수', '이재명', '안희정', '유승민' 등의 탄핵 찬성 진영 사람들의 언급 빈도가 높았다. 그 외 '박정희', '노무현', '전두환' 등의 전임 대통령도 20위권 안에서 언급되었다.

둘째, 주요 기관의 경우는 '박사모'의 언급 빈도가 가장 높았으며, 다음으로 '청와대', '자유(한국)당', '민주당',이 5위 안에서 언급되었다. 그 외 '친일파', 'MBC', '국정원' 등의 다양한 집단이 언급되었다.

셋째, 사회적 용어 영역에서는 '국민'이 가장 높은 언급 빈도를 보였으며, '자식', '노인', '늙은이', '아들' 등도 많이 언급되는 용어로 등장하였다. 이는 댓글 참가자들이 태극기 집회의 중요 참석자였던 노인을 비난했기 때문에 나타난 현상이었다. 촛불 집회 기사의 댓글과 비교할 때, 태극기 집회의 경우는 '정신병자', '늙은이' 같은 자극적인 용어들이 20위권 안에서 많이 확인되었다.

셋째, 주요 사건에서는 '연평 해전', 'NLL', 'THAAD' 등 안보 관련 키워드와 '대선', '대연정', '본선' 등 차기 대선과 관련된 단어들이 많이 언급되었다. 특징적인 점은 탄핵 정국의 주점을 부역자로 정의하여 부역자에 대한 처벌을 요구하는 용어인 'Guillotine(단두대)'가 나타났다는 것이다.

<표 7-10> 태극기 집회 기사 댓글의 인물, 기관, 사회적 용어, 사건 개체명

(단위: 건)

순위	인물		기관(집단)		사회적 용어		사건	
	키워드	빈도	키워드	빈도	키워드	빈도	키워드	빈도
1	박근혜	17,920	박사모	3,768	국민	26,260	연평 해전	99
2	문재인	8,279	청와대	3,032	국회의원	3,613	대선	99
3	김진태	4,867	자유당	2,620	변호사	3,473	대연정	71
4	안철수	3,690	민주당	2,546	정치인	3,242	올림픽	59
5	김문수	3,324	정부	1,652	재판관	2,723	월드컵	54
6	이재명	2,811	친일파	1,126	기자	2,636	본선	45
7	황교안	2,511	삼성	1,119	자식	2,497	미르재단	17
8	안희정	2,404	JTBC	1,103	시민	2,325	판결	15
9	유승민	2,207	국회	1,069	심판	1,936	GUILLOTINE	11
10	박정희	2,200	헌재	917	부역자	1,780	전투	11
11	노무현	1,901	민노총	502	노인	1,705	총선거	9
12	홍준표	1,465	네이버	500	경찰	1,676	리베이트	8
13	김정은	1,273	공산당	484	가족	1,170	결승	6
14	전두환	982	MBC	464	지지자	1,125	사사오입	6
15	반기문	910	통진당	459	대행	1,066	NLL	6
16	김대중	902	전교조	456	정신병자	1,015	THAAD	6
17	김문수	873	전경련	427	배신자	990	병자호란	6
18	박지원	811	조선	408	늙은이	953	공산혁명	5
19	윤상현	786	대구	402	지도자	950	독립운동	5
20	김무성	768	국정원	386	아들	899	알바	3

<표 7-10>, <표 7-11>, <표 7-12>, <표7-13>은 태극기 집회 기사의 댓글에서 나타난 개체명 변화를 시기별로 분석한 결과이다. 시기는 촛불 집회 댓글 분석과 달리 댓글양과 탄핵 정국의 정치적 맥락을 고려하여 세 시기로 구분하였고,[16] 주요 인물, 기관, 사회적 용어, 사건의 개체명 빈도를 시기별로 재구성하여 분석을 진행하였다.

첫째, 태극기 집회 기사의 댓글에 나타난 인물의 개체명 변화를 정리하면 <표 7-11>과 같다. 전 시기에 걸쳐 '박근혜' 전 대통령, '김진태' 의원, '문재인' 전 민주당 대표, '김문수' 전 경기도지사 3위권 안에서 언급되었다. 즉 태극기 집회에 직접 참여하여 탄핵 반대를 주장한 '김진태' 의원과 '김문수' 전 경기도지사의 활동이 댓글에서도 주요한 쟁점이 되었다

16 촛불 집회의 시기 구분에 대해서는 제6장의 서문을 참조한다.

는 것이다.

시기별 특징을 살펴보면, 1차 시기에는 탄핵을 찬성했던 '표창원' 의원, '안철수' 의원, '박원순' 서울시장이 많이 언급되었다. 표창원 의원의 경우는 '대통령 풍자 누드 전시회'를 주최하여 사회적 논란이 발생하였고, 그 결과 댓글에서의 관심도 자연스럽게 높아지게 된 것이다.[17] 그리고 탄핵 반대 집단에 의해 JTBC가 제시한 최순실 태블릿 PC가 조작됐다는 주장이 계속해서 제기되면서 JTBC의 '손석희' 앵커가 11위로 언급되었다. 그 외 '노무현', '김대중,' 전임 대통령의 언급은 탄핵 반대자들이 전임 대통령의 비리와 국정 농단 게이트에 의한 탄핵 정국을 같은 맥락의 사건으로 규정하고 있다는 점을 보여 준다.

2차 시기에는 '박근혜' 전 대통령을 포함해 탄핵을 반대하는 인물과 '문재인', '안희정', '이재명', 등 탄핵을 찬성하는 야당의 인물이 10위권 안에서 언급되었다. '김용민'의 경우는 '자유한국당 입당 시위'가 논란이 되자 댓글에서도 12위로 언급되었다.[18] 16위의 '손석희'와 19위의 '변희재' 역시 사회적 논란으로 인해 20권 안에 언급된 경우이다. 변희재 미디어워치 대표가 손석희 앵커 자택앞에서 최순실 태블릿 PC 보도가 조작되었다는 기자 회견을 하면서 댓글에서의 반응도 높아지게 된 것이다.[19] 또한 '이석기'의 경우는 촛불 집회의 참가자가 종북 좌파이며, 이들이 '이석기 사면'을 주장한다는 댓글이 많아지면서 주요 인물로 언급되었다.

3차 시기에는 2차 시기에 언급된 주요 인물들이 20위권 안에 위치하

---

17 이정애, 2017, "표창원, '대통령 풍자 누드' 전시회 주최로 당 윤리 심판원 회부," 『한겨레』 01.24, http://www.hani.co.kr/arti/politics/politics_general/780010.html(검색일: 2018.01.10).

18 이경미, 2017, "'나꼼수' 김용민, 자유한국당 입당 8시간 만에 제명당해," 『한겨레』 02.17, http://www.hani.co.kr/arti/politics/assembly/783159.html(검색일: 2018.01.10).

19 양원석, 2017, "변희재 '손석희 사장 방송 조작 사실, 곧 드러날 것',"『뉴데일리』 02.19, http://www.newdaily.co.kr/site/data/html/2017/02/19/2017021900032.html(검색일: 2018.01. 10).

였고, 조기 대선의 가능성이 커짐에 따라 '문재인', '안철수', '이재명', '안희정', '유승민', '홍준표' 등 차기 대선 후보들이 주요 인물로 언급되었다. 그리고 손석희 앵커 역시 탄핵 반대 진영에서 지속적인 비판의 대상으로 언급되고 있었다.

전체적으로 태극기 집회 기사의 댓글 참가자들은 국정 농단 게이트를 전임 대통령의 치적이나 비리와 같은 선상에 놓고 박근혜 대통령의 비리가 큰 문제가 없다는 점을 강조하고 있었다. 특히 탄핵 반대자들은 JTBC의 최순실 태블릿 PC 보도로 인해 촛불 집회와 대통령 탄핵안이 통과되었다고 생각했기 때문에 손석희 앵커를 비판하고 있었다.

<표 7-11> 태극기 집회 기사 댓글의 시기별 인물 개체명 변화

(단위: 건)

순위	1차 시기 2016.10.24.~2017.02.03.		2차 시기 2017.02.04.~02.19.		3차 시기 2017.02.20.~03.19.	
	키워드	빈도	키워드	빈도	키워드	빈도
1	박근혜	3,151	박근혜	4,439	박근혜	10,343
2	김진태	808	김문수	1,778	문재인	5,790
3	문재인	795	문재인	1,694	김진태	3,291
4	반기문	654	안희정	837	안철수	3,136
5	박정희	517	김진태	763	이재명	2,022
6	황교안	492	안철수	719	안희정	1,519
7	노무현	379	이재명	672	김문수	1,514
8	표창원	303	유승민	660	유승민	1,386
9	김대중	192	황교안	658	황교안	1,384
10	이석기	174	노무현	460	홍준표	1,294
11	손석희	167	박정희	413	박정희	1,262
12	유승민	164	김용민	399	노무현	1,062
13	김정일	162	윤상현	336	전두환	752
14	이명박	160	이재용	288	김무성	623
15	김일성	132	원유철	240	이정미	554
16	최태민	126	손석희	232	박지원	535
17	안철수	116	김대중	231	김대중	478
18	전두환	109	박지원	222	윤상현	422
19	김기춘	108	변희재	217	이명박	417
20	박원순	105	이석기	182	손석희	337

둘째, 태극기 집회 기사의 댓글에 나타난 기관의 개체명 변화를 정리하면 <표 7-12>와 같다. 전 시기에 걸쳐 '박사모'와 '청와대'가 4위권 안에

서 언급되었다. 특히 '박사모'는 태극기 집회에 적극적으로 참여한 결과로 댓글에서도 2차 시기를 제외한 1차와 3차 시기에서 1위의 언급 빈도를 보였다. 그리고 '(더불어)민주당', 'JTBC', 'MBC', '네이버', '통진당', '민(주)노총', '전교조', '공산당', '친일파'도 많이 언급되었다. '통진당', '민(주)노총', '전교조', '공산당'의 경우는 탄핵 반대자들이 촛불 집회 참가자들을 종북 프레임으로 공격하면서 주요한 단어로 등장하게 되었다. 'JTBC'의 언급이 보수 단체들의 JTBC 최순실 태블릿 PC 보도에 대한 지속적인 비판에 의한 것이라면, 반대로 'MBC'의 경우는 탄핵 찬성 집단에 대하여 보수 집회의 긍정적인 측면을 부각하는 보도 행태에 대한 비판으로 인해 많이 언급되었다. 네이버의 경우는 실시간 검색 순위의 편집 의혹 및 댓글 삭제가 사회적 논쟁을 일으키면서 댓글에서도 계속 언급되었다.

시기별 특징을 살펴보면, 1차 시기에는 태극기 집회에 보수적인 기독교 단체가 참가하여 탄핵 반대를 주장하면서 종교에 대한 비판이 강해져 '기독교'가 10위에 위치하였다. '주한 미군'의 경우는 탄핵 정국 속에서도 사드 배치 문제가 사회적 이슈로 불거지면서 안보 위기에 대한 논란으로 언급되었다. 2차 시기에는 '자유당'이 2위에 위치하였다. '자유당'은 새누리당이 자유한국당으로 당명을 변경한 후 '한국당'이라는 약칭보다는 '자유당'으로 언급하면서 등장하였다. 이는 댓글 참가자들이 자유한국당을 과거 이승만 정권의 자유당에 비유하여 비판했던 당시의 상황을 반영하고 있다. 그 외 '전경련'의 경우 보수 단체가 관제 데모에 금전을 지원했다는 의혹에 대해 비판이 제기되면서 10위로 언급되었다.[20]

3차 시기에는 1차 및 2차 시기에 나타난 기관이 비슷하게 언급되었고 순위만 변경되었다. 'MBC'의 경우 태극기 집회 보도가 타 언론사와의 내용과 다르다는 비판이 지속적으로 제기되면서 순위가 상승했다. 2017년 3

---

20 박정대, 2017, "경제개혁연 '전경련 이승철 부회장 퇴직금 내역공개 촉구'," 『브레이크뉴스』 02.16, http://www.breaknews.com/sub_read.html?uid=492818&section=sc3(검색일: 2018.01.13).

월 10일부터 11일까지 태극기 집회의 보도 과정에서 MBC는 KBS, SBS의 지상파와 JTBC, TV조선, 채널A, MBN 등의 종합 편성 채널과 달리 친박 집회의 폭력성은 최대한 축소하고 태극기 집회가 보수 집회의 새로운 장을 마련했다고 언급하여 논란에 휩싸였으며,[21] 이러한 논쟁은 댓글에서도 나타났다. 특히 '박사모', '청와대', '자유당'의 언급 빈도가 많이 증가하였다. 이는 헌법재판소의 탄핵안 판결이 다가오면서 태극기 집회가 격렬해졌고 그에 따라 댓글에서도 비판적 목소리가 확산하면서 나타난 결과이다.

<표 7-12> 태극기 집회 기사 댓글의 시기별 기관 개체명 변화

(단위: 건)

순위	1차 시기 2016.10.24.~2017.02.03.		2차 시기 2017.02.04.~02.19.		3차 시기 2017.02.20.~03.19.	
	키워드	빈도	키워드	빈도	키워드	빈도
1	박사모	953	민주당	890	박사모	2,114
2	정부	418	자유당	823	청와대	1,889
3	청와대	402	청와대	740	자유당	1,790
4	민주당	286	박사모	708	민주당	1,370
5	JTBC	229	삼성	475	정부	797
6	친일파	212	정부	437	국회	692
7	삼성	163	JTBC	326	친일파	651
8	국회	149	친일파	264	헌재	614
9	시청	105	전경련	258	JTBC	548
10	기독교	94	헌재	240	삼성	472
11	네이버	91	국회	228	네이버	300
12	민노총	80	공산당	181	MBC	271
13	통진당	72	민노총	167	민노총	256
14	공산당	70	보수당	164	통진당	253
15	전교조	69	전교조	164	국정원	242
16	한나라당	63	MBC	132	공산당	233
17	국정원	62	통진당	131	전교조	222
18	MBC	61	한나라당	112	시청	173
19	외교부	47	네이버	109	전경련	128
20	주한미군	45	시청	91	한나라당	107

21 민주언론시민연합, 2017, “”태극기 집회 새바람“ MBC의 희한한 해석,” 『오마이뉴스』 03.13, http://www.ohmynews.com/NWS_Web/View/at_pg.aspx?CNTN_CD=A0002306798(검색일: 2018.01.20).

셋째, 태극기 집회 기사 댓글에서 나타난 사회적 용어의 변화를 시기별로 정리하면 [표 7-13]과 같다. 전 시기에 걸쳐 '대통령', '국민', '국회의원', '정치인' 등이 5위권 안에서 언급되고 있었다. 그 외 '노인', '늙은이', '정신병자' 등의 용어도 시기마다 주요한 용어로 언급되었다. 이러한 용어는 태극기 집회 참가자 중 다수를 차지하고 있었던 노인들을 비판 혹은 폄훼하는 대상으로 많이 언급된 것이다.

<표 7-13> 태극기 집회 기사 댓글의 시기별 사회적 용어 개체명 변화

(단위: 건)

순위	1차 시기 2016.10.24.~2017.02.03.		2차 시기 2017.02.04.~02.19.		3차 시기 2017.02.20.~03.19.	
	키워드	빈도	키워드	빈도	키워드	빈도
1	대통령	4,144	국민	7,252	국민	15,251
2	국민	3,769	대통령	5,403	대통령	15,154
3	자식	598	후보	996	후보	2,931
4	국회의원	568	국회의원	984	변호사	2,593
5	시민	558	정치인	916	국회의원	2,058
6	경찰	408	재판관	767	정치인	2,011
7	가족	358	변호사	687	재판관	1,914
8	노인	351	자식	682	심판	1,311
9	정치인	313	부역자	676	자식	1,217
10	총리	225	시민	602	시민	1,165
11	부모	218	비리	497	경찰	1,079
12	늙은이	216	심판	480	부역자	971
13	밥	215	노인	405	노인	945
14	정신병자	214	밥	362	헌법	876
15	어버이	200	헌법	351	비리	700
16	애국자	181	국기	280	지도자	679
17	어르신	178	배신자	269	배신자	667
18	총장	173	정신병자	268	늙은이	542
19	엄마	171	매국노	257	정신병자	536
20	매국노	159	늙은이	203	국기	511

시기별 특징을 살펴보면, 1차 시기에는 '경찰'이 6위로 언급되었다. 이는 비폭력 집회로 진행된 촛불 집회와 달리 경찰과의 물리적 충돌이 발생한 태극기 집회의 성격과 관련되어 있다. 즉 집회 참가자와 경찰의 충돌이 발생함으로써 경찰 진압에 대해 우려 혹은 격려 등이 혼재된 댓글이 작성되면서 경찰이 주요 용어로 언급된 것이다. 그리고 '엄마'의 경

우에는 보수 집단인 약칭 엄마부대(대한민국 엄마부대봉사단)의 활동으로 인해 상위에 위치한 것이다.[22] 엄마부대는 박근혜 탄핵 반대 집회의 주요 참여 단체로 2016년 11월 5일에는 엄마부대 주옥순 대표가 촛불 집회에 나온 여고생을 폭행해 논란이 되었고,[23] 2016년 12월 10일 태극기 집회에서는 "북한이 핵미사일로 대한민국을 위협하고 있다. 박통을 가장 싫어하는 김정은 편을 드는 야당 세력, 대한민국을 떠나라"[24]라고 발언하였다. 그리고 2017년 1월 20일에는 12차까지 진행된 촛불 집회를 반란 세력으로 지칭하면서 "계엄령을 선포해 촛불 반란군을 죽여야 한다"[25]는 발언으로 논란이 되었다.

2차 시기에는 헌법재판소 판결을 예측하는 기사와 함께 대통령을 심판해야 한다는 논쟁이 퍼진 결과로 '심판'이 12위에 언급되었다. '매국노', '국기'의 경우 탄핵 반대자들이 태극기 집회 시 성조기를 들고나온

---

22 엄마부대의 정식 명칭은 '대한민국 엄마부대' 또는 '대한민국 엄마부대 봉사단'으로 2013년도에 창립했으며, 대표는 주옥순이다. 2014년부터 본격적인 활동을 시작했으며, 2014년도 당시 주옥순 대표가 세월호 참사 2주기에 참여한 유가족을 비하하는 발언을 해 물의를 일으켰으며(김구연·송영훈, 2016, "세월호 아빠 울린 '엄마부대' "광화문 광장 돌려줘"," 『노컷뉴스』 04.16. http://www.nocutnews.co.kr/news/4580250(검색일. 2018.01.20.)), 박근혜 정부의 위안부 합의에 대하여 내 딸을 일본군 성노예로 보냈다고 가정하더라도 엄마 된 입장에서 찬성한다는 발언(민수미, 2016, ""[인터뷰] 엄마부대 대표" "내 딸이 위안부였어도 지금처럼 한다"," 『쿠키뉴스』 01.05, http://news.kukinews.com/news/article.html?no=338476(검색일: 2018.01.20.))으로 문제가 되었다. 이후 박근혜 전 대통령 탄핵 반대 집회에 참여하면서 보수 단체와 같은 입장에서 활동을 펼치고 있다.

23 전종선, 2016, "'엄마부대' 주옥순 대표, 촛불 시위서 여고생 때려 경찰 연행," 『서울경제』 11.05, http://www.sedaily.com/NewsView/1L3UQH625Q/(검색일: 2018.01.20).

24 방준호, 2016, "친박 단체들이 '태극기 휘날리면 촛불꺼진다'며 탄핵 무효 시위를 벌였다," 『허핑턴포스트』 12.10, https://www.huffingtonpost.kr/2016/12/10/story_n_13543732.html(검색일: 2018.01.20).

25 김서영, 2017, ""계엄령 선포, 촛불 진압" 극우단체 인사들 '내란선동' 고발 당해," 『경향신문』 01.24, http://news.khan.co.kr/kh_news/khan_art_view.html?artid=201701241432001(검색일: 2018.01.20).

것을 매국노 프레임으로 공격하면서 언급된 것이다. 그 외 태극기 집회 참가자를 비난하는 '자식', '노인', '밥', '늙은이' 등도 20위 안에서 확인되었다. 또한 '배신자'의 경우는 새누리당 의원 중 일부가 탈당해 바른정당을 창당한 것에 대한 비판이 확산하면서 언급된 것이다. 3차 시기에는 1차 시기와 비슷하게 '경찰'이 11위로 언급되었는데, 이는 태극기 집회 참가자들의 폭력과 욕설에 대하여 처벌을 요청하는 댓글이 많아지면서 나타난 것이다. 그 외 2차 시기에 많이 언급된 용어가 3차 시기에도 비슷하게 언급되고 있었다.

따라서 태극기 집회 댓글 참가자들은 주로 태극기 집회 참가자들의 국기 사용과 폭력 행위를 비판하는 용어를 많이 사용하고 있었으며, 특히 성조기를 들고 집회에 참여하는 것에 대하여 매국노라는 프레임으로 문제를 제기한 것이다.

<표 7-14> 태극기 집회 기사 댓글의 시기별 사건 개체명 변화

(단위: 건)

순위	1차 시기 2016.10.24.~2017.02.03.		2차 시기 20174.02.04.~02.19.		3차 시기 2017.02.20.~03.19.	
	키워드	빈도	키워드	빈도	키워드	빈도
1	연평 해전	69	대선	37	대선	57
2	월드컵	18	대연정	31	본선	41
3	올림픽	13	올림픽	22	대연정	40
4	전투	11	월드컵	12	월드컵	24
5	독립 운동	4	연평 해전	10	올림픽	24
6	대선	4	총선거	6	연평 해전	20
7	예선	3	판결	4	판결	10
8	사사오입	3	의전	3	예선	8
9	병자호란	3	수능	2	콘서트	7
10	전시회	2	콘서트	2	경선	7
11	콘서트	2	사사오입	2	THAAD	6
12	수능	1	국민운동	2	리베이트	5
13	의전	1	집회	2	공산 혁명	4
14	판결	1	리베이트	2	토론회	4
15	총선거	1	공산 혁명	1	집회	3
16	욕지거리	1	삼김 시대	1	독립 운동	3
17	문화 축제	1	독립 운동	1	시민운동	3
18	핵전쟁	1	토론회	1	NLL	3
19	동학란	1	가짜 뉴스	1	침묵시위	2
20	고성방가	1	고성방가	1	역성혁명	2

넷째, 태극기 집회 기사의 댓글에서 나타난 사건 개체명 변화를 분석한 결과는 <표 7-14>와 같다. 1차 시기에는 안보 이슈를 중심으로 댓글이 작성되어 '연평 해전'이 1위로 언급되었고, 2위 '월드컵' 및 3위 '올림픽'에 비해 언급 빈도가 훨씬 높았다. 월드컵의 경우는 앞선 촛불 집회 기사의 댓글에서도 상위에 언급되었다. 촛불 집회 댓글에서 월드컵은 대규모 촛불 집회가 2002년 월드컵을 상기시킨다는 긍정적인 의미로 언급되었다면, 태극기 집회 댓글에서 월드컵은 안보 이슈와 접목되어 2002년 월드컵 기간 중 발생한 '연평 해전'과 연관되어 언급되었다는 차이가 있었다. 그 외 빈도는 낮지만 '핵전쟁', '동학란'은 탄핵 정국의 혼란을 전쟁에 비유한 댓글이 등장해 19와 20위로 언급되었고, 태극기 집회 참가자의 '욕지거리', '고성방가' 등의 부정적 행위에 대한 비판도 일정 부분 확인되었다.

2차 시기에는 조기 대선 가능성이 커지면서 '대선', '대연정'이 1위와 2위의 언급 빈도를 보였다. 그 외 '삼김 시대'는 새누리당이 '자유한국당'으로 당명을 변경한 것에 대한 부정적 의견이 댓글에서 표출된 것이었다. 즉 댓글 참가자는 자유한국당이 노태우, 김영삼, 김종필의 3당 합당으로 탄생한 민주자유당에서 자유라는 단어를 가져와 정당명을 만들었다고 비판한 것이다. 그리고 탄핵과 조기 대선에 대한 언론 보도가 많아지는 가운데 사회적 혼란을 가중한 '가짜 뉴스'에 대한 평가도 언급되었다.

3차 시기에는 '대선', '본선', '대연정', '예선', '경선', '토론회' 등 조기 대선과 관련된 사건과 '연평 해전', 'THAAD', 'NLL'의 안보와 관련된 사건이 주요 사건으로 많이 언급되었다. 특히 헌법재판소의 박근혜 대통령 탄핵안의 인용 혹은 기각을 예상하는 보도가 많아진 결과로 댓글에서도 '판결'이 주요한 사건으로 언급되었다. '역성혁명'과 '침묵시위'는 탄핵 반대 진영에서 헌법재판소의 대통령 파면 결정을 부정적으로 평가하면서 언급되었다.[26]

태극기 집회 기사의 댓글에 대한 의미 연결망의 분석은 촛불 집회와 마찬가지로 주요 개체명 중 인물을 기준으로 수행되었다. 즉 인물 개체와 다른 개체명과의 동시 출현 빈도를 계산한 후, 인물*기관, 인물*사회적 용어, 인물*사건의 매트릭스를 도출한 것이다. 그리고 그 결과를 NetDarw를 사용하여 시각화하였다. 태극기 집회 기사의 댓글 의미 연결망을 시각화된 결과는 [그림 7-5]와 같다.

태극기 집회 댓글 의미 연결망의 중심에는 '박근혜', '김진태', '김문수' 등의 탄핵 반대자와 '문재인', '이재명', '안철수', '안희정' 등의 탄핵 찬성자들이 동시에 나타났다. 이들 인물은 '더불어민주당', '국회', '정부', '시민' 등의 기관 및 사회적 용어와 강하게 연결되어 있었다. 앞서 촛불 집회의 댓글 의미 연결망에서는 주요 인물과 사건 및 기관 등이 일정 부분 분리되어 위치한 반면([그림 7-2] 참조), 태극기 집회 댓글 의미 연결망에서는 인물과 다른 개체들이 혼재된 형태로 나타났다. 이 점은 태극기 집회 기사의 댓글 참가자들이 인물과 사건, 기관, 사회적 용어를 하나의 메시지로 전달하는 것이 아니라 복합적으로 사용하고 있다는 것을 의미한다. 예를 들어 "박근혜 대통령의 탄핵 반대, 박근혜 대통령은 진정한 지도자" 등의 댓글로 인하여 인물과 기관, 사회적 용어가 의미 연결망의 중심에 함께 나타난 것이다. 반면 촛불 집회 댓글의 경우 '문재인', '안철수', '이재명' 등 차기 대선 후보에 대해 지지나 반대가 주를 이루고 있었으며, '박근혜' 전 대통령에 대한 평가는 댓글에서는 큰 의미를 가지지 못하고 있었다.

그리고 댓글 의미 연결망 외부에는 '김무성', '홍준표', '유승민' 등의 인물과 '연평 해전', 'NLL', 'THAAD' 등 안보 관련 단어가 있다. 앞서 촛불 집회 기사 댓글 의미 연결망에서는 안보 이슈가 의미 연결망 외부에서 느슨한 연결망을 보인 반면, 태극기 집회의 경우는 안보 이슈들이 의

---

26 김나현, 2017, "박사모-주민들, 소음 갈등… '애국세로 생각하라', '침묵시위하자'," 『머니S』 03.14, http://moneys.mt.co.kr/news/mwView.php?type=1&no=2017031418108068311&outlink=1(검색일: 2018.01.11).

미 연결망 외부에 있지만 주요 인물과 연결되어 의미 연결망에서 주요한 위치를 차지하고 있었다. 그 외 '노인', '정신병자', '늙은이', '자식,' '알바' 등 태극기 집회 참가자를 비하하는 단어가 의미 연결망 외부에서 있었고, 이러한 단어들은 박근혜 대통령과 연결되어 있었다. 이것은 박근혜 탄핵 반대 집회에 참여하는 행위가 비하되어 나타났다는 것을 의미한다.

[그림 7-5] 태극기 집회 기사 댓글의 인물, 기관, 사회적 용어, 사건 의미 연결망

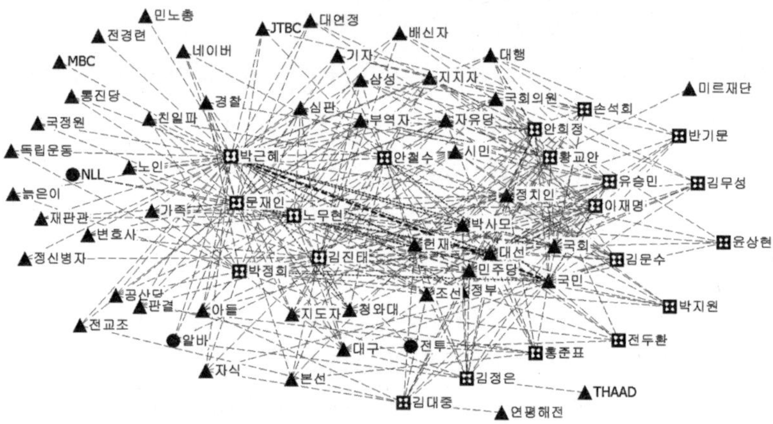

태극기 집회 기사의 댓글 네트워크에서 탄핵을 찬성한 인물과 반대한 인물을 중심으로 의미 연결망을 분리한 결과는 [그림 7-6]과 [그림 7-7]과 같다. 첫째, 탄핵 찬성 인물 중심 의미 연결망에서는 '문재인' 전 대표가 중심에 위치했으며, '문재인' 전 대표는 '국민', '대선'과 강하게 연결되어 있었다. 또한 '문재인' 전 대표는 'NLL', '공산당', '전교조', '통진당' 등 탄핵 반대자들이 주로 언급한 안보 및 반공 이슈와도 연결되어 있었다. 이 점은 탄핵 반대 진영이 차기 대통령 후보로 유력시되었던 '문재인' 전 대표를 비판하기 위해서 '문재인' 전 대표의 안보 의식을 비판하는 댓글을 유통했기 때문에 발생한 결과이다. 또한 고 '노무현', 고 '김대중' 전 대통령의 경우 '아들'과 연결되어 있었다. 이는 탄핵 반대 진영에

서 박근혜 대통령의 비리 문제를 전임 대통령 자녀의 비리 문제와 같은 맥락에서 해석하여 무마시키려고 했던 당시의 상황이 반영된 것이었다.

둘째, 탄핵 반대 인물 중심 의미 연결망에서는 '박근혜' 및 '박정희' 전 대통령과 '김진태' 의원이 중심에 있었다. '박근혜' 전 대통령은 '국민'과 더불어 '전경련', '삼성', '국정원' 등의 국정농단 게이트와 관련된 기관, 그리고 탄핵 반대 진영에서 안보와 반공을 강조하면서 언급되었던 '전교조', '통(합)진(보)당', '공산당', '민(주)노총'과도 연결되어 있었다. 이것은 박근혜 대통령의 국정 농단 게이트를 비판하는 인물이나 조직을 '전교조'나 '민주노총' 같이 탄핵을 반대하는 종북 좌파와 동일시한다는 것을 의미한다. 그 외 의미 연결망 외부에는 '홍준표', '유승민', '김무성' 등의 인물들이 있었으며, 이들은 '국회' 및 '대선'과 연결되어 있었다. 이 점은 태극기 집회 댓글 참가자들이 이 인물에 대해 갖는 기대가 탄핵 정국의 해결보다는 주로 차기 대선이나 국회 활동에 집중되어 있다는 것을 보여준다.

[그림 7-6] 태극기 집회 기사 댓글 의미 연결망 : 탄핵 찬성 인물 중심

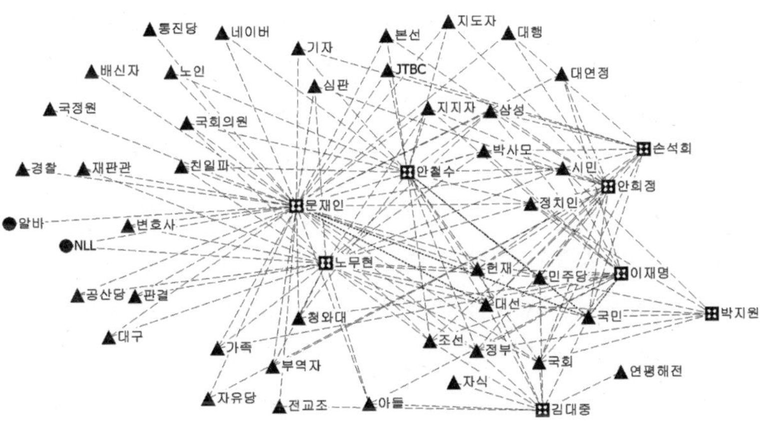

[그림 7-7] 태극기 집회 기사 댓글 의미 연결망 : 탄핵 반대 인물 중심

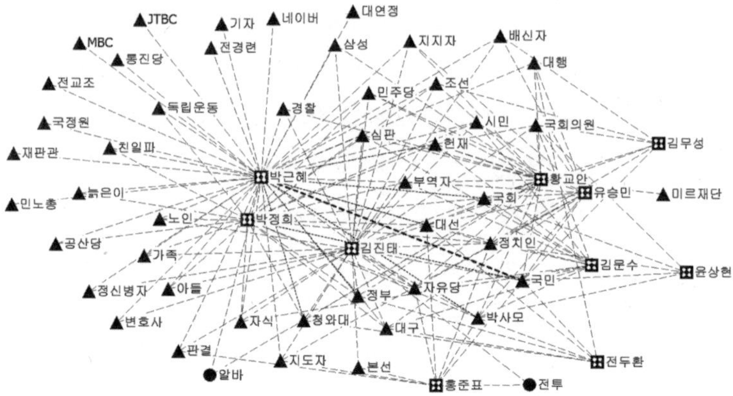

한편, <표 7-15>와 <표 7-16>는 태극기 집회 기사의 댓글 중 공감과 비공감이 높았던 상위 10개를 정리한 것이다. 촛불 집회 기사의 댓글과 마찬가지로 공감 수에 비해 비공감 수는 훨씬 적게 나타났다. 태극기 집회 기사의 댓글에 대한 공감 수 최곳값이 6,348건이었다면, 비공감 수는 411건이었다.

첫째, 태극기 집회 기사 댓글 중 공감 수가 높았던 댓글은 2017년 2월에 작성된 것이었다. 이 기간 3건의 오마이뉴스 기사, 각각 2건의 조선일보와 뉴시스 기사, 각각 1건의 중앙일보, 한겨레, JTBC 기사의 댓글에 공감 수가 높았다. 앞서 촛불 집회의 경우는 뉴시스나 SBS 뉴스 기사의 댓글에 대한 공감 수가 높았다면, 태극기 집회에서는 주요 일간지 기사의 댓글에 대한 공감 수가 높았다. 특히 2017년 2월 17자 오마이뉴스 기사의 댓글에 대한 공감이 가장 높았는데, 당시 댓글은 헌법재판소 재판 과정에서 증인으로 출석한 정동춘 전 K스포츠재단 이사장에게 "증인, 저를 잠깐 봐 달라. 지금 증인 말을 들어보면, 일관성이 없다."고 증인의 증언에 대한 신뢰성을 지적한 강일원 재판관에 대하여 온라인 사용자들이 그 발언에 대하여 격려하는 것이었다.[27] 그리고 국정 농단 게이트 관련 인물들의 범죄 사실이 언론을 통해 밝혀지면서, 이들의 평가와 비난의 댓글에

대한 공감이 높았다.

둘째, 태극기 집회 기사 댓글 중 비공감 수가 높았던 댓글은 2017년 2월 초부터 3월초에 작성된 것이었다. 이 기간 각각 3건의 연합뉴스, 경향신문, 머니투데이 기사의 댓글에 대한 비공감 수가 높았다. 특히 한 언론사가 같은 날짜에 발표한 기사에 대해 여러 가지 댓글이 달리고, 그 댓글들에 대한 비공감이 집중적으로 나타나는 특징을 보였다. 예를 들어 연합뉴스 2017년 2월 4일자 기사[28]에서 태극기 집회 참가자에 대한 비난, 태극기 사용에 대한 문제 제기, 박근혜 대통령 비난 댓글이 달리고, 각각의 댓글별로 비공감이 강하게 나타난 것이다. 그 외 태극기 집회 참가자 중 노인 참자가들을 비난하는 댓글에 대한 비공감이 높았다. 이처럼 태극기 집회 참가자를 노골적으로 비판하는 댓글에 대한 비공감 표현은 탄핵 지지자의 의견이 표출된 것인지 혹은 집회 및 결사의 자유의 관점에서 참가자를 비난하는 것 자체에 문제를 제기하는 사람들의 의견이 표출된 것인지는 확인할 수 없다. 그러나 태극기 집회 참가자에 대한 무분별한 비난에 대한 자성의 의견으로 비공감을 표현한 것이라 할 수 있다.

<표 7-15> 공감이 높은 태극기 집회 댓글 (10개 예시)

(단위: 건)

날짜	언론사	내용	공감수
2017.02.17	오마이뉴스	강일원 재판관의 클라스	6,348
2017.03.11	중앙일보	아름다운 판결문이었다. 담긴 내용은 냉철하고 준엄했으나 문체는 국민 통합을 의식하여 적절히 순화되었으며, 포근한 이모, 어머니 같은 분이 겸손하고 조심스러운 자세로 낭독했다. 여기에 승복하지 않는 인성은 뭐라고 해야 하나.	5,378

27 선대식, 2017, "'증인, 저를 봐라' 강일원 한마디에 모든 게 바뀌었다," 『오마이뉴스』 02.17, http://www.ohmynews.com/NWS_Web/View/at_pg.aspx?CNTN_CD=A0002299473(검색일: 2018.01.09).

28 연합뉴스 사건팀, 2017, "'靑 압수수색하라' 14차 촛불 집회…'탄핵 무효' 태극기 집회도," 『연합뉴스』 02.04, http://news.naver.com/main/read.nhn?mode=LSD&mid=shm&sid1=100&oid=001&aid=0009007857(검색일: 2018.01.09).

2017.02.27	조선일보	잘못을 저지른 자들을 국가가 조사해서 벌주지 못 한다면, 이미 국가는 없는 것과 마찬가지다! 법을 지켜야 하는 것은 민초들의 의무이고, 법을 짓밟고 실컷 누리는 것은 소수 집권자들만의 특권이 되는 사회는, 이 시대 국민들이 원하는 세상이 아니다! 제발 장·차관, 국회의원, 검·판사 들은 이 땅에 정의를 실현시켜내라는 국민들의 염원을 외면하지 말라!	4,628
2017.02.17	오마이뉴스	짱 멋지십니다. ^^	4,541
2017.02.27	조선일보	박근혜 옆엔 충신이 없고 간신들만 드글거린다 무뇌인 박근혜 옆에 황교안만이라도 충신이었음 상황이 이렇게 악화되진 않았을 텐데	3,737
2017.02.27	뉴시스	제발 태극기란 말 좀 안 썼으면.. 친박 집회라고 하든지 성조기 집회라고 하든지 ㅠ	3,560
2017.02.17	오마이뉴스	나라를 먼저 생각해주세요	3,559
2017.02.06	JTBC	여론전? 너만 빼고 전 국민은 탄핵을 외치고 있는데, 왜 너만 몰라? 역시, 노답 닭대가리.	3,535
2017.02.06	한겨레	돈 받고 데모하는 놈들이 세월호 단식 투쟁하는 사람들 앞에서 피자랑 치킨 시켜 먹는 등 폭식 투쟁하고 지금은 또 특검 해체하라고 특검 압박하고 계엄령 선포하라는 미친 소리 하고 있는 악랄한 놈들 ... 돈 줄을 끊어놔야 함.	3,453
2017.02.08	뉴시스	이번 주에 광화문 가야겠다.	3,410

<표 7-16> 비공감이 높은 태극기 집회 댓글 (10개 예시)

(단위: 건)

날짜	언론사	내용	비공감수
2017.03.04	머니투데이	사실 보수를 표방하는 여권에선 그나마 제대로 된 인물은 유승민 한 명뿐이지 않나? 저런 사람은 지지율 고작 1프로대고 황교안 같은 매국노, 홍준표 같은 조폭, 김문수 같은 정신병자, 김진태 같은 사이코가 더 주목받는 것만 봐도 새누리는 답 없다는 게 나옴.	411
2017.02.04	연합뉴스	태극기 저런 곳에 쓰지 마라 이 놈들아 부끄러운 줄은 아나부지 태극기로 얼굴을 가리고 모자로 가리고 썬글라스로 가리고 돈에 나라를 팔고 있구나 ㅈㅇㄴ	336
2017.02.04	연합뉴스	날도 추운데 노인네들이 모자도 안 쓰고 돌아다니면 뒷목 잡고 쓰러진다. 이럴 땐 쪽방에 틀어박혀 전기장판이라도 켜고 누워있는 게 최곤데 그놈의 돈 몇 만원이 뭔지... 참 돈이 웬수다...	290
2017.02.04	연합뉴스	끝까지 구질구질하게 버티는 범죄자 박근혜 지지하는 것들도 국민이냐?	283
2017.03.04	머니투데이	국민 여러분은 그네 순시리의 마지막 발악을 보고 있습니다 ~ 특별검사님들 수고하셨습니다 헌법재판관님들은 탄핵 인용하시어 저들을 처단하여 주십시요	275
2017.02.22	경향신문	저런 게 진짜 변호사야?	273
2017.02.22	경향신문	정신병자는 가둬라 헌재 모독이다	251
2017.02.22	경향신문	이건 그냥 사이비 종교 범죄 집단이야, 상또라이들이야,	250
2017.02.22	경향신문	박근혜 측 저러는 거 헌재도 안 지겹나 .. ! 비상 시 속전속결로 탄핵 인용하는 법은 없나 .. 지겹다 저런 행동 보는 것도 .... 헌재 좀 빨리 끝내자 국민들은 암 걸리고 있다 .	248
2017.02.04	연합뉴스	서울 노인은 좋겠다 저런 꿀 알바도 있고	246

요약과 함의

제7장에서는 촛불 집회와 태극기 집회 관련 기사에 달린 댓글을 수집하여 탄핵 정국에서 나타난 메시지를 분석하였다. 두 집회의 뉴스 기사와 같이 개체명 인식기를 통해 주요 인물, 기관, 사회적 용어, 사건을 분석하고, 시기별로 나타난 개체명의 변화를 추적하여 그 의미와 특징을 제시하였다. 더불어 촛불 집회 및 태극기 집회 댓글 데이터에서 추출된 주요 개체명의 구조적 관계를 해명하기 위해서 의미 연결망 분석을 수행하였다. 이러한 과정은 언론사의 의견이 아니라 대중의 의견을 중심으로 탄핵 정국에서 드러난 정치적 갈등을 해명했다는 의미를 가진다.

분석 결과에 의하면, 촛불 집회 댓글에서는 박근혜 대통령 탄핵과 더불어 박근혜 정권의 부역자를 처벌하라는 메시지들이 많이 나타났다. 반면 태극기 집회 댓글의 경우는 탄핵 반대 주장과 함께 탄핵 찬성자들을 중심으로 태극기 집회 참석자들을 비하하는 메시지도 나타났다. 박근혜 정권의 실정 및 탄핵의 책임 소재에 대해 촛불 집회 댓글은 '정당', '청와대', '재벌'을 지목하고 국정 농단 게이트 관련자를 '친일파', '부정부패자'로 언급하였다. 반면, 태극기 집회 댓글에서는 '국민'이 탄핵 정국의 핵심 원인으로 지목되었다. 그리고 탄핵 정국의 해결 주체와 방법에 대해 촛불 집회 댓글은 '시민운동' 및 국민운동'의 언급에서 알 수 있듯이, 헌법에 기반을 둔 시민의 참여를 주장했다. 그러나 태극기 집회 댓글은 탄핵 지지자들의 비판에 몰두하여 오직 탄핵 기각 문제에만 집중하였다. 그밖에 두 집회 기사의 댓글에서는 공통으로 상대 집회 참가자에 대한 비방과 비판이 나타나기도 했다.

전체적으로 탄핵 정국에서 두 집회의 기사에 달린 댓글의 전개 양상은 일정한 차이가 있었다. 첫째, 촛불 집회 댓글에서는 탄핵 지지 혹은 반대를 한 다양한 사람들이 의견을 나누는 형태로 진행되었고, 부역자에 대한 처벌 및 기존 권력에 대한 비판이 높았다. 반면, 태극기 집회의 댓글에서는 탄핵을 반대하는 사람들이 탄핵 반대의 이유를 남기는 형태의 일종의 확증 편향(Confirmation bias) 현상이 상대적으로 많이 나타나고 있었다. 즉 탄핵을 반대하는 기사에 다시 탄핵 반대 이유를 댓글로 쓰는 것이 일반적이었다는 것이다. 이것은 탄핵 반대라는 입장을 온라인상에서 공론화하는 것보다 자기 집단의 입장을 공고하게 하는 전략을 사용한 것이라 할 수 있다.

둘째, 태극기 집회 관련 기사의 댓글에서는 노인 참가자를 비난하는 양상이 두드러지게 나타났다. 탄핵 반대자들이 촛불 집회에 참여하는 사람들을 좌파 혹은 공산주의자로 비난했다면, 탄핵 지지자들은 태극기 집회에 참여라는 사람들을 늙은이로 비하한 것이다. 이것은 탄핵 정국에서 세대 간 갈등이 댓글을 통해서 일정 정도 표출된 것이라고 할 수 있다.

온라인 기사의 댓글에서 표출된 촛불 집회와 태극기 집회 지지자들의 갈등은 박근혜 대통령의 재판이 지속되는 기간에는 계속될 것으로 보인다. 이 갈등은 박근혜 대통령 탄핵 및 정권 교체 이후 적폐를 청산하고 새로운 정치를 추구해야 한다는 세력과 박근혜 대통령 재판에 영향을 미치려는 세력 간의 대립으로 전개될 가능성이 높다. 따라서 향후 정국에서는 두 집회로 인해 표출된 정치 갈등을 해소하기 위한 사회 통합이 새로운 과제로 부각될 것이다.

3

68 혁명 운동, 6월 항쟁, 촛불 집회 : 운동 양상의 변화와 의미

제8장

유럽 68 혁명 운동과 한국 2016/17 촛불 집회

촛불 집회는 2002년 '효순·미선 사건'에서 본격적으로 시작되어 노무현 대통령 탄핵, 광우병 사태를 거쳐 2016년 박근혜-최순실 게이트를 계기로 대규모로 확대되었다. 2016/17년 촛불 집회는 규모 확대뿐만 아니라 기존 세 차례의 집회 경험을 통해 성격이 더 다양해지고 운동 양상도 효율적으로 발전했다.

그중에서도 광우병 쇠고기 수입에 반대해 일어난 2008년 촛불 집회는 미조직 개인들의 자발적 참가를 중심으로 진행되어 기성 정치 개념으로 설명하기 어려운 전개 양상을 보였고, 이것은 2016/17년 촛불 집회에서도 지속되었다. 이와 관련해 2008년 촛불 집회의 성격을 물질주의 가치와 탈물질주의 가치의 대립으로 파악하는 연구들[1]이 생겨났다. 곧, 이들은 맑스주의적 신사회운동론의 맥락에서 2008년 촛불 집회 참가자들

---

1 김호기, 2008, "촛불 집회, 거리의 정치, 제도의 정치: 서울 광장에서 그람시와 하버마스를 다시 읽는다." 『촛불 집회와 한국 민주주의 토론회 자료집』, 세교연구소·진보와개혁을위한의제27·참여사회연구소·코리아연구원·경향신문 주최, 2008년 6월 16일, 서울 참여연대 강당, 25~33쪽; 조기숙(2009); 조기숙·박혜윤(2008)

이 정체성 지향적이거나 개인주의 가치 지향적인 성격을 띤다고 보았다.[2]

이 연구들 이후 유럽 68 혁명 운동과 한국 촛불 집회의 참가자 의식을 비교 연구해야 한다는 논의가 심심찮게 제기되어 왔다. 탈물질주의는 68 혁명 운동을 계기로 형성되었다는 것이 주지의 사실이기 때문이다. 하지만 촛불 집회를 68 혁명 운동과 비교한 연구는 제출되지 않았는데, 예외적으로 이동연의 글[3]이 주목할 만하다. 곧, 이동연은 스타일의 정치에 주목해 2008년 촛불 집회와 68 혁명 운동의 유사성을 언급함으로써 단편적으로나마 68 혁명 운동을 염두에 두고 촛불 집회를 분석했다. 하지만 그의 글도 비교 분석으로까지 나아가지는 않았다. 2016/17년 촛불 집회에 대해서도 다양한 연구들이 진행되었음에도 불구하고, 위와 같은 분석은 시도되지 않았다. 이러한 현상은 2008년 촛불 집회에 비해 2016/17년 촛불 집회가 정치적 성격을 매우 뚜렷하게 띠었다는 점 외에도 우리나라에서 68 혁명 운동에 대한 연구가 충분히 이루어지지 못했다는 사실 때문으로 보인다.

이러한 한계와 필요성에 유념하여 제8장은 2016/17년 촛불 집회를 68 혁명 운동과 비교해 그 참가자 의식의 일반성과 특수성을 규명한다. 68 혁명 운동은 1968년 유럽 국가를 중심으로 일어난 새로운 혁명 운동으로서 2016/17년 우리나라와는 매우 다른 배경에서 발생했다. 그 차이점에 주목해 일반성 가운데 나타나는 특수성에 천착하면서 참가자 의식의 성격과 원인을 밝힐 것이다.

68 혁명 운동은 대개 68 혁명이나 68 운동으로 불린다. 이러한 용어 혼란은 사회 전반의 획기적 변화 여부를 기준으로 운동의 혁명성에 관해 이견이 있기 때문에 발생한다. 이 글은 68 혁명 운동을 2016/17년 촛불 집회와 비교하는 것이 목적이므로 그 혁명성에 관해 깊게 논쟁하지

---

2 노형일·양은경(2017), 16쪽.

3 이동연, 2008, "촛불 집회와 스타일의 정치,"『문화/과학』통권 제55호(문화과학사), 150~167쪽.

는 않는다. 다만 운동의 성과와 무관하게 1968년 사회 운동이 근본적 사회 변혁을 목표로 했다는 점에서 적어도 사고의 중대한 전환은 이루었다고 평가되므로, 이 운동을 혁명적 운동으로 보아 '68 혁명 운동'으로 지칭한다.[4]

2016/17년 촛불 집회에 대해서도 시민 혁명으로 규정하려는 적극적인 논의와 함께 혁명성을 둘러싼 호명 논쟁까지 일고 있다. 하지만 이 글에서는 역시 위와 같은 이유로 '촛불 집회'라는 일반적 호명을 따른다. 다만 촛불 집회의 혁명성은 그 함의와 밀접하게 관련되므로 민주화 이후 한국의 주요 정치·사회 운동을 비교하는 다음 장에서 비교적 상세히 논의할 것이다.

제8장은 68 혁명 운동과 2016/17 촛불 집회의 비판 대상 및 참가자의 (탈)물질주의 관련 의식에 대해 비교한 것으로 『동향과 전망』에 발표한 논문을 확대 수정한 글이다.[5] 특히 유럽 68 혁명 운동에 대한 이해를 돕기 위해 그에 대한 설명을 많이 보완했다. 68 혁명 운동을 다룬 외국 문헌의 번역서는 여럿 접할 수 있지만, 우리나라에서 연구한 문헌은 많지 않아 이 글의 의도에 맞게 68 혁명에 대한 배경 지식을 적절히 배치하였다.

68 혁명에 대한 배경 지식은 충분히 보완할 수 있다고 하더라도 유럽

---

4 68 혁명 운동 개념에 대해서는 정병기, 2008, "68 혁명 운동과 노동 운동: 반권위주의적 탈물질주의의 교훈과 노동 운동의 전망," 『마르크스주의 연구』 제5권 2호(경상대학교 사회과학연구원), 33쪽을 참조하고, 촛불 집회 개념에 대해서는 손호철, 2017a, 『촛불 혁명과 2017년 체제: 박정희, 87년, 97년 체제를 넘어서』(서울: 서강대학교출판부), 18~19쪽을 참조했다.

5 정병기, 2017, "68 혁명 운동과 비교한 2016/2017 촛불 집회의 비판 대상과 참가자 의식," 『동향과 전망』 통권 제101호(한국사회과학연구소), 261~291쪽. 그리고 68 혁명 운동 이후의 갈등 구조는 정병기, 2007, "21세기 자본주의 사회의 혁명과 반혁명: 68 혁명 운동의 의미와 교훈," 『21세기 자본주의와 대안적 세계화』, 제3회 맑스코뮤날레 발표 논문집(서울: 문화과학사), 제4장을 재구성했다..

68 혁명 운동을 우리나라 촛불 집회와 비교할 때 또 한 가지의 한계가 있다. 68 혁명 운동은 약 50년 전에 일어난 운동이므로 참가자 의식을 조사할 수 없고 설문 조사와 같은 방식으로 이루어진 조사가 없다는 사실이다. 따라서 이 운동에 대해서는 담론 분석들을 참조해 정리할 수밖에 없다. 그래서 설문 조사를 통한 분석은 2016/17 촛불 집회로 한정하였다. 이 한계로 인해 비교 서술도 항목별로 구성하지 않고 두 운동을 별개로 다루어 68 혁명 운동을 먼저 기술한 뒤 촛불 집회에 대해 기술하는 방식을 따른다.

한편, 2016/17 촛불 집회 참가자의 (탈)물질주의 관련 의식 조사를 위한 자료 수집은 제1부와 마찬가지로 여론 조사 기관인 오피니언라이브에 의뢰해 전국적인 온라인 설문 조사로 이루어졌다. 성별, 나이, 지역 등의 인구 통계학적 특성을 고려하여 표본을 추출하였고,[6] 촛불 집회 참가자의 의식을 객관적으로 도출하기 위해서 자료 수집은 비참가자에 대해서도 이루어졌다. 곧 조사 대상으로 2016년 10월 29일(1차 촛불 집회)부터 2017년 3월 11일(20차 촛불 집회)까지의 촛불 집회에 참가한 사람과 참가하지 않은 사람 모두를 포함시켜(만 19세 이상 성인 남녀), 양 집단 간에 나타난 물질주의 및 탈물질주의 의식의 비교 분석을 수행한 것이다. 전체 1,518명의 조사 대상자 중 참가자는 664명(43.74%), 비참가자는 854명(56.26%)이다. 그리고 촛불 집회 참가자와 비참가자의 물질주의 및 탈물질주의 의식은 평균 분석을 통해 제시하였고, 양 집단 간에 나타난 개별 변인의 유의미한 차이는 t-test를 통해 검증하였다.

---

6 조사 대상(촛불 집회 참가자 및 비참가자)의 성별, 나이, 지역 분포 등의 인구 통계학적 특성은 제1장의 3절(<표 1-1>)을 참조하시오.

68 혁명 운동의 권위주의 경직 사회 비판과 반권위주의 의식

68 혁명 운동의 의미 및 발생 범위와 관련해서는 이견이 존재한다. 주요 서유럽 국가에 한정해서 보는 입장은 프랑스 파리에서 1968년 5월에 발발했다는 점을 중시해 '5월 혁명'이나 '파리 혁명'으로 부르기도 한다. 하지만 이 글은 카치아피카스(Katsiaficas) 등의 입장을 따라 68 혁명 운동의 시기와 장소를 더 넓혀 파악한다.[7] 그러나 카치아피카스와 달리 68 혁명 운동이 유럽과 미국을 넘어 전 세계적으로 발생했다고 보지는 않는다. 68 혁명 운동의 주요 주장과 행동을 보면 사회 복지가 일정하게 구축된 선진 산업 국가라는 배경과 관련되기 때문이다. 다만 동유럽의 경우 주요 공업 국가들은 당시 서유럽에 못지않은 경제 발전을 구가했다는 점에서 포함시킨다. 그러므로 이 글에서 68 혁명 운동은 미국과 유럽의 선진국에서 1968년을 전후해 발생한 일련의 변혁 운동을 지칭한다. 물론 그 현상과 성격은 정치 경제적 배경에 따라 일정하게 차이를 보인다.

프랑스에서는 노학 연대에 의해 운동이 더욱 활성화된 반면, 서독과 이탈리아에서는 학생들과 노동자들의 연대가 이루어지지 않거나 일정한 시간이 흐른 뒤 노동계로 확산되었다. 영국에서는 운동 자체가 미미했으며, 미국에서 68 혁명 운동은 베트남 전쟁 반대 운동을 중심으로 전개되었다. 그리고 동유럽에서는 자주 관리의 형태로 인간적 사회주의를 지향하는 운동으로 나타났다.

이 운동들을 종합적으로 볼 때, 주요 비판 대상은 대의 민주주의, 거대 기업, 자본주의 기술, 관료와 전문가에 의한 지배, 전쟁, 미디어에 의한 조종, 교수·교사 중심의 학교, 가부장적 가정 및 남성 중심 사회였다. 계

---

7 Katsiaficas, George, 1999, 『신좌파의 상상력: 세계적 차원에서 본 1968』, 이재원·이종태 역(서울: 이후). 68 혁명 운동의 주요 사건들에 대해서는 주로 이 문헌을 참조했으며, 비판 대상과 의식에 대해서는 정병기(2007), 제2장과 제3장; 정병기(2008), 제2장을 주로 참조했다.

급만 중요한 것이 아니라 일상적 삶의 스타일도 중요하다는 인식이 생겨난 것이며, 그것은 새로운 의미의 해방적 삶을 지향하는 반권위주의 의식이었다.

민주주의 원리를 원용하면, 이것은 사회 경제적 민주주의나 생산자 민주주의에 대한 전통적 요구에서 멈추지 않고 일상의 민주주의를 새롭게 요구했다고 볼 수 있다.[8] 이러한 요구의 정치·경제적 배경은 보통 선거권의 확립이라는 정치적 민주주의의 정착과 사회 안전망이라는 사회 경제적 민주주의의 확립이었다. 상술한 바와 같이 서독, 프랑스, 이탈리아 같이 68 혁명 운동이 가장 활발했던 서구 주요 국가들은 안정된 정치적 민주주의와 사회 경제적 민주주의를 구가하고 있었기 때문이다. 이러한 토대 위에서 68 혁명 운동은 대중에 대한 관료적 권위주의, 여성과 청소년에 대한 가부장적 권위주의, 소수자에 대한 다수자의 권위주의, 자연에 대한 인간과 문명의 권위주의, 약소국에 대한 강대국의 권위주의 등을 반대하고 경직된 권위주의 사회를 극복해 일상에서의 해방된 삶을 지향했다.

68 혁명 운동이 일어났던 동독, 헝가리, 유고슬라비아, 체코슬로바키아 등의 동유럽 국가들도 마찬가지로 볼 수 있다. 이 나라들은 제2차 세계 대전 이전부터 서구에 준하는 공업 발전을 이룩했을 뿐 아니라 사회주의적 의미에서 정치적 민주주의가 이루어졌고, 사회 경제적 민주주의도 사회주의적 경제 질서 안에서 서구에서보다 더 확실하게 정착되었기 때문이다.

한편 68 혁명 운동이 전통적 사회주의 운동을 강화한 것도 사실이다. 그러나 전통적 사회주의 운동은 기성 체제에 대한 비판이 거세어지면서 함께 강화되었지만 스스로 68 혁명 운동의 비판 대상이 되기도 했다. 당

8 이와 같은 민주주의 구분에 대해서는 손호철, 2006, 『해방 60년의 한국 정치: 1945-2005』(서울: 이매진), 71~75쪽을 참조했다.

시 권위주의는 자본주의 국가 안의 보수 진영에서만 나타난 현상이 아니라 노동 운동 및 사회주의 진영과 현실 사회주의 국가들 내에서도 팽배해 있었기 때문이다.

68 혁명 운동의 물질주의 소비 사회 비판과 탈물질주의 의식

탈물질주의와 반권위주의는 일견 다른 차원의 문제로 보인다. 자유 민주주의를 사회 이념으로 하는 자본주의는 자유 시장과 능력 위주 생산 활동을 지향하기 때문이다. 그러나 권위주의가 자본주의적 물질주의 사상과 결부될 때, 물질적 풍요와 경제적 발전에 권위가 부여됨으로써 자본주의적 권위주의로 귀결된다. 이때 물질주의는 경제주의와 다를 바 없다. 따라서 68 혁명 운동이 제기한 권위주의 비판과 일상의 민주주의 요구는 물질주의 소비 사회에 대한 인식과 연결된다. 1960년대 이후 자본주의 사회는 "억압에 의해 관리되었던 초기 자본주의와는 달리 조작에 의해 유지되는"[9] 거대한 물질주의 소비 사회였던 것이다.

물질주의 소비 사회의 핵심 문제는 경제적 "착취"라기보다 일상적 "소외"였다.[10] 그러므로 68 혁명 운동은 이윤 창출에 의존하는 자본주의 질서뿐만 아니라, 경제적 착취를 지양하려는 기존 사회주의 운동의 계급 환원론도 비판과 극복의 대상으로 삼았다.[11] 68 혁명 운동 참가자들은 소비 사회와 관리되는 삶으로부터 해방되기를 원했으며, 수동적 소비와 진

---

9 김누리, 2001, "68 혁명과 현대 독일 문학 - 70년대 문학의 경향 전환론에 대한 비판적 고찰," 『독어교육』 제21집(한국독어독문학교육학회), 257~289쪽.

10 Touraine, Alain, 1966, *La Conscience Ouvrière* (Paris: Editions de Seuil), pp.14~26 참조.

11 강미화, 1998, "독일 68 운동의 의미와 유산," 『경제와 사회』 통권 제37호(비판사회학회), 66쪽.

부한 일상적 삶을 거부했다.[12] 탈물질주의(postmaterialism)는 이러한 행동들을 근거 짓는 사고를 의미한다.

탈물질주의는 잉글하트(Inglehart)가 1968년 이후 새로운 사회 균열(social cleavage)을 설명하기 위해 도입한 개념이다.[13] 그가 말하는 탈물질주의는 경제 발전과 사회 보장 제도에 따른 물질적 풍요 외에도, 대규모 전쟁이 사라진 국제 정세에 따른 신체적 안전을 중요한 배경으로 하여 등장했다. 이 글에서는 이 탈물질주의 개념을 맑스주의의 모순 개념과 연결해 68 혁명 운동의 사고에 적용한다.

반권위주의와 마찬가지로 탈물질주의는 1960년대 유럽의 풍요롭고 안정된 시기에 성장기를 보낸 젊은 세대가 이러한 조건에서 부각된 다른 종류의 사회적 모순을 해결할 수 있는 대안적 사고가 동결되고 봉쇄된 듯한 사회에 대해 새로운 방식으로 대응하려는 경향을 말한다. 특히 물질적 풍요는 새로운 사고가 형성되는 경제적 조건이기도 했지만 소비 사회적 멍에를 씌우는 질곡으로 작용하기도 했다. 68 혁명 운동 주체들이 볼 때, 우파는 끊임없는 축적을 추구하고 좌파는 평등한 분배를 요구하지만, 경제적 가치를 중시하는 사고를 가지고 물질적 가치의 소비에 종속되었다는 점에서 두 진영은 다를 바 없었다. 마르쿠제(Marcuse)와 하버마스(Habermas)의 지적처럼 경제 발전이 대중의 생활수준 향상을 가져왔지만, 기술 진보가 진행될수록 전쟁도 확대되고 도구적 합리성이 생활 세계에 깊숙이 침투하여 인간성이 말살되는 현상으로 이어지기도 했음을 68 혁

12 구체적 행동들에 대해서는 오제명 외, 2006, 『68, 세계를 바꾼 문화 혁명: 독일·프랑스를 중심으로』(서울: 길), 167쪽 참조.

13 Inglehart, Ronald, 1971, "The Silent Revolution in Europe: Intergenerational Change in Post-Industrial Societies," *The American Political Science Review,* vol.65, pp.991~1017과 Inglehart, Ronald, 1977, *The Silent Revolution. Changing Values and Political Styles among Western Publics* (Princeton, NJ: Princeton University Press) 참조.

명 운동 세대는 인식한 것이다.[14] 이제 새로운 세대에게 중요한 것은 경제적 가치를 넘어 인간적 가치를 추구하는 탈물질주의 사람 사회였다.

무엇보다 '억압 없는 현실'이라는 원칙이 가능한 유토피아 사회를 실현할 수 있다고 확신하며, "불필요한 억압에 대한 항의"이자 "두려움 없는 최고 형태의 자유를 얻기 위한 투쟁"이라는 의미에서 마르쿠제가 부르짖은 '위대한 거부'는 68 혁명 운동에 커다란 영향을 미쳤다.[15] 68 혁명 운동 주체들의 탈물질주의는 노동자 계급의 단일 혁명 주체성 탈각과 경제 결정론의 폐기 내지 극복 그리고 억압적 사회 구조의 전복을 지향했다.

아래에 소개하는, 독일 함부르크에 소재한 한 교회의 권위에 대항해 학생들이 뿌린 주기도문[16]은 자본주의적 권위주의와 물질주의를 풍자하고, 그에 대항하는 68 혁명 운동의 의식을 잘 보여준다. 68 혁명 운동이 요구하는 것은 물질주의적 소비 사회의 멍에도 사라지고 일상적 권위주의의 질곡도 사라진 사회였던 것이다.

> 우리의 자본이시여,
> 서방 세계에서 이름을 거룩히 여김을 받으시오며,
> 투자가 임하옵시며,
> 유럽에서 그랬던 것처럼 월 스트리트에서도
> 이익을 내고 이윤을 증대시켜 주옵소서.

---

14 인간 해방의 열쇠로 보였던 기술 진보가 거꾸로 인간의 종속을 심화시키는 질곡이 되었다는 비판은 Marcuse, Herbert, 1980, *Der eindimensionale Mensch,* 14. Aufl. (Darmstadt, et al.: Luchterhand)를 참조하고, 도구적 합리성에 대한 비판과 '체계에 의한 생활 세계의 식민지화'에 대한 지적은 Habermas, Jürgen, 1997, *Theorie des kommunikativen Handelns I, II.* 4. Aufl., (Frankfurt a. M.: Suhrkamp)를 참조했다.

15 Marcuse, Herbert, 1970, *Triebstruktur und Gesellschaft. Ein philosophischer Beitrag zu Sigmund Freud,* 40. Tsd. (Frankfurt a. M.: Suhrkamp), S.151.

16 Ali, Tariq and Susan Watkins, 2001, 『1968: 희망의 시절, 분노의 나날』, 안창수·강정석 역 (서울: 삼인), 60쪽.

우리에게 일용할 자본의 회전을 주옵시고,
우리가 우리의 채권자들에게 신용을 베푼 것처럼
우리의 신용을 늘리게 하옵소서.
우리를 파산하지 않도록 하옵시고,
노동조합의 위험에 들지 않게 하옵소서.
지난 200년 동안 이 세계의 절반은 권세 있는 자들과
부유한 자들의 것이었사옵나이다.
아멘.

68 혁명 운동 이후 새로운 갈등 구도의 형성

68 혁명 운동을 사회 운동론의 시각에서 분석한 길혀-홀타이(Gilcher-Holtey)는 이 운동을 "기존 경제 질서와 사회 질서 및 지배 질서에 맞서 대항 구상을 보유한 최후의 사회 운동"[17]이라고 규정했다. 그에 따르면, 68 혁명 운동 이후 맑스-레닌주의 그룹들은 위계적으로 구성된 간부 조직으로 복귀해 다시금 개인을 집단에 종속시켜 자기 결정과 개인 해방을 목표로 삼은 68 혁명 운동의 반권위주의적 구성 요소를 포기했으며, 탈물질주의적인 새로운 운동들도 68 혁명 운동의 구체적인 유토피아 구상에 비견될 정도의 사회 질서에 대한 전 사회적 대항 구상을 펼쳐내지 못했다.[18] 때문에 68 혁명 운동이 불어넣은 유토피아적 에너지는 1970년대에 고갈되었다는 것이 그의 판단이다.

물론 1968년 당시 프랑스의 노학 연대나 독일과 이탈리아의 후속적

17 Gilcher-Holtey, Ingrid, 2003, 『68운동: 독일·서유럽·미국』, 정대성 역(파주: 들녘), 180쪽.

18 Gilcher-Holtey(2003), 179~180쪽.

인 노동자 계급 투쟁이 68 혁명 운동의 변증법적인 사회적 대항 구상을 실현할 수 있는 가능성을 보이기도 했다. 그러나 길혀-홀타이가 온당하게 판단한 것처럼, 대부분의 전통적 좌파 그룹들은 권위주의적 행태 및 사고를 극복한 반권위주의적 생산자 민주주의와 탈물질주의적 사람 사회로 나아가는 길을 열지 못함으로써 새로운 세력들과 충돌하게 되었다. 마찬가지로 이 시기 탈물질주의적인 새로운 세력들도 대개는 전통적 좌파들의 비판적 구상을 제대로 이해하고 발전시키지 못했으며, 때문에 양측의 갈등은 더욱 증폭되었다고 할 수 있다.

따라서 68 혁명 운동 이후 선진 자본주의 국가들에서는 새로운 변증법적 대항 구상이 제시된 것이 아니라 사회 갈등의 한 축이 추가됨으로써 비판 그룹 내에서도 두 진영(아래 [그림 8-1]의 ②와 ③)이 각축하는 현상을 보여 왔다. 즉, 경제적 가치를 중시하는 물질주의적 사고 내에서 좌파와 우파가 갈등하는 축을 가로질러, 반권위주의적인 탈물질주의 사고와 기존의 물질주의 사고를 구분하는 새로운 축이 형성된 것이다.

[그림 8-1] 68 혁명 운동 이후 새로운 갈등 구도

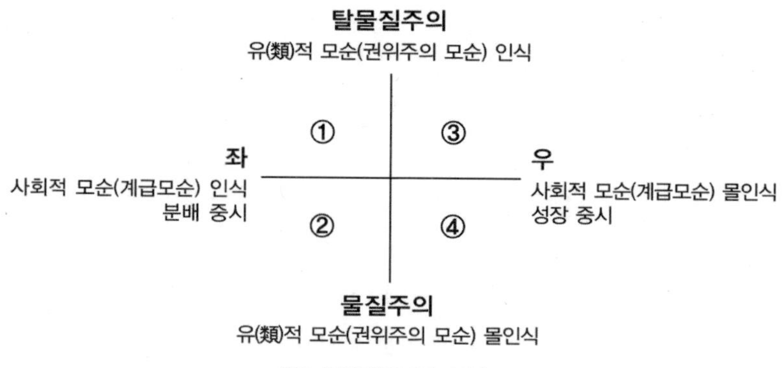

출처: 정병기(2008), 48쪽.

<표 8-1> 68 혁명 운동 이후 새로운 갈등 구도와 사고 체계

사회적 모순 / 유(類)적 모순		계급 모순	
		사회 경제주의	시장 경제주의
권위주의 모순	탈물질주의	① 새로운 좌파 (탈물질주의 좌파)	③ 새로운 우파 (탈물질주의 우파)
	물질주의	② 전통적 좌파 (물질주의 좌파)	④ 전통적 우파 (물질주의 우파)

주: 1) 자본주의 사회적 모순: 노자 계급 모순
2) 유적 모순으로서 권위주의 모순: 가부장주의 모순, 문명 모순, 관료주의 모순, 제국주의 모순(전쟁 모순), 진화론 모순

출처: 정병기(2008), 49쪽.

기존의 좌우 구도가 자본주의 사회의 모순인 노자(노동자-자본가) 계급 모순에 기초함으로써 경제적 분배와 성장을 두고 다투는 갈등이라면, 68 혁명 운동 이후의 새로운 갈등은 인간의 일상에 주목하는 탈물질주의와 기존 물질주의 간의 갈등이라고 할 수 있다. 1968년 당시 젊은이들이 주목한 것은 상술한 바와 같이 가부장적 권위주의, 인간과 문명의 권위주의, 관료적 권위주의, 강대국의 권위주의 및 진화론적 권위주의라는 제반 권위주의적 현상이었다. 이 권위주의는 각각 가부장제 모순, 문명 모순, 관료주의 모순, 제국주의 모순(혹은 전쟁 모순), 진화론 모순이라는 인간적 모순으로 규정지을 수 있다.[19] 노자 모순이 자본주의적 계급 사회의 고유한 사회적 모순이라면, 탈물질주의 세대가 주목하는 모순은 인간이라는 영장류의 사회에 항상적으로 존재하는 유(類)적 모순인 것이다.

이와 같은 두 축에 따라 적어도 논리상으로는 네 가지의 사고 체계 및 사회 세력이 형성되었다. 기존의 좌파 진영은 전통적 좌파(물질주의 좌파)와 새로운 좌파(탈물질주의 좌파)로 분리되고, 우파 진영은 전통적 우파(물질주의 우파)와 새로운 우파(탈물질주의 우파)로 나뉘게 된 것이다(<그림 8-1>과 <표 8-1> 참조).

---

19 모순의 개념과 분류에 대해서는 정병기(2007; 2008)를 참조했다. 다만 환경 모순은 문명 모순으로 수정했는데, 이것은 모순의 원인 혹은 원인 제공자를 수식어로 사용한 다른 네 가지 모순 개념들과 일치시키기 위함이다.

새로운 좌파는 자본주의적 계급 모순인 노자 모순에 주목하는 사회 경제주의의 입장을 가지면서도 제반 유적 모순도 해결하고자 하는 탈물질주의 사고 체계를 갖는 집단으로, [그림 8-1]의 좌측 상단(①)에 위치하는 탈물질주의 좌파이다. 반면, 전통적 좌파는 사회 경제주의의 입장이지만 모든 유적 모순들을 노자 계급 모순에 환원시키는 물질주의를 벗어나지 못함으로써, 노자 계급 모순의 해결에 따라 제반 유적 모순도 자연적으로 해결된다고 보거나 유적 모순을 인식하지 못한 집단으로 좌측 하단(②)에 위치하는 물질주의 좌파이다. 우파 진영에서도 계급 관계에서는 분배와 평등보다 경쟁과 성장을 중시하는 시장 경제주의에 입각한 지배계급적 본성을 유지하지만, 현대 사회의 권위주의적 유적 모순이 인간 존재 전체에 대한 대량적이고도 절박한 위기와 근본적인 문제를 일으킨다고 인식하는 탈물질주의 집단이 생겨나게 되었다. [그림 8-1]의 우측 하단(④)에 위치한 집단이 유적 모순에 대해 인식하지만 그 해결을 의식적으로 물질주의적 지배 관계에 한정시키는 물질주의 우파라면, 우측 상단(③)에 위치한 집단은 계급 관계를 유지하되 유적 모순의 해결을 적극적으로 추구하는 탈물질주의 사고 체계를 갖는 탈물질주의 우파라고 할 수 있다.[20]

68 혁명 운동의 배경이 된 1960년대의 질서는 대량 생산과 사민주의가 이룩한 복지 국가에 의해 물질적 풍요가 형평성 있게 분배되는 사회였다. 그러나 1980년대에서 21세기에 이르는 질서는 새로운 경제 위기와 신자유주의 정치에 의해 사회 양극화가 심화되는 사회로 변했다. 그에 따라 탈물질주의 가치에 주목하게 된 1960년대와 달리 1980년대부터는 다

20 필자의 이러한 주장에 대해 심광현 교수는 날카로운 비판을 제기한 바 있다.[심광현, 2008, "68혁명의 문화정치적 모순과 이행의 문제: 19세기 혁명 이념의 장기지속과 68혁명의 역사적 의의," 『마르크스주의 연구』 제 5집 2호(경상대학교 사회과학연구원), 108~109쪽]. 그는 권위주의 모순을 '항상적으로 존재하는 유적 모순' 보다는 "계급 모순과 더불어 극복 가능한 비계급적 모순" 으로 보는 것이 더 적절하며, '탈물질주의적 좌파'

시금 물질주의 가치가 회복되는 시기라고 할 수 있다.

이때 새로운 경제 위기는 기술의 퇴보나 생산성의 후퇴를 의미하는 것이 아니다. 기술 진보와 생산성 증가는 오히려 더욱 비약적으로 이루어지고 있어 상대적 박탈감이 갈수록 심해지고 있다. 또한 기술 진보는 문명 모순을 절대적이고 대량적으로 악화시켜 왔으며, 전문가와 관료의 권위주의 및 경제적 가치에 따른 권위주의를 강화시키고 있다. 여성 차별로 나타났던 가부장적 권위주의는 남성들까지 경제적 가치 추구를 위한 수단으로 전락시킴으로써 인간성 자체의 말살로 이어지고 있다. 더 나아가 신자유주의 정치가 세계화와 맞물림으로써 신자유주의적 팽창을 위한 국가 간 갈등이 증폭되고 약소국에 대한 강대국의 억압이 더 거세져 왔다.[21] 결국 권위주의와 물질주의 소비 사회의 질곡이 더욱 강화되었다고 할 수 있다.

이러한 현상은 물질주의 좌파와 탈물질주의 우파가 각자 무시하거나 경시했던 가치들과 진보성의 의미를 새롭게 인식하게 하여, 이들이 상호 수렴하여 탈물질주의 좌파로 전환하는 계기가 되었다. 다시 말해, 탈물질주의 우파는, 신자유주의 시기의 자본과 시장 경제주의가 68 혁명 운동의 결과로 형성된 탈물질주의 사고를 물질주의적 지배 관계에 이용하는

의 개념상 혼동을 제기하고 '신좌파' 개념을 사용할 것을 주문한다. 권위주의 모순을 계급 모순으로 환원하는 입장이 아니라면 필자도 두 모순이 '더불어 극복 가능하다'는 입장에 동의한다. 그런데 '비계급적 모순'이라는 개념은 환원적 뉘앙스를 가질 수 있고 자체의 고유한 의미를 가질 수 없는 개념이다. 그리고 '탈물질주의 좌파' 개념과 관련해 심광현 교수는 필자의 의도와 달리 물질주의와 탈물질주의를 배타적으로 이해한 것으로 보인다. 탈물질주의는 물질주의를 배척하는 것이 아니라 극복한 것으로서, 탈물질주의 좌파의 영역은 탈물질주의와 좌파의 교집합 영역이다. 기존의 좌우 구도에 물질주의-탈물질주의 구도가 '추가'되었다는 것은 바로 이러한 의미이다.

21 세계화와 관련된 68 혁명 운동의 유산에 관해서는 Hajek, Willi, 2003, "자본주의 지구화 반대 투쟁과 '1968'의 유산," Willi Hajek & Jochen Gester, 『1968 - 그리고 그 이후: 68 주역들의 경험과 교훈 그리고 유토피아』, 정병기 역(서울: 현장에서 미래를), 181~187쪽을 참조했다.

경향을 확산해 가고 있기 때문에 계급 모순을 도외시하는 탈물질주의는 오히려 자본과 시장 경제주의를 강화하는 데 기여한다는 것을 깨달았다. 마찬가지로 물질주의 좌파는, 자본과 사적 소유의 폐지가 권위주의적 물질주의를 해결할 수 있다는 계급 환원론적인 주장도 더욱 절박해지고 대량화되어가는 물질주의적 폐해를 제대로 파악하지 못한다는 것을 인식했다. 1990년대 중반에 프랑스의 연대 노조(SUD) 등 다양한 비판적 노동조합 운동이 등장하고 기존 신사회 운동들이 계급 운동들과 연대하는 모습들이 이러한 경향을 대표한다.

2016/17 촛불 집회의 정치 경제적 권위주의와 정치 지향적 물질주의 의식

촛불 집회의 주체는 누구이며 그 요구는 어떠한 성격을 갖는가를 두고 적지 않은 논쟁이 계속되고 있다. 김성일은 2008년 촛불 집회에서 주체로 등장한 다중이 2016/17년에 다시 등장한 것으로 본다.[22] 그가 말하는 다중은 '계급·민중 같은 전통적 저항 주체로부터 벗어난, 새로움 자체에 대해 열광하는 정동적(affective) 주체'이며, 이들이 2016/17년 '신자유주의 광풍 속에서 능멸과 혐오의 시대를 견디다 광장에 다시 모였다고 한다. 노형일과 양은경처럼 대의 민주주의 체계를 비판하고 생활 밀착형 주장들에 주목하는 경우도 이와 유사한 맥락에 서있다.[23]

하지만 다중보다는 시민 (혹은 국민) 개념을 사용하여 촛불 집회의

---

22 김성일, 2017, "광장 정치의 동학: 6월 항쟁에서 박근혜 탄핵 촛불 집회까지," 『문화과학』 통권 제89호(문화과학사), 146~168쪽. 조정환은 다중의 관점에서 2008년 촛불 집회를 당시 정국 및 세계 자본주의 흐름과 관련해 깊이 있게 논했는데, 이것은 2016/17년 촛불 집회에도 적용할 만하다. 조정환, 2009, 『미네르바의 촛불』(서울: 갈무리).

23 노형일·양은경(2017), 5~41쪽.

전통적 성격과 보수적 성격을 강조하는 입장도 있다. 김학준에 따르면, 2008년 집회를 포함해 촛불 집회는 '체제의 구조적 변혁을 요구하기보다 체제가 약속한 법과 절차를 준수하라고 요구하는 본질적으로 보수적인 집회'로 이해된다.[24] 박찬표도 공권력을 그 목적에 반해 행사함으로써 신의(信義) 계약을 위반한 국가 권력에 대해 시민들이 저항권을 행사한 것에서 촛불 시위의 본질을 찾는다.[25] '주권자 국민'이 계약을 위반한 대리인으로부터 자신의 권리를 회수하려 했다는 것이다.[26] 광장을 국가와 시민이 충돌하는 장소로 보는 송호근의 경우도 유사하다. 그에 따르면, 촛불 집회는 선진국에서와 달리 국가와 개별 시민 사이의 이해 갈등을 조정하고 매개할 중간 집단 혹은 결사체가 빈약한 한국에서 국가와 개인들이 정면 충돌하는 양상으로 나타난, 시민들의 정치적 표현 행동이다.[27]

68 혁명 운동 참가자들의 의식과 비교해 볼 때, 이와 같이 상반되는 주장들은 어떻게 이해되는가? 68 혁명 운동 참가자들의 의식을 대표하는 반권위주의와 탈물질주의를 기준으로 촛불 집회 참가자들의 의식을 살펴보면, 그 주장들의 적합성을 어느 정도 파악할 수 있다. 무엇보다 선진 유럽을 배경으로 하는 68 혁명 운동과 비교함으로써 한국적 특수성을 규명할 수 있기 때문이다.

---

24 김학준(2017).

25 박찬표, 2017, "촛불과 민주주의: 촛불 시위에서 드러난 한국 시민 사회의 장점과 한계," 최장집 외, 『양손잡이 민주주의: 한 손에는 촛불, 다른 손에는 정치를 들다』(서울: 후마니타스), 173~252쪽.

26 서영표는 "평화적인 '시민'과 폭력적인 '비시민'을 가르고 신자유주의적 질서로부터 생겨 나온 불만과 저항을 개헌과 대선이라는 낡은 제도 정치의 틀 안으로 붙잡아두려"고 한 언론의 역할을 지적하기도 했다. 하지만 언론에 대한 것은 이 글의 범위를 벗어나므로 다루지 않는다. 서영표, 2017, "변화를 향한 열망, 하지만 여전히 규율되고 있는 의식: 2016년 촛불 시위에 대한 하나의 해석 ," 『마르크스주의 연구』 제14권 1호(통권 제45호, 경상대학교 사회과학연구원), 65~90쪽.

27 송호근, 2017, 『촛불의 시간: 군주·국가의 시간에서 시민의 시간으로』(서울: 북극성).

<표 8-2>와 <표 8-3>은 설문 조사 결과들 중 물질주의와 탈물질주의로 분류할 수 있는 항목들을 선별하여 집계한 결과다. 설문 문항은 잉글하트의 연구[28]를 참조해 현재 한국 사회에서 주요한 이슈로 논의되는 것을 선정했으며, 모든 설문은 7단계 리커트 척도로 이루어졌다(1: 전혀 필요하지 않음; 4: 보통; 7: 매우 필요함; 기타 척도는 각각 사이 수준의 필요성 인식).[29] <표 8-2>는 집계 결과를 촛불 집회 참가자 집단의 척도가 높은 순서로 정리한 것이며, <표 8-3>은 비참가자에 비해 참가자들의 비교 순위(t값 순위)가 높은 순서로 정리한 것이다(다만, 유의 수준 0.05에 부합하지 않는 항목들은 모두 아래쪽에 배치함).

<표 8-2> 촛불 집회 참가자 및 비참가자 간 의식 차이: 참가자 절대 순위

	전체 (N=1,518)	참가자 (N=664)	비참가자 (N=854)	t/prob
경제 성장과 경제 안정	6.05	6.05	6.05	t=0.12, prob=0.9046
언론 자유 보장*	5.66	5.89	5.49	t=6.43, prob=0.0001
물가 상승 억제	5.82	5.88	5.78	t=1.81, prob=0.0707
정부 정책 결정에 대한 국민 참여 확대	5.65	5.82	5.52	t=4.95, prob=0.0001
국가 및 사회의 질서 유지와 범죄 소탕	5.84	5.82	5.86	t=-0.66, prob=0.5108
사회 복지 확대	5.64	5.81	5.50	t=5.24, prob=0.0001
환경 보호	5.70	5.77	5.65	t=2.24, prob=0.0256
직장과 지역 사회에서의 개인 발언권 확대	5.21	5.33	5.12	t=3.68, prob=0.0002
핵 감축 또는 폐지*	5.14	5.30	5.02	t=3.63, prob=0.0003
국방비 등 방위력 증강*	5.26	5.17	5.34	t=-2.46, prob=0.0141
여성 권익 신장	5.09	5.17	5.04	t=1.89, prob=0.0588
장애인, 동성애자 등 사회적 소수자의 권익 증진	4.89	5.04	4.78	t=3.80, prob=0.0002
국제 난민과 약소국 지원*	4.61	4.67	4.55	t=1.77, prob=0.0770

주: 1) 7단계 리커트 척도로 측정함.
2) * 등분산 가설이 기각됨.

28 Inglehart(1971); Inglehart(1977).

29 구체적인 설문 내용은 [부록 9-1] 설문지 20번 문항을 참조하시오.

우선, 모든 항목의 값이 중앙값(4)을 넘어선다는 것에 주목할 필요가 있다. 이 조사 결과를 전체 국민들의 의식으로 일반화할 수 있다면, 우리나라 국민들은 경제와 안보 및 치안 유지에 높은 관심을 보이면서도 진보적 가치에도 높은 지지를 보낸다는 것을 알 수 있다. 이것은 경제 위기와 빈부 격차 및 분단 상황 등을 고려할 때, 우리 국민들이 현실적 한계를 진지하게 받아들이는 가운데 진보적 의식을 가지고 있음을 의미한다. 게다가 항목별 순위는 촛불 집회 참가자와 비참가자들로 나누어 보더라도 큰 차이가 없어 전반적 경향이라고 보기에 무리가 없다.

하지만 참가자와 비참가자를 나누어 볼 때에는 의식 차이가 확연하게 드러난다. 우선 참가자들의 절대 척도 순위를 보면, 경제 성장과 경제 안정, 물가 상승 억제가 각각 1위와 3위에 위치해 경제 문제에 대한 관심이 매우 높고, 사회 복지 역시 6위여서 빈부 차이에 대한 문제의식도 높다(<표 8-2>). 이어 언론 자유 보장과 정부 정책 결정에 대한 국민 참여 확대가 각각 2위와 4위를 차지해 경제 문제 다음으로 높은 관심을 보여, 참가자들로부터 정치적 민주주의 확대가 중요한 주장으로 나타날 수 있음을 보여준다. 치안 문제(국가 및 사회의 질서 유지와 범죄 소탕)도 5위에 자리해 역시 높은 관심을 보인다. 반면 정치 경제와 밀접하게 관련되지 않은 사안들(환경 보호, 개인 발언권 확대, 핵 감축 또는 폐지, 여성 권익 신장, 국제 난민 및 약소국 지원)에 대해서는 상대적으로 낮은 순위를 보인다. 다만 국방비 및 방위력 증강 문제도 참가자 집단에서 매우 낮은 순위(11위)를 보이는데, 국민 전체나 비참가자 집단에서 9순위인 것을 고려하면 큰 차이가 나는 것은 아니다.

다음으로 비참가자 집단에 대한 참가자 집단의 비교 우위를 보면, 언론 자유 보장, 사회 복지 확대, 정부 정책에 대한 국민 참여 확대가 여전히 높은 순위를 차지한다(<표 8-3>). 이것은 68 혁명 운동 참가자들이 비경제적이고 반(反) 기성 정치적 의식을 보인 것과 다른 중요한 지점이다. 68 혁명 운동 참가자들과 달리 촛불 집회 참가자들은 전통적 이슈들 중에서도 경제 모순의 해결과 정치적 민주주의 확대에 높은 관심을 보여준다는 얘기다.

<표 8-3> 촛불 집회 참가자 및 비참가자 간 의식 차이: 참가자 비교 순위

	전체 (N=1,518)	참가자 (N=664)	비참가자 (N=854)	t/prob
언론 자유 보장*	5.66	5.89	5.49	t=6.43, prob=0.0001
사회 복지 확대	5.64	5.81	5.50	t=5.24, prob=0.0001
정부 정책 결정에 대한 국민 참여 확대	5.65	5.82	5.52	t=4.95, prob=0.0001
장애인, 동성애자 등 사회적 소수자 권익 증진	4.89	5.04	4.78	t=3.80, prob=0.0002
직장과 지역 사회에서의 개인 발언권 확대	5.21	5.33	5.12	t=3.68, prob=0.0002
핵 감축 또는 폐지*	5.14	5.30	5.02	t=3.63, prob=0.0003
국방비 등 방위력 증강*	5.26	5.17	5.34	t=-2.46, prob=0.0141
환경 보호	5.70	5.77	5.65	t=2.24, prob=0.0256
여성 권익 신장	5.09	5.17	5.04	t=1.89, prob=0.0588
물가 상승 억제	5.82	5.88	5.78	t=1.81, prob=0.0707
국제 난민과 약소국 지원*	4.61	4.67	4.55	t=1.77, prob=0.0770
경제 성장과 경제 안정	6.05	6.05	6.05	t=0.12, prob=0.9046
국가 및 사회의 질서 유지와 범죄 소탕	5.84	5.82	5.86	t=-0.66, prob=0.5108

주: 1) 7단계 리커트 척도로 측정함.
2) * 등분산 가설이 기각됨.

이는 한국의 현 체제가 87년 체제를 부분 체제로 하는 97년 체제라는 손호철의 주장을 참조할 때, 잘 이해될 수 있다.[30] 그에 따르면, 1987년에 이루어진 '불완전한 정치 민주화'라는 헌정 체제가 여전히 작동하고 있는 가운데 1997년에 만들어진 신자유주의 경제 체제가 중심 체제로 기능한다는 것이다. 곧 불완전한 민주화에 따른 정치적 모순이 신자유주의 경제 체제의 경제적 모순과 결합해 최근 촛불 정국을 촉발시켰다고 할 수 있다.

4위부터 8위까지는 68 혁명 운동 참가자들에게서 볼 수 있는 것처럼, 촛불 집회 참가자들이 비참가자들에 비해 소수자의 권익 증진, 개인의 권리 확대, 환경 보호, 핵 감축 및 폐기에 대한 지지가 높고 방위력 증강에 대한 지지가 낮았다. 국방비 등 방위력 증강 항목에 대해서는 비참가자들

30 손호철(2017a), 25쪽.

에 비해 참가자들에서 반전 의식이 상대적으로 높은 것으로 해석되며, 특히 최근 방산 비리나 군대 내 인권 침해 등도 작용한 것으로 볼 수 있다. 분단 상황이라는 점이 작용해 그 절댓값은 낮지 않지만 비참가자들과의 비교 면에서는 관심도가 유의미한 수준에서 떨어지는 것이다.

다만 여성 권익 신장 및 국제 난민과 약소국 지원에서는 참가자들이 비참가자들과 차이가 거의 없어 통계적으로 유의미하지 않다. 이것도 역시 68 혁명 운동 참가자들과 촛불 집회 참가자들이 다른 의식을 가졌다는 것을 의미한다. 물가 상승 억제, 국가 및 사회의 질서 유지와 범죄 소탕, 경제 성장과 경제 안정 등 경제 및 치안 문제와 관련해서도 차이가 없는데, 이것은 분단 상황과 경제 위기 및 최근 자주 드러나고 있는 인권 침해와 각종 범죄 등을 반영한 결과라고 할 수 있다.

특히 여성 권익 신장, 국제 난민과 약소국 지원 등의 사안들에 관해서는 촛불 집회 참가자들의 관심이 유의미하게 더 높을 것이라는 예상은 빗나간다. 이것은 집회 참가자들의 인구 통계학적 구성으로 설명할 수 없는 부분이다.[31] 참가자 집단 내에서 20대와 30대의 비중이 각각 19.4%, 20.0%로 비참가자 집단의 그 비중 17.7%, 17.8%보다 높기 때문이다. 성별로는 참가자 집단에서 남성 비중이 더 높은데(참가자 집단 내 남성 56.9%, 여성 43.1%; 비참가자 집단 내 남성 48.7%, 여성 51.3%), 역편향이든 아니든 이것도 역시 여성 권익 신장에 대한 관심도가 두 집단에서 차이가 거의 없다는 사실을 설명하지 못한다.

이 현상도 촛불 집회의 주요 동기와 관련해 설명될 수 있다. 앞에서 설명했듯이 촛불 집회는 박근혜-최순실 게이트로 불거진 체제 모순, 즉 87년 체제의 정치적 모순과 97년 체제의 경제적 모순에 따른 저항이 주요 동기였기 때문이다. 국제 연대 및 여성 권익 등의 문제는 절대적 관심도에서는 결코 낮지 않지만 촛불 정국의 중요한 이슈들은 아니었다는 것이다.

---

31 촛불 집회 참가자들의 인구 통계학적 특징에 대해서는 도묘연(2017a)을 참조했다.

이 결과를 볼 때, 촛불 집회가 다중의 정치적 표출이라는 점을 인정한다고 하더라도 그 참가자들의 구체적 의식은 68 혁명 운동 참가자들의 의식 및 이후 이 맥락에서 형성된 다중 개념(정동적 주체)과 완전히 일치하지는 않는다. 다중으로 이해할 것을 주장하는 김성일도 2016/17년 촛불 정국에서의 갈등 관계는 '불신(대선 공약 파기 및 축소), 불통(시민 사회의 비판에 대한 감시·통제·배제), 분열(프레임 정치를 통한 국민 분열), 불능(세월호 침몰 방치)으로 점철된 박근혜로 표상된 국가(새누리당을 위시하여 재벌 등 각종 지배 권력 분파들이 만들어 놓은, 가진 자들의 세상)에 대한 대중의 거부로 형성'되었음을 인정했다.[32]

2016/17년 촛불 집회의 발생 배경이 물론 전통적인 정치적 민주화나 사회 경제적 민주화에 한정된 것은 아니었다. 많은 보도와 분석들이 이미 밝혔듯이, 인터넷 동호회 등을 통한 미조직 개인들의 자발적 참가와 다양한 주장들이 동력의 하나이기도 했다는 점을 부정할 수는 없다. 그러나 여전히 정치적 민주주의의 결함과 사회 경제적 민주주의의 부재라는 한국적 특수성이 핵심 배경이라는 점도 부정할 수 없다. 촛불 집회가 지속되면서 점차 '민중'이라는 용어조차 사라지고 '시민'이 그 자리를 대체했다는 박찬표의 관찰도 이와 같은 특수성과 그 복합적 측면을 보았기 때문이다.[33] 곧, 촛불 집회를 시민 혁명으로 부르는 데에도 정당한 근거가 있지만, 이때 시민은 전통적 사회 운동의 '민중' 개념을 포괄하며 벗어나지만, 한국적 특수성에 의해 68 혁명 운동에 뿌리를 둔 다중 개념으로까지 발전한 것은 아니다.

32 김성일(2017), 161쪽.

33 박찬표(2017), 206쪽.

68 혁명 운동은 자본주의 사회의 다양한 권위주의에 대항해 반권위주의를 내세운 운동이었다. 이때 권위주의는 자본주의의 물질적 토대와 연결되어 있다는 점에서 물질주의적 가치를 중시한다. 대표적으로 국가와 안보 및 경제 성장을 가장 중요한 가치로 보는 (부르주아) 자유주의와 사회복지와 경제적 평등을 주장하는 사회주의는 모두 물질주의 가치 집단에 속한다. 전통적 기준에 따르면 좌파와 우파로 나뉘지만, 경제적 가치에 토대를 둔다는 점에서는 모두 물질주의로 묶일 수 있기 때문이다.

이와 달리 68 혁명 운동에서 생성된 새로운 가치관은 이러한 경향을 비판하고 그에 저항한다는 점에서 반권위주의적 탈물질주의이다. 이 가치관에 입각해 볼 때 기존의 좌·우파들은 다섯 가지 사회적 갈등(모순)에 근거하는 권위주의로 규정된다. 곧 간략하게 반복하면, ① 대중과 관료(지배층)의 갈등(관료주의 모순)에 기인하는 관료제적 권위주의, ② 여성 및 청소년과 남성 가부장의 갈등(가부장주의 모순)에 기인하는 가부장제적 권위주의, ③ 소수자와 다수자의 갈등(진화론 모순)에 기인하는 진화론적 권위주의,[34] ④ 자연과 인간 문명의 갈등(문명 모순)에 기인하는 문명적 권위주의, ⑤ 식민지 국가와 제국주의 국가의 갈등(제국주의 모순)에 기인하는 제국주의적 권위주의.

물론 이 권위주의 모순들은 비단 자본주의 사회에만 국한된 것이 아니다. 인류가 문명을 이룬 이래 정도의 차이가 있을 뿐 지속적으로 존재해온 모순들로서 특정 시기의 사회적 모순이 아니라 인간 사회 전체의 유적(類的) 모순에 해당한다. 따라서 자본주의 사회를 극복한 사회에서도 지속적으로 해소해 나가야 할 과제들이다. 다만 앞에서 말했듯이, 68 혁

34 계급 사회(특히 자본주의 계급 사회)에서 소수자에 대한 차별은 소수자가 사회적 가치 생산과 경쟁에서 열등한 집단이라는 인식에서 비롯된다. 이것은 적자 생존을 주장한 다윈의 『진화론』과 맥락을 같이한다.

명 운동은 물질주의적 풍요를 구가한 복지 자본주의에서 나타났기 때문에 (탈)물질주의적 계기가 중시된다는 점에서 특수하다. 더욱이 자본주의는 이전의 어느 생산 양식이나 사회 구성체보다 발전된 형태이므로, 이 유적 모순들은 자본주의화(물질주의화)되었다고 할 수 있다.

<표 8-4> 촛불 집회 참가자와 비참가자 간 물질주의 및 탈물질주의 차이

			전체 (N=1,518)	참가 (N=664)	비참가 (N=854)	t/prob
물질주의	국방비 등 방위력 증강*		5.26	5.17	5.34	t=-2.46, prob=0.0141
	국가 및 사회의 질서 유지와 범죄 소탕		5.84	5.82	5.86	t=-0.66, prob=0.5108
	경제 성장과 경제 안정		6.05	6.05	6.05	t=0.12, prob=0.9046
	물가 상승 억제		5.82	5.88	5.78	t=1.81, prob=0.0707
	사회 복지 확대		5.64	5.81	5.50	t=5.24, prob=0.0001
탈물질주의	관료주의 모순	언론 자유 보장*	5.66	5.89	5.49	t=6.43, prob=0.0001
	관료주의 모순	정부 정책 결정에 대한 국민 참여 확대	5.65	5.82	5.52	t=4.95, prob=0.0001
	진화론 모순	장애인, 동성애자 등 사회적 소수자의 권익 증진	4.89	5.04	4.78	t=3.80, prob=0.0002
	관료주의 모순	직장과 지역 사회에서의 개인 발언권 확대	5.21	5.33	5.12	t=3.68, prob=0.0002
	문명 모순	핵 감축 또는 폐지*	5.14	5.30	5.02	t=3.63, prob=0.0003
	문명 모순	환경 보호	5.70	5.77	5.65	t=2.24, prob=0.0256
	가부장주의 모순	여성 권익 신장	5.09	5.17	5.04	t=1.89, prob=0.0588
	제국주의 모순	국제 난민과 약소국 지원*	4.61	4.67	4.55	t=1.77, prob=0.0770

주: 1) 7단계 리커트 척도로 측정함.
2) * 등분산 가설이 기각됨.

촛불 집회 참가자 의식을 이러한 68 혁명 운동 참가자 의식과 비교하기 위해 상술한 모순들을 하나씩 살펴볼 필요가 있다. 따라서 설문 조사 결과의 내용을 물질주의와 탈물질주의로 나누고 탈물질주의를 다시 다섯 가지 모순에 따라 다시 분류한다. 아래 <표 8-4>에서 보듯이, 물질주의에는 국방비 등 방위력 증강, 국가 및 사회의 질서 유지와 범죄 소탕, 경제 성장과 경제 안정, 물가 상승 억제, 사회 복지 확대가 해당한다. 그리고 다섯 가지 모순 인식에 따른 탈물질주의 의식은 다음과 같이 분류한다: ① 관료주의 모순 인식: 언론 자유 보장, 정부 정책 결정에 대한 국민 참여 확대, 직장과 지역 사회에서의 개인 발언권 확대, ② 가부장주의

모순 인식: 여성 권익 신장, ③ 진화론 모순 인식: 장애인, 동성애자 등 사회적 소수자의 권익 증진, ④ 문명 모순 인식: 핵 감축 또는 폐지, 환경 보호, ⑤ 제국주의 모순 인식: 국제 난민과 약소국 지원.

우선, 물질주의 의식을 살펴보면, 경제 성장과 치안 관련 의식에서 두 집단 간 차이는 거의 없어 통계적으로 유의미하지 않다. 앞 절에서도 밝힌 것처럼 이들 항목에 대해 촛불 집회 참가자와 비참가자 모두 높은 관심을 보인다는 것이다. 이와 달리 안보와 사회 복지는 두 집단 간에 뚜렷한 차이가 나타난다. 촛불 집회 참가자들은 국방비 등 방위력 증강 문제에 대해 상대적으로 낮은 관심을 보인 반면, 사회 복지 확대에 대해서는 높은 지지를 보내는 것이다. 이것은 분단 상황에서 대북 정책을 둘러싼 남남 갈등을 보여주는 한편, 사회 경제적 민주주의의 결여를 방증한다. 촛불 집회 참가자들은 비참가자들에 비해 대북 정책에서 강경 정책보다 온건 정책을 선호하며 사회 경제적으로는 복지의 확대를 더 강력하게 원한다고 볼 수 있다. 그렇지만 물질주의 측정 항목의 절대값에서 알 수 있듯이, 남남 갈등의 양측이 상대적으로 방위력 강화에 대해서는 소극적이지만 모두 분단과 안보에 관심이 높다고 보아도 틀리지 않다.

따라서 물질주의 의식 중에서 안보, 치안, 복지, 경제 성장과 관련해, 촛불 집회 참가자들이 비참가자들과 크게 혹은 거의 다르지 않게 높은 관심을 보이며 사회 복지 문제에 있어서는 오히려 더 높은 관심을 보인다고 할 수 있다. 특히 사회 복지 문제는 계급이나 민중으로 표출되는 기존 이슈와 밀접한 관계를 갖는다. 그럼에도 시간이 지나면서 촛불 집회 참가자들은 계급과 민중이 아니라 시민으로 호명되기 시작했다. 이것은 김공회의 분석처럼, 사회 경제적 원인이 중요하지 않거나 중요하게 인식되지 않아서가 아니라 박근혜-최순실 게이트의 영향이 압도적으로 컸기 때문이다.[35]

---

35 김공회, 2017, "'촛불 정국'의 사회 경제적 차원: 분석과 전망," 『마르크스주의 연구』 제

실제 이정섭에 따르면, 촛불 집회의 주요 주장들 중에는 “기본 소득 문제, 청년들의 실업 문제, 용역 노동자들의 처우 개선, 부산 형제 복지회 사건의 억울한 사연, 18세 투표권 보장, 양심수 석방, 노동 개악법 비판, 비정규직 남발, 세월호 7시간 등”이 큰 비중을 차지한다.[36] 이동연은 2008년 촛불 집회에 비해 2016/17년 촛불 집회가 정치적 차원에서 더 뚜렷하게 구별되는 점을 시민의 주권 의식과 계급 의식의 확산이라고 평가했는데,[37] 박근혜정권퇴진비상국민행동을 이끈 최영준과 최일봉이 자신들이 펴낸 현장 보고서를 통해 노동 운동과 좌파가 중요한 역할을 수행했다고 주장한 것도 이러한 맥락으로 볼 수 있다.[38]

탈물질주의 의식에 있어서는 촛불 집회 참가자들이 비참가자들에 비해 대부분 뚜렷한 차이를 보인다. 인식 차이가 큰 순서대로 보면, 관료주의 모순, 진화론 모순, 문명 모순, 가부장주의 모순, 제국주의 모순이다. 직장과 지역 사회에서의 개인 발언권 확대가 진화론 모순과 관련된 장애인 및 동성애자 등 사회적 소수자의 권익 증진보다 낮은 순위에 위치하지만, 관료주의 모순과 관련된 다른 두 가지(언론 자유 보장, 정부 정책 결정에 대한 국민 참여 확대)가 1위와 2위를 차지하고 있어 이러한 판단에 무리는 없다.

핵 감축 또는 폐지와 환경 보호로 측정한 문명 모순 인식도 비록 순위는 낮지만 비참가자 집단보다 참가자 집단에서 높게 나타나며 통계적으로 유의미하다. 게다가 국민 전체의 인식도 각각 5점을 넘어 문재인 정

14권 1호(통권 제45호, 경상대학교 사회과학연구원), 44~64쪽.

36 이정섭, 2017, “촛불 좌파,” 『혁명과 이행』, 제8회 맑스코뮤날레 2일차 자료집, 2017년 5월 12~14일, 성공회대학교, 184쪽.

37 이동연, 2017, “촛불의 리듬, 광장의 문화 역동: 민주주의 정치를 위한 인식적 지도 그리기,” 『마르크스주의 연구』 제14권 1호(통권 제45호, 경상대학교 사회과학연구원), 102~103쪽.

38 최영준·최일봉(편), 2017, 『박근혜 퇴진 촛불 운동: 현장 보고와 분석』(서울: 책갈피), 24~25쪽.

부의 핵 감축 정책 추진의 긍정적 배경이 되고 있다. 한편, 제국주의 모순 인식(국제 난민과 약소국 지원)은 절대치도 가장 낮을 뿐 아니라 두 집단 간 차이가 통계적으로 유의미하지 않다. 복지 결여로 빈부 차이가 심한 국내 사정뿐 아니라 대북 지원이 여전히 뜨거운 감자로 남아 있는 상황에서 국제 지원은 큰 호응을 얻기 어려운 것으로 추측된다.

특히 관료주의 모순에 대한 인식이 가장 높은 것은 촛불 집회의 전개 양상을 이해하는 데에도 실마리를 제공한다. 손호철에 따르면, 2008년 촛불 집회에 이어 2016/17년 촛불 집회에서도 직접 민주주의 주장이 강하게 제기되었으며, 이것은 비단 기성 정치권이나 보수 진영뿐 아니라 운동권 내부에 대한 비판에도 적용된다.[39] 손호철은 주최 단체의 '단상 권력'과 '광장 내 대의제'를 비판하는 목소리에 주목하며, 이를 "운동 내에서의 직접 민주주의" 경향으로 보았다.[40] 이 경향은 68 혁명 운동이 당시 노동조합과 좌파 정당들을 비롯한 진보 진영 내의 권위주의를 배격한 것과 다르지 않다. 다만 68 혁명 운동에서 다섯 가지 권위주의 모순에 대한 비판과 공격이 동시에 전개된 것과 달리 촛불 집회에서는 그 대상이 관료주의 모순에 집중되었다는 점이 다르다.

물론 매우 다양한 모임과 개인들이 집회에 참가해 전 세계적으로도 경이로운 양상을 보인 것은 사실이다. 한 자료집에 따르면, 촛불 집회에 등장한 깃발에는 '혼자 온 사람들, 전국고양이노동조합, 고산병연구회, 범깡총연대, 범야옹연대, 사립돌연사박물관, 안남시민연대,[41] 안남대학교 리볼버과, 행성연합 지구본부 한국지부-하야와 번영을, 거리애호가, 우리는 서로의 용기당, 전국설명충연합회, 트잉여운동연합, 전견련, 무도본방사수후원회, 화분안죽이기실천연합, 고혈당, 햄네스티, 양배추취식실천

39 손호철, 2017b, "'11월 시민 혁명', '광장'과 대의제를 생각한다," 『마르크스주의 연구』 제14권 1호(통권 제45호, 경상대학교 사회과학연구원), 18~43쪽.

40 손호철(2017b), 24쪽.

41 안남시는 영화 <아수라>에 나오는 가상의 도시이다.

연합, 민주묘총, 나만 고양이 없어, 보노보노, 포로리, 너구리, 프로혼참러가이포크스, 한국 주사맞기 캠페인 운동본부, 만두노총, 새우만두노조, 집가싶(집에 가고 싶다), 얼룩말연구회, 장수풍뎅이연구회' 등이 있었다.[42] 이 깃발들은 조직이 없이 비어 있는 깃발들로 이 깃발을 들고 촛불 집회에 참가한 사람들은 스스로를 '아무 깃발'이라고 불렀는데, 이수영은 이를 "구체적으로 고정된 특정 깃발이 아니라 아무거나 될 수 있는, 무엇이든 될 수 있는 깃발들"로 평가한다.[43] '상상력에 권력을!'이라고 부르짖었던 68 혁명 운동과 유사한 지점이다.

하지만 촛불 집회의 다양성과 가능성은 적어도 2016/17년 탄핵 정국에서는 관료주의 모순을 비판하고 정권 퇴진을 주장하는 선을 넘어서 더 구체화되기 어려웠고 실제로도 그렇게 되지 못했다. 87년 체제의 정치적 모순을 안고 있는 97년 체제의 정치 경제적 모순을 해결하는 것이 당면의 목적이 될 수밖에 없었기 때문이다. 유적 모순에 대한 총체적 접근이 이루어지기에는 사회적 토대가 충분하지 못했으며, 박근혜-최순실 게이트로 드러난 한국식 대의제의 한계가 관료주의 모순에 집중하도록 하는 중요한 계기가 되었다. 여기에 1990년대 이후 급격하게 또는 꾸준히 성장해온, 진화론 모순과 문명 모순에 대한 인식이 낮은 수준에서나마 함께 작용했을 뿐이다.[44]

---

42 이수영, 2017, "'장수풍뎅이연구회' 깃발과 촛불 혁명," 『혁명과 이행』, 제8회 맑스코뮤날레 2일차 자료집, 2017년 5월 12~14일, 성공회대학교, 192~197쪽.

43 이수영(2017), 192쪽.

44 이러한 맥락에서 천정환은 2016/17년 촛불 집회를 "치명적이고도 답 없어 뵈는 양극화와 파편화된 삶을 '승화'하는 위로의 기제이며, 그래서 일종의 (순치된) 카니발리즘인지도 모른다."고 평가한다. 천정환(2017), 457쪽.

요약과 함의

68 혁명 운동이 가져온 핵심적 변화는 기존 갈등 구도에 물질주의-탈물질주의라는 새로운 갈등 축을 추가한 것이다.[44] 기존 갈등 구도가 자본주의 사회의 모순인 노자 계급 모순에 기초함으로써 경제적 분배와 성장을 두고 다투는 전통적 좌우 갈등 구조라면, 68 혁명 운동 이후 추가된 새로운 구도는 일상에 주목하는 반권위주의적 탈물질주의와 경제적 가치에 토대를 두는 권위주의적 물질주의 간의 갈등 구조였다. 다시 말해 68 혁명 운동 세대의 의식은 정치적 민주주의와 사회 경제적 민주주의(혹은 생산자 민주주의)에 한정된 권위주의적 물질주의 사고를 넘어서는, 일상의 민주주의적 사고, 즉 가부장적 권위주의, 문명의 권위주의, 관료적 권위주의, 강대국의 권위주의 및 진화론적 권위주의라는 제반 권위주의적 현상을 비판하는 탈물질주의 사고였다.

권위주의는 가부장주의 모순, 문명 모순, 관료주의 모순, 제국주의 모순, 진화론 모순이라는 다섯 가지 모순들로 구체화된다. 노자 모순이 자본주의 계급 사회의 고유한 사회적 모순이라면, 68 혁명 운동 세대가 주목한 권위주의 모순은 인간이라는 영장류의 사회에 항상적으로 존재하는 유(類)적 모순이다. 이 모순들은 1960년대 사회 복지 국가의 정착과 국제적 안정이라는 국내외적 배경을 토대로 표출되어 젊은 세대의 비판 대상이 된 것이다. 곧 68 혁명 운동은 물질주의적 사고나 대안으로는 해결할 수 없는 모순들에 주목함으로써 새로운 사고와 대안을 강구하고 주장했다.

2016/17년 한국에서도 촛불 집회 참가자들은 탈물질주의 가치에 높은 관심을 보인 것으로 나타났다. 촛불 집회 비참가자들에 비해 참가자들은 관료주의 모순, 진화론 모순, 문명 모순, 가부장주의 모순, 제국주

45 정병기(2008), 47~48쪽.

의 모순의 순서로 높은 관심을 보였다. 그중 마지막 두 모순에 대한 인식은 통계적으로 유의미하지 않지만 절대치로는 낮지 않은 수준이었다. 게다가 개인주의 가치에 따른 주장을 제기한 것을 함께 고려하면, 2016/17 촛불 집회는 68 혁명 운동과 유사한 점이 많다고 할 수 있다.

다른 한편, 촛불 집회 참가자들은 안보와 치안, 사회 복지와 경제 성장에 대해서도 높은 관심을 보여 68 혁명 운동 참가자들과 다른 모습을 보이기도 했다. 비참가자들에 대한 차이가 통계적으로 유의미하지 않은 경우도 있지만, 관심의 절대치는 중앙값을 훨씬 뛰어넘는 수치였다. 통계적으로도 유의미한 것은 안보와 복지였는데, 참가자 집단은 안보에 대해서는 비참가자 집단보다 낮은 관심을 보였고, 복지 문제에 대해서는 높은 관심을 보였다. 이것은 촛불 집회 참가자들이 대부분 대북 온건 정책을 선호하고 사회 경제적 민주주의에 더 예민하다는 것을 의미한다.

2016/17년 촛불 집회 참가자들이 비참가자들에 비해 가장 큰 의식 차이를 보인 것은 사회 복지 확대, 언론 자유 보장, 정부 정책 결정에 대한 국민 참여 확대였다. 사회 경제적 민주주의를 요구하는 물질주의 사고와 권위주의를 비판하는 탈물질주의 사고가 동시에 중시되고, 탈물질주의 중에서는 관료적 권위주의를 비판하는 경향이 압도적으로 높았다. 하지만 촛불 집회의 요구와 주장은 후자에 집중되어 나타났고 직접적 타격 목표(정권 퇴진)도 달성되었다. 이것은 68 혁명 운동이 탈물질주의 사고를 중심으로 기성 정치와 물질주의(권위주의)를 모두 배격했지만 정치적으로 성공하지 못한 것과 뚜렷이 다른 점이다.

이러한 차이점은 두 운동의 배경과 계기가 다른 데에 기인한다. 68 혁명 운동은 정치적 민주주의와 사회 경제적 민주주의가 정착된 상황에서 일상적 권위주의 및 물질적 소비 사회의 모순이 운동 발생의 직접적 계기가 되었다. 이와 달리 2016/17 촛불 집회는 87년 체제의 불완전한 정치적 민주주의가 이어지는 상황에서 신자유주의 정치 경제로 인해 사회 경제적 민주주의조차 요원한 97년 체제에서 발생했는데, 그 직접적인 계기는 87년 및 97년 체제의 모순이 총체적으로 사건화된 박근혜-최순실 게이트였다. 그에 따라 2016/17 촛불 집회는 사회 경제적 민주주의를 중시하면서도 당면 목표인, 관료적 권위주의의 타도에 집중했다고 할 수 있다. 특히, 여전히 크고 강력한 국가와 충분히 성숙하지 못한 시민 사회라는 상황은 정치적 민주주의를 통해 다른 차원의 민주주의들을 완성하거나 적어도 상당할 정도로 발전시킬 수 있다는 믿음을 강화했다.

하지만 주목할 것은 한국에서 탈물질주의 사고는 촛불 집회 참가자 집단에서 전반적으로 높게 나타날 뿐만 아니라 국민 전체에서도 높게 나타났다는 것이다. 이것은 젊은 세대들에 한정되었던 68 혁명 운동과 달리 촛불 집회에 대한 국민적·사회적 토대가 튼튼했다는 것을 의미한다. 따라서 68 혁명 운동이 젊은 세대에서 사회 구성원 전체로 확장되었어야 했다면, 2016/17 촛불 집회는 다른 탈물질주의 영역(진화론, 문명, 가부장주의, 제국주의)으로 더 확대되고 이를 통해 다른 민주주의 영역들(사회 경제, 생산 현장, 일상생활)까지 발전시켜야 할 것이다.

제9장

1987년 6월 항쟁에서 2016/17년 촛불 집회까지

2016/17년 촛불 집회는 1987년 6월 항쟁 이후 획기적인 정치 변화를 추동했고 더 멀게는 4·19 혁명 이후 처음으로 국민 저항을 통해 정권을 붕괴 혹은 교체시켰다. 이러한 의미에서 2016/17년 촛불 집회는 이전 촛불 집회와 근본적으로 성격을 달리하는 혁명적 사건이다. 독재 정권과 부패 정권에 맞선 국민들이 직·간접적 승리를 쟁취함으로써 정치의 근본적 변화를 가져왔다는 점에서 4·19 혁명과 6월 항쟁을 잇는 또 하나의 장엄한 역사가 이루어진 것이다. 그러므로 이 촛불 집회를 혁명 혹은 시민 혁명이라 부르는 것이 옳을 것이다. 비록 집회 당시에 제기된 요구들이 온전히 달성되지 못한 상태여서 아직 진행 중인 혁명이라 할지라도 말이다.

손호철 교수의 경우도 2016/17 촛불 집회를 처음에는 '항쟁'으로 규정했지만 곧 '시민 혁명'으로 바꾸었다.[1] 초기에는 6월 항쟁처럼 전국적 항쟁이라는 점에서 '11월 항쟁'을 선호했으나, 시기가 2017년에도 이어

1 손호철, 2017c, "6월 항쟁과 '11월 촛불 혁명': 반복과 차이," 『현대정치연구』 제10집 2호 (서강대학교 현재정치연구소), 78~79쪽; 손호철(2017a), 19쪽.

졌을 뿐 아니라 시민들이 단순한 박근혜 퇴진을 넘어 헬조선 탈피 등 보다 근본적인 변화를 요구했다는 점을 들어 '촛불 시민 혁명'이 더 적합하다고 보았다.

하지만 용어에 대한 논란은 아직 진행 중이며, 그 논란에 깊이 개입하려는 의도는 없다. 따라서 이 글에서는 혁명적 사건이라는 점은 분명히 하되 '혁명성을 띤 집회로서 촛불 집회'라는 용어를 사용했으며, 이 장에서도 이 용어를 사용한다. 다만 마무리 부분에서 집회의 성격을 논할 때 그 혁명성의 구체적 의미를 밝힐 것이다.

제9장은 민주화 이후 한국 사회의 변화와 이를 추동한 사회 운동에 관심을 갖는다. 그에 따라 1987년 6월 항쟁과 민주화 이후 대표적 두 사회 운동인 2008년 광우병 쇠고기 수입 반대 촛불 집회와 2016/17년 박근혜 정권 퇴진 촛불 집회를 비교 분석한다. 2008년 촛불 집회는 다른 두 사건에 비해 운동의 규모나 사회적 영향이 크지 않았다. 하지만 정부의 사과와 정책 변경을 끌어냈고 광우병 사태를 전 국민적 의제로 발전시켰을 뿐만 아니라 새로운 운동 양상을 창출해 한국 사회 운동의 성격을 근본적으로 바꾸어 놓았기 때문에 비교 대상으로 삼기에 충분하다.

물론 촛불 집회는 2002년 '효순·미선 사건'을 두고 본격화되었고, 2004년 노무현 대통령 탄핵 반대 촛불 집회로 이어진 바 있다. 사회 운동과 한국 사회의 변화를 추동한 중요한 사회 운동으로서 1987년 7~9월 노동자 대투쟁과 1996/97년 총파업도 빼놓을 수 없다. 하지만 이 운동들은 전 국민적 의제나 참여로 발전되지 못해 비교의 대상으로서는 한계가 있다.

2016/17년 촛불 집회에 대한 분석은 사건 종료 후 시간이 많이 지나지 않았음에도 적지 않게 이루어졌다. 하물며 1987년 6월 항쟁과 2008년 촛불 집회에 대한 연구는 더 말할 것도 없다. 그리고 촛불 집회들 간 혹은 6월 항쟁과 촛불 집회 간의 비교 연구도 일정하게 이루어졌다. 2016/17년 촛불 집회를 2008년 촛불 집회와 비교한 연구,[2] 2016/17년 촛불 집회를 1987년 6월 항쟁과 비교한 연구,[3] 2008년 촛불 집회와 1987년 6월 항

쟁을 비교한 연구,[4] 2008년까지의 촛불 집회들을 비교 분석한 연구[5]들이 그것이다. 이 연구들은 모두 참여 주체, 운동 양상 혹은 정치 경제적 의미와 영향 등에 초점을 두어 깊이 있는 분석을 수행했다. 그러나 6월 항쟁과 2008년 및 2016/17년 촛불 집회를 함께 비교하거나 주체, 양상, 성과 등을 아우르는 분석에는 관심을 갖지 않았다.

이들과 달리 김성일은 2016/17년 촛불 집회를 1987년 6월 항쟁, 2002년 촛불 집회, 2008년 촛불 집회와 함께 비교한 연구를 제출했다.[6] 그러나 이 연구도 운동의 의제와 양상에 초점을 두었고, 시기적으로 2016/17년 촛불 집회가 마무리되기 전에 이루어져 주체와 성과에 대한 분석이 부족하다.

이 글은 이 선행 연구들의 한계를 보완해 참여 주체의 특성과 주요 공격 대상, 참여의 동기 및 운동의 양상과 방식, 그리고 의제와 목표 및 성과를 함께 보고자 한다. 이러한 목적에 맞게 『동향과 전망』에 발표한 글[7]을 재구성하여 작성했으며, 더 상세한 설명을 위해 내용을 보완하고 수정했다.

---

2 이동연(2017); 이지호 외(2017), 『탄핵 광장의 안과 밖: 촛불 민심 경험 분석』(서울: 책담); 홍성민, 2017, "감정 구조와 촛불 혁명: 2008년과 2016년," 『시민 사회와 NGO』 제15권 1호(한양대학교 제3섹터연구소), 79~110쪽.

3 강우진, 2017, "87년 체제와 촛불 시민 혁명: 한국 민주주의의 전환," 『정치비평』 제10권 1호(복간호, 한국정치연구회), 47~86쪽; 손호철(2017c).

4 박영균, 2008, "촛불의 정치 경제학적 배경과 정치학적 미래," 『진보평론』 통권 제37호, 41~61쪽.

5 정태석, 2009, "광우병 반대 촛불 집회에서 사회구조적 변화 읽기: 불안의 연대, 위험 사회, 시장의 정치," 『경제와 사회』 통권 제81호(비판사회학회), 251~272쪽.

6 김성일(2017).

7 정병기, 2018, "1987년 6월 항쟁 및 2008년 촛불 집회와 비교한 2016/17년 촛불 집회의 의미," 『동향과 전망』 통권 제104호(한국사회과학연구소), 318~343쪽.

참여 주체의 특성과 공격 대상 및 목표

1987년 6월 항쟁의 참가 주체를 연령, 학력, 직업, 소득 등 인구 사회학적으로 규명하는 것은 사실상 불가능하다. 또한 2008년과 2016/17년 촛불 집회 참가자들의 인구 사회학적 분석은 이미 여러 연구들을 통해 충분히 이루어졌다.[8] 따라서 이 글은 인구 사회학적 특성에 대해서는 다루지 않으며, 이념 및 가치관을 분석하는 데 초점을 두고 인구 사회학적 특성은 이 분석에 필요한 수준에서만 언급할 것이다.

<표 9-1> 참여 주체와 공격 대상 및 목표

	1987년 6월 항쟁	2008년 촛불 집회	2016/17년 촛불 집회
최대 인원	100만(총인구의 2.4%)	70만(총인구의 1.4%)	232만(총인구의 4.5%)
연인원	500만(총인구의 12.0%)	300만(총인구의 6.2%)	1,588만(총인구의 30.9%)
중심 세력	대학생, 시민	시민(중고생 적극 참여)	시민(중고생, 노인 등 전 영역으로 확대)
주체의 성격	근대적 시민	다중과 근대적 시민	정동적 다중과 근대적 시민
주도 단체	민주헌법쟁취국민운동본부(국본)	광우병 위험 미국산 쇠고기 전면 수입을 반대하는 국민대책회의(광우병국민대책회의)	박근혜정권퇴진비상국민행동(퇴진행동)
공격 대상과 목표	제5공화국 독재 정권; 대통령 직선제 실현	이명박 정부의 쇠고기 수입정책 + α(4대강 사업과 교육 정책 등); 정책의 철회 혹은 수정	박근혜 정권; 정권 퇴진과 부정부패 청산

주: 1) 참가 인구는 주최측 추산
2) 2008년은 『연합뉴스』 2017.10.26. http://www.yonhapnews.co.kr/bulletin/2016/11/12/0200000000AKR20161112054900004.HTML?input=1195m; 『오마이뉴스』 2016.11.24. http://www.ohmynews.com/NWS_Web/View/at_pg.aspx?CNTN_CD=A0002264069.

출처: 김성일(2017), 157쪽 <표 3>과 손호철(2017c), 86쪽 <표 4>의 참가 인원 비율을 재계산.

1987년 6월 항쟁의 최대 참가 인원은 약 100만 명(당시 인구의 2.4%)이고, 참가 연인원은 약 500만 명(당시 인구의 12.0%)에 달했다(<표 9-1> 참조).[9] 이것은 2016/17년 촛불 집회 최대 참가 인원 232만명(총인구의

8 이지호 외(2017); 이갑윤(2010); 도묘연(2017a) 등이 대표적이다.

9 Katsiaficas, George, 2015, 『한국의 민중 봉기』, 원영수 역(파주: 5월의봄), 438쪽; 손호철(2017c), 86쪽. 이하 1987년 6월 항쟁의 참여 주체에 대해서는 주로 손호철(2017c)을 참조했다.

4.5%)과 연인원 1,588만 명(총인구의 30.9%)의 약 1/2과 1/3에 해당한다. 반면 2008년 촛불 집회에서는 인원이 줄어 최대 참가 인원은 약 70만 명(총인구의 1.4%), 연인원은 약 300만 명(총인구의 6.2%)이었다. 민주화 이후라는 점을 고려해 볼 때, 2008년 촛불 집회의 규모가 상대적으로 매우 적었다고 할 수 있다. 이것은 2008년 촛불 집회가 광우병 쇠고기 수입 반대라는 제한된 이슈를 중심으로 전개되었기 때문으로 보인다.

1987년 6월 항쟁의 경우 학생 운동으로 시작되어 일반 시민들의 호응으로 이어졌으며, 2008년 촛불 집회는 중고생들이 적극 참여하는 등 일반 시민들이 처음부터 중심 세력으로 등장했다. 그리고 2016/17년 촛불 집회는 노동조합과 진보 진영이 주도해 시작되었으나, 제4차 집회(2016년 11월 19일)부터 주도 단체의 명칭이 '민중 총궐기 투쟁 본부'에서 '박근혜 정권 퇴진 비상 국민 행동'(약칭 '퇴진행동')으로 바뀌면서 중심 세력이 일반 시민으로 확대되었다. 특히 2008년 촛불 집회에서는 대학생들의 참여가 뒤늦게 이루어져 자성론이 일었는가 하면, 중고생들은 서울시 교육감 선거에도 개입하는 등 적극적인 활동을 보였다. 2016/17년 촛불 집회는 두 차례의 전국적 저항 운동을 통해 시민들의 주권 의식이 강화되면서 중고생, 노인 등 모든 시민들이 함께 전면에 나서는 양상을 보였다. 주도 단체의 명칭 변경에서 보듯이 2016/17년 촛불 집회에는 사회적 담론 영역에서 '민중'이라는 용어가 사실상 사라지고 '시민' 혹은 '국민'이 새로운 주체로 등장했다.[10]

1987년 6월 항쟁은 제5공화국 독재 정권을 타도하기 위해 대통령 직선제 개헌을 목표로 했으며, 2016/17년 촛불 집회는 박근혜-최순실 게이트로 드러난 부정부패에 격분한 국민들이 정권 퇴진과 부정부패 청산을 주장했다. 반면 2008년 촛불 집회는 이명박 정부의 광우병 쇠고기 수입 정책에 반대하는 것을 주된 목표로 하되, 4대강 사업과 0교시 수업 등 교

10 박찬표(2017), 206쪽.

육 정책에 대한 철회와 개혁의 소리도 높았다. 1987년 항쟁과 2016/17년 집회가 정권 자체를 공격 대상으로 삼았다면, 2008년 집회는 정부의 특정 정책을 대상으로 삼은 것이다.

이러한 특징들은 참가 주체들의 인구 사회학적 성격과도 관련되는 듯하다. 1987년 6월 항쟁에 대한 설문 조사가 결여되어 있기 때문에 참가자들의 인구 사회학적 특성을 다른 촛불 집회와 비교하는 것은 사실상 불가능하다. 그러나 6월 항쟁이 대학생들의 저항을 중심으로 전개된 것은 주지의 사실이며, 이에 관해서는 특별히 언급할 필요가 있다. 손호철 교수에 따르면, 6월 항쟁은 일제 강점기에 나타난 광주 학생 운동 등의 '역사적 전통'에 기인한 것이 아니라, 한국 전쟁 등으로 중심적 역할을 해야 할 노동자, 농민 등의 '계급 운동'이 사라졌기 때문에 학생들이 운동의 전면에 등장하게 된 것이다.[11] 실제 해방 정국에서 저항의 중심 세력은 학생들이 아니라 농민과 노동자 등 '기층 민중'이었다는 것이 그 증거로 제시된다. 이러한 설명은 역으로 민주화 이후 촛불 집회에서 다시 노동자와 민중이 전면에 등장하고 더 나아가 시민 혹은 국민 전체로 확대되어 간 것도 함께 설명할 수 있다.

2008년 촛불 집회에서 가장 두드러진 점은 중고생들의 적극적인 참여다. 전상진은 그 원인을 10대들의 집단적 갈등 대처 성향에서 찾았다.[12] 곧, 육체적 피로('0교시'), 학업 부담('영어 몰입 교육'과 '일제 고사' 및 '학교의 과외화'), 건강의 위협('광우병 쇠고기')과 같은 한국의 특수한 위협 상황에서, 10대 청소년들이 이 문제에 집단적으로 대처해야만 비로소 해결의 실마리를 찾을 수 있다고 인식했다는 것이다. 반면, 자율과 해방적 조건에서 나름의 방식으로 자신의 생존을 도모해야 하는 대학생들은 '자아로의 몰입'을 통해 문제를 해결하는 경향이 생겨났다고 한다. 특히 당시의

11 손호철(2017c), 85쪽

12 전상진, 2009, "2008년 촛불 현상에 대한 세대 사회학적 고찰," 『현대정치연구』 제2집 1호(서강대학교 현대정치연구소), 19~20쪽.

불안정한 경제 사회 조건으로 인해 사회 진출을 앞둔 20대 청년들에게서 자아 계발에 몰두하거나 우울증에 빠지는 경향이 나타났다는 것이다.

이동연도 비슷한 맥락에서 유용한 해석을 내놓았다.[13] 노동과 착취의 불안정 속에 살면서도 꾸준히 소비 활동의 욕구를 충족해야 하는 2008년 당시의 20대들로서는 '쇠고기 수입을 허용하는 대신, 휴대폰을 더 많이 팔면 된다'는 식의 경제적 효율성을 강조하는 경향이 있었다고 한다. 곧, 이들은 냉전의 기억에 사로잡힌 부모 세대들의 '정치적 수구 보수화'와는 달리 경제적 효율성을 강조하는 개인주의 성향을 갖게 되었고, '정치적 신보수화'를 의미하는 이 경향은 20대들로 하여금 촛불 집회라는 대중적 저항에 소원하게 만들었다는 것이다.

반면 2016/17년 촛불 집회에는 참여 주체의 범위가 확장되어 전 영역의 일반 시민들이 참여했으며, 이것은 존재의 이전으로도 설명할 수 있다. 1987년 6월 항쟁과 7~9월 노동자 대투쟁의 주역이었던 386 세대 등 대학생 및 청년들과 2008년 촛불 집회에 참여했던 중고생들이 2016/17년에는 각각 50대와 20대가 되어 이들 연령대의 참여도가 높았을 것으로 보인다.

그렇다면 참가자들의 정치 사회적 인식은 어떠한가? 적지 않은 학자들이 탈물질주의 여부에 주목했다. 이갑윤은 경험 분석을 통해 2008년 촛불 집회는 물질주의-탈물질주의 균열 같은 새로운 생활과 문화적 균열을 대표한다기보다 기존의 정치 균열이 생활과 문화에까지 확대된 것이라고 주장했다.[14] 그의 분석에 따르면, 2008년 촛불 집회 참가에 의미 있는 영향을 미친 것은 탈물질주의 요인들인 소득 및 교육 수준이 아니라 호남 지역, 이념, 정당 지지, 연령 등이었다. 즉 2008년 촛불 집회가 민주화 이후 한국 정치와 선거에 나타나고 있는 지역, 세대, 이념 등의 균열을

13 이동연(2008), 160쪽.

14 이갑윤(2010), 107, 110쪽.

그대로 나타내고 있다는 것이다. 이것은 2008년 촛불 집회 참가자들의 인식이 1987년 6월 항쟁 참가자들의 인식을 크게 벗어나지 않았다는 것을 의미한다. 이갑윤은 2008년 촛불 집회에서 나타난 새로운 양상과 문화적 현상들도 물질주의-탈물질주의와 같이 새로운 생활과 문화에 기반한 사회 균열의 결과라기보다는 기존의 정치적·당파적 균열이 생활과 문화로 확대된 결과라고 보았다.

이와 달리 조기숙·박혜윤은 경험적 분석을 통해 2008년 촛불 집회는 물질주의를 대변하는 정부와 탈물질주의적 시민들 간의 문화적 충돌이었다고 주장했다.[15] 또한 김욱은 이갑윤의 연구는 탈물질주의 가치를 측정하는 설문을 포함하지 않았기 때문에 실제로 물질주의-탈물질주의 요인이 촛불 집회 참가에 미친 영향을 직접 검증한 것이 아니라고 비판하면서, 또 다른 경험 분석을 통해 조기숙·박혜윤의 주장을 뒷받침하는 결과를 내놓았다.[16] 이들에 따르면 탈물질주의 가치관을 가진 사람들이 물질주의 가치관을 가진 사람에 비해 촛불 시위에 참여할 가능성이 높다.

이러한 주장은 2016/17년 촛불 집회 분석에도 이어졌다. 68 혁명 운동과 2016/17년 촛불 집회를 비교 분석한 정병기가 이 책 제8장의 토대가 된 논문[17]에서 2016/17년 촛불 집회도 68 혁명 운동처럼 전통적 갈등 구도에 균열을 일으키고 탈물질주의 가치에 입각한 새로운 구도를 형성하거나 적어도 그 가능성을 열었다고 평가했다. 이지호 등도 비록 탈물질주의를 언급하지는 않았지만 기존의 정치적·이념적 성향이 약화된 것을 2016/17년 촛불 집회에서 발견했다.[18] 그러나 두 촛불 집회에서 모두 주의해서 보아야 할 것은 서유럽의 68 혁명 운동과 달리 탈물질주의 가치

15 조기숙·박혜윤(2008), 243~268쪽.

16 김욱, 2010, "촛불 시위와 한국 시위 문화의 변동: 거시적 변화에 대한 미시적 설명," 『한국정당학회보』 제9권 2호(한국정당학회), 43쪽.

17 정병기(2017), 261~291쪽.

18 이지호 외(2017), 110~111쪽.

의 확대에도 불구하고 사회 복지라는 물질주의 가치가 촛불 집회 참가자들에게 여전히 중요하게 자리 잡고 있다는 사실이다.

2008년 촛불 집회를 분석한 김석수에 따르면, 점차 탈물질주의로 변해가는 과정에서도 촛불 집회 참가자들은 여전히 근대적 정신과 경제적 문제에서 자유롭지 않으므로 "우리 현대사의 여러 얼굴들, 이른바 국민의 얼굴, 민족의 얼굴, 시민의 얼굴, 다중의 얼굴 등 다양한 얼굴을 지니고 있다."[19] 앞쪽의 얼굴에서 뒤쪽의 얼굴로 이행하고 있을 뿐이라는 것이다. 게다가 2016/17년 촛불 집회는 불완전한 정치적 민주주의와 사회경제적 민주주의의 결여라는 배경에서 시작되었고, 그 총체적 모순이 박근혜-최순실 게이트를 직접적 계기로 하여 발현되었다. 그러므로 이 촛불 집회 참가자들은 사회 복지라는 물질주의 사고와 탈물질주의 사고를 동시에 중시하며 탈물질주의 중에서는 관료적 권위주의를 가장 강하게 반대하는 것으로 나타났다.[20]

여기서부터 탈물질주의 경향을 강조하는 입장은 다중과 정동을 강조하는 입장으로도 연결된다. 김성일은 2008년 촛불 집회 주체를 '다중'으로 규정하고 2016/17년 촛불 집회 주체들을 '촛불'로 규정하며, 집단 지성과 정동적 주체의 등장을 강조한다.[21] 그는 2008년의 다중에게는 존재의 새로움과 낙관적 전망이 투사되었다면, 2016/17년의 촛불에게는 굴곡진 삶의 주름이 깊게 패인 존재의 고단함과 분노가 투영되었다고 본다. 곧, "다중이 계급·민중 같은 전통적 저항 주체로부터 벗어난 새로움 자체

19 김석수, 2009, "촛불 집회와 새로운 주체의 가능성," 사회와 철학 연구회 (편), 『촛불, 어떻게 볼 것인가』(서울: 울력), 88쪽.

20 정병기(2017). 촛불의 거시적 배경을 세계화와 신자유주의가 조성한 사회적 부조리와 불평등으로 파악하고, 촛불 집회가 광범한 사회 개혁과 복지 국가를 요구한다고 주장한 강명세의 입장도 이와 유사한 맥락에 있다. 강명세, 2017, "'촛불 혁명'의 희망은 무엇이었으며 그것은 어떻게 실현할 수 있는가?," 『의정연구』 제23권 2호(한국의회발전연구회), 6~36쪽.

21 김성일(2017), 159쪽.

에 대한 열광의 산물이었다면, 촛불은 그런 다중이 신자유주의 광풍 속에서 산전수전 겪으며 능멸과 혐오의 시대를 견디다 광장에 다시 모인 정동적 주체"라는 것이다.

이때 다중 혹은 정동적 주체가 이미 형성되었느냐 아니면 여전히 형성되고 있느냐는 중요한 논점이다. 박영균이 지적했듯이, 이미 형성되어 집회를 주도했다고 파악한다면, 그것은 대중의 이중성을 망각하고 대중적 찬사를 늘어놓는 편향을 만들어낼 수 있기 때문이다.[22] 그 결과는 한국의 특수한 정치 경제적 배경을 간과하는 것으로 연결될 것이며, 물질적 원인을 초과하는 곳인 탈물질화 지점을 파악하는 것도 무시될 가능성이 크다. 1987년 6월 항쟁의 주체가 학생 운동을 중심으로 한 근대 시민이었다면, 촛불 집회의 주체는 민중을 포함해 계급과 다중 및 정동적 주체로 이행해가는 과정에 있는 시민들이었다. 그리고 2008년 촛불 집회의 주체가 다중적 성격이 강했다면, 2016/17년 촛불 집회의 주체들은 정동성이 강하다고 할 수 있다. 그러나 그 이행은 필연적이라기보다 정치 경제적 토대에 의해 좌우되는데, 다중성과 정동성을 가진 촛불 집회 주체들의 이중성은 바로 그러한 토대에 기인한 것이다.

참여의 동기와 경로 및 운동의 방식과 성과

이 글에서 참여의 동기는 정치적 혹은 개인적(정치외적) 동기를 의미하며, 기본적으로 운동의 목표 및 시대적 상황과 관련된다. 6월 항쟁은 대통령 직선제 실현을 통한 정권 교체를 목표로 했다. 이것은 독재 정치의 상황에서 민주화를 이룩하려는 것이었으므로 참여 동기는 본질적으로 정치

22 박영균(2008), 53~54쪽.

적이었고 집단적이었다. 물론 참가자들은 다양한 불법 혹은 비합법 조직들에 의해 여러 경로를 통해 시위에 참여했지만, 그것은 어디까지나 개인적 참여나 비정치적 단체들을 통한 참가가 아니라 정치적·조직적 동원을 통해 이루어진 참가였다(<표 9-2> 참조).

반면 2008년 촛불 집회는 민주화 이후 20여 년이 지난 상황에서 전개되었을 뿐 아니라 사안 자체가 정권을 겨냥한 것이 아니라 특정 정책들을 목표로 한 것이었으므로 정치적 동기와 경로보다는 정치외적인 개인적 동기와 경로가 더 중요하게 작용했다. 게다가 인터넷 매체가 급속히 보급된 상황에서 비정치적 단체나 소규모 조직 혹은 개인적 연결망이 참가의 중요한 매개 수단이 되었다. 2016/17년 촛불 집회는 2008년의 경험에서 더 나아가 현직 대통령을 정점으로 하는 심각한 권력형 부정부패와 연결되어 있는 만큼 개인적 동기뿐만 아니라 시민 사회 단체들의 조직적 동원과 정치적 동기도 함께 작용했다.

<표 9-2> 참여의 동기와 경로 및 운동의 방식과 성과

	1987년 6월 항쟁	2008년 촛불 집회	2016/17년 촛불 집회
참여의 동기와 경로	정치적 동기 및 경로	정치적 동기 및 경로와 개인적 동기 및 경로(2016/17년에 비해 개인적 동기 및 경로가 더 강함)	정치적 동기 및 경로와 개인적 동기 및 경로
시위	폭력 시위	폭력 시위와 비폭력 시위	비폭력 평화 시위
주요 슬로건	호헌 철폐 독재 타도	한미 FTA 광우병 쇠고기 협상 철회	박근혜 퇴진, 박근혜 탄핵, 유신 적폐 청산
확산과 재현	화염병·짱돌 투척, 운동 가요, 스크럼	촛불, 자유 발언, 문화제	촛불, 토론, 더 다양한 문화제(공연, 조소, 풍자, 해학)
성과와 의미	대통령 직선제 실시: 민주 혁명	쇠고기 수입 협상 변경; 새로운 운동 양상의 등장과 민주주의 심화	대통령 탄핵과 정권 교체; 대의 민주주의 한계 노출과 직접 민주주의 요구의 가시화

출처: 김성일(2017), 160쪽 <표 4>, 163쪽 <표 5>; 이동연(2017), 105쪽 <표 1>; 손호철(2017c).

2008년 촛불 집회의 중요한 특징 중의 하나는 집회 참여의 자율적·무정형적 속성이다. 6월 항쟁을 비롯해 촛불 집회 이전 대부분의 시위가 학생 운동 단체나 시민 사회 단체들이 참가자를 동원하는 방식이었다면, 2008년 이후의 촛불 집회는 참가를 조직하는 동원력, 저항의 프레임을 생산하는 지도력, 행동 지침을 내리는 지휘 능력이 중요하게 작용하지 않았으며, 다수 시민들은 개인적 결단으로 참여했다.[23] 곧, 각자의 관심과 의지 및 사정에 따라 판단하고 느슨한 커뮤니티 혹은 네트워크를 통해 참가를 결정하고 다른 참가자들과 행동을 조율했다는 것이다.

특히 2016/17년 촛불 집회의 경우는 정치적 동기 및 경로와 개인적 동기 및 경로가 모두 중요하게 작용했다. 도묘연의 연구에 따르면, 촛불 집회 참가자들은 촛불 집회의 동반자로 가족(40.5%), 친구(29.7%), 혼자(23.3%), 직장 동료(4.1%), 사회단체 회원(2.0%), 기타(0.5%)의 순으로 나타나 개인적 참여 경로가 상대적으로 큰 비중을 차지했다.[24] 하지만 평상시 동호회와 향우회 등과 같은 비정치적 결사체보다 정당, 노동조합과 기타 시민 단체 활동을 많이 하는 사람들의 참여 비율이 높아 2008년 촛불 집회와 다른 양상을 보였다(정치적 결사체 가입 수는 참가자가 0.57개이고 비참가자가 0.26개였으나, 비정치적 결사체 가입 수는 참가자가 2.93개이고 비참가자가 3.43개였다).[25]

여기에서 잠깐 다른 주장을 들어보자. 송호근 교수에 따르면, 대규모 촛불 집회는 시민 사회 단체가 발전하지 못해 나타나는 현상이다.[26] 시민 사회 내부에 자발적 결사체(voluntary association)가 왕성하게 활동한다면, 국가와 개인의 충돌이 이들을 통해 여과되므로 자주 발생하지 않는다고 한다. 이와 달리 이 중간 집단의 기능이 미약할 때에는 개별 시민이 광장에 나와 국가와 충돌한다는 것이다. 그런데 한국은 중간 집단인 결사체가 고작 10%여서 선진국(예를 들어 영국)의 80%에 비해 대단히 부족하

23 신진욱, 2009, "정치 위기와 사회 운동의 새로운 주기: 2008년 촛불 시위 이후 한국 민주주의의 이중적 과제," 홍성태(편), 『촛불 집회와 한국 사회』(서울: 문화과학사), 82~83쪽.

24 도묘연(2017a), 138쪽.

25 도묘연(2017a), 137~138쪽; 도묘연(2017c), 26쪽.

26 송호근, 2017, 『촛불의 시간: 군주·국가의 시간에서 시민의 시간으로』(서울: 북극성).

며, 그조차도 시민 단체의 자격 요건에 미달하는 동호회, 동향회, 종친회, 동창회 등 비정치적 결사체들에 치우쳐 있다고 송 교수는 지적한다. 그러나 이 주장은 적어도 정치적 결사체 활동의 경험이 많을수록 촛불 집회 참가에 더 적극적이라는 이 분석 결과에 비추어 볼 때 받아들이기 어렵다. 이 중간 집단들의 요구가 정치적으로 수용되지 못할 경우, 이 집단들은 오히려 조직적으로 집회 참여를 유도할 수 있을 뿐 아니라 구성원들도 직접 행동의 동기를 더 많이 가질 수 있기 때문이다.

운동 방식과 관련해 촛불 집회는 대규모 운동 및 시위의 통념과 관습을 깨트렸다.[27] 2008년 이전까지 대규모 시위와 운동은 주로 노동조합 같은 거대 조직이 주도하고 단일 대오의 구호와 깃발이 공간을 점유하며 운동권 노래와 구호와 행진이 반복되었다. 그러나 2008년 촛불 집회에서는 그동안 시위에 참가하지 않았던 사람들이 대거 참여하고 시위에서는 발견할 수 없었던 언어들이 등장했다.

1987년 6월 항쟁의 시위가 '호헌 철폐와 독재 타도'를 주요 슬로건으로 하여 학생 운동과 주요 시민 사회 단체들이 결합해 운동을 주도하고 폭력 시위로 진행되는 전통적 방식을 따랐다면, 2008년 촛불 시위에서는 비폭력 평화 시위가 함께 시도되었으며, 2016/17년 집회에서는 폭력 시위가 시위 대중 스스로의 비판과 자제에 의해 사라졌다. 또한 촛불 집회에서는 운동이 진행될수록 비폭력 평화 시위가 우세를 보이며 경찰의 폭력 진압을 무력화시키기까지 했다. 이러한 시위 방식의 변화는 민주화 여부 및 경찰의 대응과도 깊은 관련이 있음을 물론이다. 1987년 6월 항쟁에 대해 당시 경찰은 최루탄 발사 등 폭력 진압을 강행했고, 그와 달리 2008년 이후에는 물대포 등의 동원이 있었지만 과거와 같은 폭력 진압이 거의 없었다는 점도 지적할 필요가 있다.

촛불은 국제적으로 비폭력 평화 시위의 상징으로 알려져 있지만, 한

---

27 이동연(2017), 99쪽.

국에서 촛불을 집회의 상징으로 선정한 것은 「집회 및 시위에 관한 법률」에 의해 해가 진 뒤에는 집회와 시위가 금지[28] 되었던 데에서 비롯되었다는 의견이 설득력을 갖는다.[29] 위키백과의 '촛불 집회' 항목에 따르면, 촛불 시위(candle demonstration)는 침묵시위의 형태를 띠는데, 대표적인 것이 1988년 체코슬로바키아 브라티슬라바(Bratislava) 촛불 시위이다. 그러나 한국에서는 촛불 집회도 시위의 한 형태이지만 야간에 금지되었으므로 예외적으로 허용되는 문화 행사의 형태를 빌려 촛불 문화제라는 이름으로 시작되었다. 1992년 한국경제신문사에서 운영하던 코텔이 하이텔로 바뀌면서 유료화 정책을 폈을 때 어느 코텔 유저의 제안으로 일어난 것이 그 시초다. 그러나 본격적인 촛불 집회의 시작은 미군 장갑차에 숨진 여중생을 추모하기 위해 오마이뉴스의 김기보 시민 기자(아이디 '앙마'[30])의 제안으로 2002년 11월 30일부터 개최된 추모 집회로 알려져 있다. 그

---

28 야간 옥외 집회 금지 조항은 2009년 위헌 판결이 내려졌고, 야간 옥외 시위 금지 조항도 2014년 부분 위헌 판결이 내려졌다. 옥외 집회와 시위의 금지 시간을 정한 현행 '집회 및 시위에 관한 법률' 제10조는 다음과 같다: 제10조(옥외 집회와 시위의 금지 시간): "누구든지 해가 뜨기 전이나 해가 진 후에는 옥외 집회 또는 시위를 하여서는 아니 된다. 다만, 집회의 성격상 부득이하여 주최자가 질서 유지인을 두고 미리 신고한 경우에는 관할 경찰관서장은 질서 유지를 위한 조건을 붙여 해가 뜨기 전이나 해가 진 후에도 옥외 집회를 허용할 수 있다. [헌법 불합치, 2008헌가25, 2009.9.24., 집회 및 시위에 관한 법률(2007. 5. 11. 법률 제8424호로 전부 개정된 것) 제10조 중 '옥외 집회' 부분 및 제23조 제1호 중 '제10조 본문의 옥외 집회' 부분은 헌법에 합치되지 아니한다. 위 조항들은 2010. 6. 30.을 시한으로 입법자가 개정할 때까지 계속 적용된다.] [한정위헌, 2010헌가2, 2014.3.27. 집회 및 시위에 관한 법률(2007. 5. 11. 법률 제8424호로 개정된 것) 제10조 본문 중 '시위'에 관한 부분 및 제23조 제3호 중 '제10조 본문' 가운데 '시위'에 관한 부분은 각 '해가 진 후부터 같은 날 24시까지의 시위'에 적용하는 한 헌법에 위반된다.]

29 촛불 집회의 유래에 대해서는 홍성태, 2009, "'촛불 집회와 민주주의," 홍성태(편), 『촛불 집회와 한국 사회』(서울: 문화과학사), 17~18쪽을 참조.

30 앙마는 중국 원남성 남부의 홍허하니족(紅河哈尼族)의 마을신(Angma, 마을의 영혼)을 지칭하기도 하지만, 2002년 월드컵 경기 당시 응원 대중이었던 '붉은 악마'에서 딴 '악마'의 발음 표기일 것으로 추측된다.

후 2003년 '부안 핵폐기장 반대 촛불 문화제', 2004년 '탄핵 반대 촛불 문화제', 2006년 '새만금 살리기 촛불 문화제' 등이 열렸다.

이 글에서 주목하는 2008년 촛불 집회는 '한미 FTA 광우병 쇠고기 협상 철회'를 주요 슬로건으로 삼았다. 하지만 요리 정보 사이트('82쿡닷컴'), 인테리어 정보 사이트('레몬테라스'), 성형 수술 커뮤니티('쌍코'), 패션 커뮤니티('새틴', '소울드레서') 등 사회 비판과는 거리가 멀어 보이던 인터넷 동호회의 여성 회원들이 참여하고, 유모차를 끄는 젊은 어머니들이 합세하는 등 새로운 시위 양상으로 전개되었다.[31]

2016/17년 촛불 집회도 이러한 양상을 이어갔다. 더욱 다양해진 깃발들뿐 아니라, 광화문 광장에는 마을 회관, 마을 창고, 토론 천막 등 다양한 텐트촌과 공동체가 형성되었다. 그 밖에도 문화 활동가, 파견 미술 작가, 시각 작가, '넋전춤', '어린이글모임', 연극인, '박근혜퇴진청소단', '광장신문', 304개의 구명조끼, 촛불 형상물 등의 다양한 개인과 단체들이 연대와 협력을 통해 광장에서 자신들의 목소리를 내었다.[32] 그러나 다른 한편으로 그것은 '박근혜 퇴진, 박근혜 탄핵, 유신 적폐 청산'을 주요 슬로건으로 내세웠다는 점에서 2008년 촛불 집회보다는 1987년 6월 항쟁과 더 유사하다. 정부 정책을 공격 대상으로 한 2008년 촛불 집회와 달리 정권을 겨냥했기 때문이다. 그럼에도 불구하고 오히려 폭력 시위가 사라지고 평화 시위로 일관했다는 점은 2016/17년 촛불 집회의 또 다른 특징으로서 주목할 만하다. 그것은 상술한 바와 같이 정치적 동기 및 경로와 개인적 동기 및 경로의 복합적 작용에 따른 대규모의 대중적 참여를 통해 가능했다.

시위의 확산 방식과 재현 방식에 있어서도 세 운동은 많은 차이를 보였다. 6월 항쟁에서 시위 대중은 운동 가요를 부르고 스크럼을 짰으며,

---

31 강내희, 2008, "촛불 정국과 신자유주의: 한국 좌파의 과제와 선택," 『문화/과학』 통권 제55호(문화과학사), 66쪽.

32 이동연(2017), 104~105쪽.

투석전과 화염병 투척 같은 방어적 '대항 폭력'을 행사했다. 심지어 학생들은 시민으로부터 고립되지 않기 위해 비폭력을 외쳤지만, 오히려 시민들이 비폭력을 거부하고 폭력을 선택하기도 했다.[33] 반면 2008년 촛불 집회는 촛불과 자유 발언 및 문화제 등을 통해 축제성을 띠기 시작했으며, 2016/17년 촛불 집회에서 이 축제성은 더 발전해갔고 참여 대중들 속에서 자발적 토론이 활기를 띠었다. 일부 시위 참가자들이 폭력 행위 등 돌출적 행동을 보일 경우 시민들이 이들을 강하게 제지해 철저하게 비폭력을 고수했으며, 특히 2016/17년 촛불 집회의 시위 재현은 폭력 사용에 대한 활발한 토론도 병행했다. 백욱인의 지적처럼, 촛불 집회에서는 대중이 동원되는 양상보다 대중이 형성되는 특성이 강했다.[34]

촛불 집회의 또 나른 중요한 특징은 2008년의 경우 집회를 주도하는 지도부나 미리 준비된 일정한 형식이나 의제가 부재했다는 점이다.[35] 2008년 5월 8일 여러 시민 단체들과 인터넷 커뮤니티로 구성된 '광우병 위험 미국산 쇠고기 전면 수입을 반대하는 국민 대책 회의'가 꾸려졌지만, 이것은 형식적인 지도부였을 뿐 실질적인 지도부가 아니었다. 또한 미국산 쇠고기 수입 문제라는 생활 정치적 문제는 곧바로 이명박 정부의 공교육 자율화 정책, 한반도 대운하 건설, 물·가스·전기·의료 민영화에 대한 반대와 조·중·동 광고 거부 운동으로 이어졌고, KBS 사장 해임 및 YTN 낙하산 인사 등 정부의 언론 장악 음모의 저지라는 다양한 의제들로 확산되었다.

---

33 서중석, 2011, 『6월 항쟁』(파주: 돌베개); 손호철(2017c), 88~89쪽.

34 백욱인, 2008, "촛불 시위와 대중: 정보 사회의 대중 형성에 관하여," 『동향과 전망』 통권 제74호(한국사회과학연구소), 161쪽.

35 임경석, 2008, "2008 촛불은 진정 우리 사회의 민주적인 변혁과 자기 성찰을 이끌 힘인가?: 대의 민주주의의 위기와 대중의 자발적인 주권 의식의 고양을 중심으로," 사회와 철학 연구회(편), 『촛불, 어떻게 볼 것인가』(서울: 울력), 254~255쪽.

특히 '아수나로'[36]라는 청소년 단체는 새로운 운동 양식의 압권이었다.[37] 대표도 두지 않을 정도로 개인의 자율성을 중시하는 모임을 자처하는 이 단체는 깃발조차 내걸지 않았다. 아수나로는 청소년 활동 모임들[전국중고등학생연합에서 활동했던 서너 명의 학생들, '행동하는 청소년'(행청)과 '청소년의 힘으로'(청힘), 전국청소년연합(전청련)에서 활동했던 무직인꿈틀이, 행청에서 활동했던 혁수, 우리 스쿨을 비롯해 청소년 인권과 정치 관련 여러 활동을 했던 제엠 등]이 2004년 말에 결성한 '청소년인권연구포럼 아수나로'가 모태 조직이다.[38] 이 연구포럼 아수나로는 초기에 활동 자료 수집과 활동가 인터뷰 및 세미나 개최 등에 치중했다.

그러나 점차 초기의 활동을 벗어나 청소년들의 자발적 직접 행동에 동참하면서 2006년 2월 '청소년인권행동 아수나로'로 재출범했다. 출범하던 해 인권행동 아수나로는 전국적 학생 인권 보장 시위를 이끌어냈고, 2008년 5월 17일에는 등교 거부 촛불 시위에 참여했다. 또한 청소년에게는 선거권도 없고 인권도 없다는 인식을 표출하기 위해 2008년 서울시 교육감 선거 당시 '서울시 교육감 기호 0번 청소년 후보'를 상징적으로 내세웠다. 물론 선거권뿐 아니라 피선거권도 없으므로 실제 등록한 후보는 아니었다. 하지만 이것은 2008년 촛불 집회에서 중요한 의미를 갖게 되었다.

---

36 아수나로 홈페이지에 게시된 소개에 따르면, '아수나로'는 일본의 소설가인 무라카미 류(村上龍)의 소설 『엑소더스』에 나오는 청소년들의 인터넷 언론이자 단체의 이름이다. 소설 속에서 '아수나로'에 속한 청소년들은 조직을 만들고 제도와 사회를 바꾸기 위한 운동을 하며 자신들만의 자치 도시를 만든다. '아수나로'의 사전적 의미는 "측백 나무 과의 상록 교목"이며, 나뭇말은 '불멸', '불사'라고 한다. 청소년인권행동 아수나로, 2017, "청소년 인권 행동 아수나로를 소개합니다," http://cafe.naver.com/asunaro/59971(검색일: 2018.02.19.)

37 Aleksis, 2008, "'왔노라, 보았노라, 딴지 걸었노라': 촛불 집회에 나온 아수나로 이야기," 『진보평론』 통권 제37호, 62~72쪽

38 청소년인권행동 아수나로, 2010, "[아수나로 공식문서] 청소년인권행동 아수나로의 탄생 설화(?): 아수나로 소개," http://cafe.naver.com/asunaro/18183(검색일: 2018.02.19.)

<그림 9-1> 2008년 서울시 교육감 기호 0번 선거 포스터

마지막으로 언급할 촛불 집회의 중요한 의미는 대의 민주주의에 대한 비판이다.[39] 2008년 촛불 집회는 국가가 시민들의 건강과 생명에 위협을 가했다는 점을 들어 생태적 차원에서 민주주의의 심화를 촉구했으며, 1987년 6월 항쟁을 통해 대의제 민주주의를 실현했던 민주화 운동을 기반으로 참여 민주주의와 생활 민주주의를 추구했다.[40] 또한 상술했듯이, 2008년 촛불 집회의 대책 회의는 운동 전반을 지휘하기보다는 관리하는 쪽에 자신의 역할을 국한했다는 평가가 나올 정도로 참여 대중이 아래로부터 강력한 요구들을 제출하는 직접 민주주의적 운동 양상을 보였다.[41] 그리고 이러한 양상은 2016/17년 촛불 집회에서 더욱 발전해 대의 민주

39 손호철(2017b).

40 홍성태(2009), 33~34쪽; 김상봉·김기숙, 2009, “생명을 위한 촛불: 촛불 항쟁의 생태적 의미,” 사회와철학연구회 (편), 『촛불, 어떻게 볼 것인가』(서울: 울력), 31~60쪽.

41 강내희(2008), 77쪽.

주의에 대한 비판을 직접 민주주의 주장으로 실현하고 '운동 내에서의 직접 민주주의'로까지 끌어올렸다.[42] 약 2,300개 단체 혹은 모임의 조직화된 참가자는 대략 20만 명 수준에 불과했고 나머지 90%가량은 일반 시민이라는 퇴진행동 실무자들의 관측이 말해 주듯이 직접 민주주의가 폭발했으며, 집회에서 정치인들에게 발언권이 주어지지 않았고, 운동권의 '단상권력'도 약화됐다.

촛불 집회 기간 광화문 광장에 설치한 천막 갤러리 '궁핍현대미술광장' 안에 전시된 송경동 시인의 '우리 안의 폴리스라인'[43]이라는 다음 시는 이러한 상황을 잘 묘파했다. 이 시는 이후 촛불 집회와 관련해 자주 회자되었다.

우리 안의 폴리스라인

이제 그만 그 거대한 무대를 치워 주세요
우리 모두가 주인이 될 수 있게
작은 사람들의 작은 테이블로 이 광장이 꽉 찰 수 있게

이제 그만 연단의 마이크를 꺼 주세요
모두가 자신의 말을 꺼낼 수 있게
백만 개의 천만 개의 작은 마이크들이 켜질 수 있게

이제 그만 집으로 돌아가라는 친절한 안내를 멈춰 주세요
나의 시간을 내가 선택할 수 있게
광장이 스스로 광장의 시간을 상상할 수 있게

---

42 손호철(2017b), 24쪽.

43 송경동의 이 시는 이후 『시를 사랑하는 사람들』 통권 제87호(2017년 3/4월호), 160~161쪽에 게재되었다.

전체를 위해 노동자들 목소리는 죽여라고
소수자들 목소리는 불편하다고 말하지 말아 주세요
집을 가진 이들은 집을 갖지 못한 이들의 마음을 몰라요
어떤 민주주의의 경로도 먼저 결정해 두지 말고
어떤 역사적 사회적 정치적 한계도 먼저 설정해 두지 말고
최선의 꿈을 꿔 볼 수 있게

광장을 관리하려 하지 말고
광장보다 작은 꿈으로 광장을 대리하려 하지 말고
대표자가 없다는 말로 권한이 없다는 말로
오늘 열린 광장이
어제의 법과 의회 앞에 무릎 꿇지 않게 해 주세요

위만 나쁘다고
위만 바뀌면 된다고도 말하지 말아 주세요
나도 바꿔야 할 게 많아요
그렇게 내가 비로소 말할 수 있을 때
내가 나로부터 변할 때
그때가 진짜 혁명이니까요

민주주의 이론에서 볼 때에도 그 의미는 적지 않다. 장훈 교수가 제시한 바와 같이 촛불 집회는 새로운 주체와 운동 방식 등을 통해 중요한 이론적 과제를 제시했기 때문이다.[44] 그 이론적 과제는 첫째, 새로운 정치 주체의 등장, 둘째, 대의 제도와 시민 정치의 새로운 관계, 셋째, 대통령

---

44 장훈, 2017, "촛불의 정치와 민주주의 이론: 현실과 이론, 사실과 가치의 긴장과 균형," 『의정연구』 제23권 2호(한국의회발전연구회), 37~66쪽.

제 민주주의의 성격 변화이다. 이를 거시 이론과 미시 이론으로 나누어 볼 때, 거시 이론적 과제는 기존의 민중 개념으로 포착하기 어려운 새로운 주체에 대한 분석, 정당이나 사회 운동 조직의 지도력 쇠퇴 등이다. 그리고 미시 이론적 과제는 새로운 주체의 네트워킹 방식, 새로운 시민 정치와 정당의 관계의 다양한 양상에 대한 분석 등이다. 이를 종합하면, 촛불의 정치가 분석 대상의 확장, 새로운 분석 방법의 수용, 그리고 가치 지향과 현실 분석 사이의 균형 회복이라는 과제를 민주주의 이론에 던져주었다는 것이다.

촛불 집회는 보수적인 집회인가?

촛불 집회는 본질적으로 보수적인 집회인가? 김학준은 2016/17년 촛불 집회에 대해 "체제의 구조적 변혁을 요구하기보다 체제가 약속한 법과 절차를 준수하라고 요구하는, [2008년 집회를 포함해] 본질적으로 보수적인 집회"라고 규정한다.[45] 박찬표도 "국가 권력의 설립 목적에 반해 공권력을 행사함으로써 신의(信義) 계약을 위반한 시민들이 저항권을 행사한 것"으로 주권자 국민이 기존의 국가 권력 전체에 대한 국민 소환을 단행"한 집회라고 해석한다.[46] 적어도 촛불 집회의 주요 슬로건과 핵심 목표만을 볼 때, 위와 같은 평가는 적절하다고 할 수 있다.

그러나 2008년 촛불 집회가 정부 정책에 대한 반대와 철회를 요구한 것과 달리 2016/17년 촛불 집회는 정권 교체를 주장하는 데 그치지 않고 "이게 나라냐"라는 구호에서 보듯이 "박근혜라는 인물을 떠나 박정희 체

45 김학준(2017), 74쪽.

46 박찬표(2017), 180~181쪽.

제로 일컬어지는 발전주의 국가에 대한 근본적이고 전면적인 거부가 투영돼 있다.[47] 또한 박근혜 정권의 퇴진이라는 성과를 거두었을 뿐 아니라 2008년에 시작된 사회 운동의 질적 변화를 가시화했다는 점에서 서두에서 밝힌 것처럼 촛불 집회를 넘어 촛불 혁명으로 부를 만하다.[48]

그 밖에도 2016/17년 촛불 집회를 혁명으로 규정할 수 있는 근거는 최종적으로 근본적인 사회 변화를 요구했다는 점에서 찾을 수 있다. 이것은 "민주 헌법 쟁취하고 민주 정부 수립하자"는 6월 항쟁의 목표를 넘어 그 민주성의 의미를 근본적으로 확대 변화시킨 것으로서, '6월 항쟁의 미완성'과 그에 따른 박정희 체제의 유지로 인해 촉발된 민주 혁명이라고 볼 수 있다.[49] 실제 퇴진행동은 우리 사회에 누적된 적폐의 청산을 투쟁 목표로 내걸었고 세월호 진상 규명, 백남기 사망 사건 특검, 성과 퇴출제 폐지, 국정 교과서 퇴출, 사드 배치 중단, 언론 독립 등을 6대 적폐 청산 과제로 지목하고, 이의 해결을 위해 투쟁했다.

그렇다면 2016/17년 촛불 집회는 완성된 혁명인가? 미완의 혁명을 혁명이 아니라고 한다면 2016/17년 촛불 집회는 혁명이 아닐 것이다. 그 역사적 평가는 '미완'이 끝난 시점에 가능하겠지만, 2016/17년 촛불 집회의 혁명성은 아직 완성되지 않은 것이 사실이다. 물론 시민들의 힘에 의해 탄핵과 정권 교체를 이루어냈다는 점을 들어 이번 촛불 집회는 1987년 6월 항쟁을 정치적으로 완성한 것이라고 보는 입장도 있다.[50] 그러나 이것은 정치적 성과들 중 탄핵과 정권 교체만을 대상으로 내린 판단이다. 6월 항쟁의 미완성이 촛불 집회의 원인이 된 것도 사실이지만, 촛불 집회가 그 미완성을 모두 완성시킨 것도 아니다. 박근혜 탄핵과 정권 교체라는 일차적 목표는 달성되었지만, 6대 적폐로 지목된 정치적·경

47 김성일(2017), 162쪽.

48 홍성민(2017), 80쪽.

49 손호철(2017c), 81, 87쪽; 손호철(2017a), 71쪽.

50 대표적으로 강우진(2017).

제적·사회적 과제들은 아직 진행 중이다. 2016/17년 촛불 집회는 "미완성의 진행형 혁명"이다.[51]

그러나 이 '혁명성'은 '시민'이라는 수식어를 전제한다. 촛불 집회에서 내건 6대 적폐 청산의 목록을 보면 사회 문화적 변혁과 사회 구조의 근본적 변혁에 관한 내용이 없다. 촛불 혁명으로 자랑스러워할 대한민국의 민주주의는 아직 근대적 의미의 시민 민주주의를 완성하는 단계를 온전히 벗어나지 못했다. '촛불 혁명'이라고 할 때, 그것은 '시민 혁명'의 의미로 읽을 수밖에 없다.

'미완성의 진행형 혁명'이라고 할 때, 그것은 완성에 다가가면서도 또 다른 혁명, 즉 홍성태가 2008년 촛불 집회를 두고 언급한 "민주화의 민주화"[52]를 위한 혁명적 운동이 시작되었음을 의미하기도 한다. 시야를 6대 적폐 청산에 국한하지 않고 집회의 다양한 요구들과 운동 방식에까지 넓혀서 본다면, 대의 민주주의를 보완하는 직접 민주주의적 운동이 국가와 정치 사회에 한정되지 않았기 때문이다. 이 직접 민주주의적 요구와 방식의 발전은 진보 진영을 포함해 시민 사회와 생활 세계에도 영향을 미쳤다는 점에서 새로운 혁명의 시작이라고 할 수 있다. 민주화라는 이행 과정을 민주화한다는 것이 아니라 불완전하게 이루어진 민주주의를 더 그리고 새롭게 민주화한다는 의미에서 이것은 '민주주의의 민주화'를 뜻한다.

2017년 10월 28일 열린 '촛불 1주년 인권 궐기 대회'의 선언문은 촛불 혁명으로 해결되지 못한 과제와 촛불 혁명 이후의 혁명이 추구해야 할 사회의 모습을 압축적으로 보여주고 있다: "우리는 성소수자이고 장애인이며 청소년이고 홈리스이자 여성이며 나중으로 밀려난 모든 사람이다. 정권이 바뀌고 세상이 바뀌었다 말하는 이들에게 말한다. 우리의

---

51 손호철(2017c), 94쪽; 손호철(2017a), 121쪽.

52 홍성태(2009), 44쪽.

삶이 그대로라면 세상도 그대로다. 민주주의는 혐오와 함께 갈 수 없으며 빈곤과 폭력의 철폐는 아직 약속되지 않았다.”

[그림 9-2] ‘촛불은 계속된다’

2017년 10월 28일 서울 광화문 광장에서 박근혜정권퇴진비상국민행동 기록기념위원회 주최로 열린 촛불 1주년 기념 대회에서 참석자들이 촛불을 밝히고 있다. 출처: 『경향신문』 2017.10.28.(『연합뉴스』 제공).[53]

53 백지연, 2017, “책머리에: 광장의 목소리를 잇는 일상의 혁명,” 『창작과 비평』 제45권 4호(통권 178호), 4쪽에서 재인용.

부 록

[부록 9-1] 설문지

<table>
<tr><th colspan="3">2017 국민 인식 조사 설문</th></tr>
<tr><td colspan="3">안녕하세요.
조사 전문 기관 (주)오피니언라이브에서는 영남대학교 통일문제연구소의 의뢰를 받아 우리 국민들의 사회 현안에 대한 인식을 살펴보기 위한 설문 조사를 실시하고 있습니다.
개인 정보 및 응답하신 모든 내용은 통계법(제33조, 제34조)에 의해 비밀이 철저히 보장됩니다.
바쁘시더라도 잠시만 시간을 내어 참여하여 주시면 감사하겠습니다.
2017년 3월
담당연구원 : 오피니언라이브 김기덕 리서치 센터장
(02-6959-9030, kkd@opinionlive.co.kr)</td></tr>
<tr><th colspan="2">조사 주관기관</th><th>조사 수행 기관</th></tr>
<tr><td colspan="2">영남대학교 통일문제연구소
경상북도 경산시 대학로 280
053)810-3707</td><td>(주)오피니언라이브 리서치센터
서울시 마포구 성지길 39
02)6959-9030</td></tr>
<tr><td>지역</td><td colspan="2">SQ1. 귀하의 주소지는 어디십니까?
① 서울 ② 경기권 ③ 충청권 ④ 전라권 ⑤ 경북권 ⑥ 경남권 ⑦ 강원·제주</td></tr>
<tr><td rowspan="3">지역 세부</td><td>[SQ1_1] 경기권
① 경기 ② 인천</td><td>[SQ1_4] 경북권
① 대구 ② 경북</td></tr>
<tr><td>[SQ1_2] 충청권
① 대전 ② 충남 ③ 충북</td><td>[SQ1_5] 경남권
① 울산 ② 부산 ③ 경남</td></tr>
<tr><td>[SQ1_3] 전라권
① 광주 ② 전남 ③ 전북</td><td>[SQ1_6] 강원·제주
① 강원 ② 제주</td></tr>
<tr><td>성별</td><td colspan="2">SQ2. 귀하의 성별은 무엇입니까?
① 남 ② 여</td></tr>
<tr><td>연령</td><td colspan="2">SQ3. 귀하의 연령은 만 나이로 어떻게 되십니까?
① 19세~29세 ② 30세~39세
③ 40세~49세 ④ 50세~59세 ⑤ 60세 이상</td></tr>
</table>

■ 촛불 집회 및 탄핵 관련 인식 관련

1. 귀하는 최순실 게이트 및 박근혜 대통령 탄핵과 관련된 촛불 집회(2016년 10월-2017년 3월)에 참여한 경험이 있습니까?

   ① 있다　　② 없다

1-1. 만약 촛불 집회에 참여했다면, 몇 회 참여하였습니까? (　　) 회

1-2. 귀하는 주로 누구와 함께 촛불 집회에 참여하였습니까?

① 혼자　② 단체 회원　③ 직장 동료　④ 가족　⑤ 친구

⑥ 사제(교사나 학생)　⑦ 기타(구체적으로: __)

1-3. 귀하가 촛불 집회에 참가하게 된 가장 중요한 동기는 무엇입니까?

① 개인적인 흥미

② '박근혜 정권 퇴진을 위한 국민 행동'의 홍보

③ 가족, 친구, 지인 등 주변의 권유

④ 언론 뉴스와 온라인 정치 정보의 영향

⑤ 자발적인 판단과 결정

⑥ 기타(구체적으로: _______)

2. 귀하는 2016년 10월 이전에 있었던 촛불 집회에는 참여한 경험이 있습니까?

① 있다　② 없다

3. 귀하는 촛불 집회가 헌법재판소의 박근혜 대통령 파면에 영향을 미쳤다고 생각하십니까? 영향이 미친 정도를 표시해 주십시오.

매우 낮음	<<	<<	보통	>>	>>	매우 높음
①	②	③	④	⑤	⑥	⑦

4. 귀하는 촛불 집회를 야기한 장본인이 누구라고 생각하십니까?

① 박근혜 (전)대통령　② 최순실 일가

③ 문고리 3인방 등 청와대 비서진　④ 정부 내각

⑤ 친박계 국회의원　⑥ 기타(구체적으로: _______)

5. 귀하는 박근혜 (전)대통령 리더십의 가장 큰 문제점이 무엇이라고 생각하십니까?

① 불통 ② 불공정 ③ 부도덕 ④ 독선

⑤ 무능력 ⑥ 기타(구체적으로: _______)

6. 귀하는 촛불 집회에 참여한 사람들에 대해 동질감을 가지십니까?

거의 동질감을 가지지 않음	<<	<<	보통	>>	>>	매우 강한 동질감을 가짐
①	②	③	④	⑤	⑥	⑦

7. 귀하는 다음의 매체에서 최순실 게이트(박근혜 대통령 탄핵) 및 촛불 집회와 관련되어 제공했던 정보를 신뢰합니까?

구분	정도/수준						
	전혀 신뢰하지 않음	<<	<<	보통	>>	>>	매우 신뢰함
	①	②	③	④	⑤	⑥	⑦
공중파 TV (KBS, MBC, SBS 등)							
종편 채널 (YTN, JTBC, TV조선, MBN 등)							
종이신문							
인터넷 (포털, 카페, 블로그 등)							

8. 귀하는 최순실 게이트(박근혜 대통령 탄핵) 및 촛불 집회와 관련된 정보를 획득하기 위해 다음의 매체를 하루 평균 몇 시간 이용하셨습니까?

공중파 TV (KBS, MBC, SBS 등)	(　) 시간
종편 채널 (YTN, JTBC, TV조선, MBN 등)	(　) 시간
종이신문	(　) 시간
인터넷 (포털, 카페, 블로그 등)	(　) 시간
소셜 미디어와 모바일 메신저 (카카오톡, 카카오스토리, 밴드, 라인, 텔레그램, 트위터, 페이스북, 인스타그램 등)	(　) 시간

9. 귀하는 최순실 게이트(박근혜 대통령 탄핵)와 관련되어 다음의 정치적 행동을 하셨습니까? 정치적 행동의 참여 정도를 표시해 주십시오.

구분	정도/수준						
	매우 낮음	<<	<<	보통	>>	>>	매우 높음
	①	②	③	④	⑤	⑥	⑦
주변 사람들과 토론하기							
인터넷이나 소셜 미디어 상에서 정치적 견해 표현하기							

온라인 상에서 정치 시사 모임(단체) 참가하기							
오프라인 상에서 관련된 정치 시사 모임(단체) 참가하기							
기타 거리 집회 및 시위 참가하기							

10. 귀하는 촛불 집회와 박근혜 대통령 탄핵 및 파면(2016년 10월- 2017년 3월) 이후 한국의 민주주의가 발전되었다고 평가하십니까?

전혀 그렇지 않음	<<	<<	보통	>>	>>	매우 그러함
①	②	③	④	⑤	⑥	⑦

■ 정치 참여 및 정치 의식

11. 귀하는 자신의 정치적 이념을 어떻게 평가하십니까? (※보수 7점, 중도 4점, 진보 1점이라고 할 때, 동의하시는 수준을 해당하는 번호에 표시해 주십시오.)

진보	<<	<<	중도	>>	>>	보수
①	②	③	④	⑤	⑥	⑦

12. 귀하는 2012년 18대 대선에서 어느 후보에게 투표하셨습니까?

① 박근혜 ② 문재인 ③ 기타 후보

④ 투표 불참 ⑤ 투표권 없었음

13. 귀하는 2016년 20대 총선에서 비례 대표 후보는 어느 정당에 투표하셨습니까?

① 새누리당 ② 더불어민주당 ③ 국민의당 ④ 정의당

⑤ 기타 정당 ⑥ 투표 불참 ⑦ 투표권 없었음

14. 귀하는 현재 어느 정당을 지지하십니까? 제시 순서는 국회 의석 순입니다.

① 더불어민주당 ② 자유한국당 ③ 국민의당 ④ 바른정당

⑤ 정의당 ⑥ 기타 정당 ⑦ 지지 정당 없음 ⑧ 모름

15. 귀하는 2017년 5월 조기 대선에서 어느 정당 후보에게 투표하겠습니까? 제시 순서는 국회의석 순입니다.

① 더불어민주당　② 자유한국당　③ 국민의당　④ 바른정당
⑤ 정의당　⑥ 기타 정당　⑦ 지지 정당 없음　⑧ 모름

16. 귀하는 2017년 5월 9일 치뤄질 대통령 선거에서 어느 후보에게 투표하시겠습니까? 제시 순서는 후보 이름의 가나다순입니다.

① 남경필　② 문재인　③ 손학규　④ 안철수　⑤ 안희정　⑥ 유승민
⑦ 이재명　⑧ 홍준표　⑨ 기타 후보　⑩ 투표할 후보 없음　⑪ 모름

17. 귀하는 최근 4년 동안(2012년-2016년) 다음의 정치적 활동을 하였습니까? 정치적 활동의 <u>참여 정도</u>를 표시해 주십시오.

	정도/수준						
	매우 낮음	<<	<<	보통	>>	>>	매우 높음
	①	②	③	④	⑤	⑥	⑦
투표 참여							
주변 사람들과 정치 문제에 대해서 토론하기							
인터넷이나 소셜 미디어상에서 정치적 견해 표현하기							
온라인 시민 사회 단체 및 시사·정치 모임에 참여하기							
오프라인 정당, 시민 사회 단체 및 시사·정치 모임에 참여하기							
거리 청원, 집회 및 시위에 참가하기							
공공 기관(정부, 경찰서, 공공 기관, 군 등) 상대로 각종 민원 제기							

18. 귀하는 1987년 민주화 이후 촛불 집회(2016년 10월- 2017년 3월)이전까지, 한국 민주주의의 발전에 만족하셨습니까?

전혀 만족하지 않음	<<	<<	보통	>>	>>	매우 만족함
①	②	③	④	⑤	⑥	⑦

■ 시민 의식

19. 귀하는 최근 3년 동안 다음의 단체에 가입하여 활동하고 있습니까?

구분
① 정당
② 노동조합
③ 시민 사회 단체
④ 취미 동호회
⑤ 계 모임 등 단순 친목 모임
⑥ 향우회, 동창회, 종친회
⑦ 학술 및 연구 단체
⑧ 인터넷 동호회
⑨ 각종 지역 자문 기관 (지역개발위원회, 지역자문위원회 등)
⑩ 가입한 단체 없음

19-1. 가입한 단체의 활동 정도, 가입한 단체 수를 표시해 주십시오.

(※ 가입하지 않은 경우는 활동 정도와 가입한 단체 수를 표시하지 않아도 됩니다.)

구분	활동 정도/수준							가입한 단체 수
	매우 낮음	<<	<<	보통	>>	>>	매우 높음	
	①	②	③	④	⑤	⑥	⑦	
정당								
노동조합								
시민 사회 단체								
취미 동호회								
계 모임 등 단순 친목 모임								
향우회, 동창회, 종친회								
학술 및 연구 단체								
인터넷 동호회								
각종 지역 자문 기관 (지역개발위원회, 지역자문위원회 등)								

20. 다음의 장기적인 국가목표에 대해 귀하는 어떻게 생각하십니까?

구분	정도/수준						
	전혀 필요하지 않음	<<	<<	보통	>>	>>	매우 그러함
	①	②	③	④	⑤	⑥	⑦
경제 성장 달성과 경제 안정							
국방비 등 방위력 증강							

직장과 지역 사회에서의 개인의 발언권 확대							
환경 보호							
국가 및 사회의 질서 유지와 각종 범죄 소탕							
사회 복지 확대							
정부 정책 결정에 국민의 참여 확대							
물가 상승 억제							
언론 자유 보장							
돈보다는 아이디어가 중요시되는 사회로의 발전							
여성 권익 신장							
핵 감축 혹은 폐지							
국제 난민과 약소국 지원							

21. 굿 거버넌스 실현을 위한 다음의 행동에 대해 귀하는 어떻게 생각합니까?

구분	정도/수준						
	전혀 그렇지 않음	<<	<<	보통	>>	>>	매우 그러함
	①	②	③	④	⑤	⑥	⑦
집단의 의사 결정 시 마찰을 일으키는 경쟁보다는 양보나 타협이 중요하다							
집단 내 의사 결정은 결과보다는 민주적 절차가 더 중요하다							
다수결에 의한 결정은 내 생각과 달라도 무조건 수용한다							
나와 가치와 이념이 다른 사람의 의견을 받아들이고 존중한다.							
나와 가치와 이념이 다른 사람을 지도자로 선출할 수 있다							
나와 가치와 이념이 다른 사람과 취미 동호회 및 자원 봉사 활동을 한다							
나와 가치와 이념이 다른 사람과 정치 및 사회적 현안에 대한 토론을 한다							
다수결에 따라 내려진 결정에 반대하는 소수자의 비판을 허용한다							
우리나라는 다른 사람을 믿는 만큼 보답이 돌아오는 사회이다							
우리나라는 법과 원칙이 통하는 사회이다							
우리 사회에서 정치인과 공무원들은 국민들의 다양한 이해관계와 요구를 수렴하여 합리적인 정책을 수립한다							
시민 사회 단체 혹은 동호회에 가입하여 자원 봉사, 취미 활동을 해야 한다							
주변 친구들과 지역사회 및 국가의 중요한 문제에 관해 대화를 많이 한다							
세계나 우리나라 정치 및 사회 상황에 대해 대중 매체를 통해 알려고 한다							
정부나 공공 기관의 잘못된 정책에 반대하여 인터넷 의견 개진, 집회 및 항의 방문해야 한다							
많은 사람들이 투표하기 때문에 나 하나쯤은 투표를 하지 않아도 된다							

공동체의 이익과 개인의 이익이 충돌할 경우 공동체 이익을 더 중시한다							
나에게 불이익이 되더라도 법을 준수한다							

■ 인구 통계학적 배경

22. 귀댁의 한 달 평균 총 수입은 얼마나 됩니까? 가족들의 금융 소득 및 부동산 소득 등 모든 수입을 합해서 말씀해 주십시오.

① 100만 원 이하 ② 101-200만 원 ③ 201-300만 원 ④ 301-400만 원
⑤ 401-500만 원 ⑥ 501-600만 원 ⑦ 601-700만 원 ⑧ 701만 원 이상

23. 귀하의 최종 학력은 무엇입니까?

① 고졸 미만 ② 고졸 ③ (전문대 포함) 대재 또는 대졸
④ 대학원 재학 이상

24. 귀하의 현재 고용 상태는 어떻게 되십니까?

① 경영 관리 및 전문직 ② 사무직 ③ 생산직 ④ 자영업
⑤ 학생·주부 ⑥ 기타 ⑦ 실업 상태

25. 귀하의 종교는 무엇입니까?

① 불교 ② 기독교 ③ 천주교 ④ 기타 종교 ⑤ 종교 없음

설문에 응답하여 주셔서 감사드립니다.

본 조사와 관련하여 문의가 있으신 경우 조사 수행 기관인 (주)오피니언라이브 리서치센터 (서울시 마포구 성지길 39, 02)6959-9030)로 문의하시기 바랍니다.

[부록 9-2] 2016/17 촛불 집회 일지[1]

1차 2016년 10월 29일, "모이자! 분노하자! 내려와라 박근혜! 시민 촛불", 50,000명

2차 2016년 11월 5일, 민중총궐기투쟁본부, 백남기투쟁본부, 시민사회단체연석회의, 4·16연대, 민주주의국민행동이 주관, 박근혜퇴진비상국민행동(준)이 주최, "모이자! 분노하자! 내려와라 박근혜! 시민 촛불", 200,000명(누계 총 250,000명)

3차 2016년 11월 12일, "백남기·한상균과 함께 민중의 대반격을! 박근혜 정권 퇴진! 2016 민중 총궐기", 1,000,000명(누계 총 1,250,000명), 1987년 6월 항쟁 이후 최대 인원.

4차 2016년 11월 19일, "'광화문에서 전국으로! 박근혜는 즉각 퇴진하라", 952,000명(누계 총 2,202,000명)

5차 2016년 11월 26일, "박근혜 즉각 퇴진 5차 범국민행동", 1,900,000명(누계 총 4,102,000명)

6차 2016년 12월 3일, "박근혜 대통령 퇴진 촉구", 2,320,000명(누계 총 6,482,000명), 12월 9일 탄핵 소추안 국회 가결.

7차 2016년 12월 10일, "박근혜 정권 끝장내는 날", 1,043,000명(누계 총 7,525,400명)

8차 2016년 12월 17일, "끝까지 간다! 박근혜 즉각 퇴진, 공범 처벌, 적폐 청산의 날", 771,750명(누계 총 8,297,150명)

9차 2016년 12월 24일, "하야 크리스마스", "끝까지 간다! 9차 범국민행동-박근혜 정권 즉각 퇴진·조기 탄핵·적폐 청산 행동의 날", 702,000명(누계 총 8,999,150명)

10차 2016년 12월 31일, "송박영신(送朴迎新)", 1,104,000명(누계 총 10,103,150명)

11차 2017년 1월 7일, "박근혜는 내려가고 세월호는 올라오라", 643,380명(누계 총 10,746,530명), 세월호 참사 1000일 추모제

12차 2017년 1월 14일, "즉각 퇴진, 조기 탄핵, 공작정치 주범 및 재벌 총수 구속 12차 범국민 행동의 날", 146,700명(누계 총 10,893,230명), 경찰이 집회 인원 발표하지 않기로 함.

13차 2017년 1월 21일, "내려와 박근혜, 바꾸자 헬조선, 설맞이 촛불", 323,400명(누계 총 11,246,630명)

14차 2017년 2월 4일, "박근혜 2월 탄핵, 황교안 사퇴, 공범 세력 구속, 촛불 개혁 실현 14차 범국민 행동의

---

1 맹문재, 2017, "집회 일지와 어록," 『현대시학』 제575호(4월호), 17~22쪽; 손호철(2017a), 211~215쪽; 천정환(2017), 436~465쪽; 최영준·최일봉 편(2017)을 참조해 재구성했다. 슬로건은 대부분 박근혜정권퇴진비상국민행동이 공식적으로 내건 구호나 위 문헌들이 대표적 구호로 선정한 것이다.

날", 425,500명(누계 총 11,672,130명)

15차 2017년 2월 11일, "천만 촛불 명령이다 2월 탄핵! 특검 연장!", "새로운 세상, 길을 걷자 박근혜-재벌총수를 감옥으로 대행진", 806,000명(누계 총 12,478,130명)

16차 2017년 2월 18일, "탄핵 지연 어림없다! 박근혜 황교안 즉각 퇴진! 특검 연장! 공범자 구속!", "이재용도 구속됐다. 박근혜도 구속하라", 845,000명(누계 총 13,333,130명)

17차 2017년 2월 25일, "이재용은 시작이다. 다음은 박근혜다", "박근혜 탄핵·구속! 특검 연장", "박근혜 4년 이제는 끝내자", 1,078,130명(누계 총 14,411,260명), 헌법재판소가 탄핵 심판 변론을 2월 27일에 끝낼 것을 발표하자 인용을 촉구.

18차 2017년 3월 1일(수), 처음 수요일에 열림, "반드시 박근혜를 쫓아내겠다", "박근혜 구속 만세! 탄핵 인용 만세!" 300,000명(누계 총 14,711,260명), 광화문 광장에서 탄핵 반대 집회도 열림.

19차 2017년 3월 4일, "박근혜 없는 3월, 그래야 봄이다! 헌재 탄핵 인용! 박근혜 구속! 황교안 퇴진!", 1,050,000명(누계 총 15,000,000명 돌파; 총파업 6만 명 포함 15,761,260명), 3월 10일 헌법재판소, 만장일치로 탄핵 인용

20차 2017년 3월 11일, "촛불과 함께한 모든 날이 좋았다", "모이자! 광화문으로! 촛불 승리를 위한 20차 범국민 행동의 날", 700,000만(누계 총 15,880,000명)

참고문헌

강내희, 2008, "촛불 정국과 신자유주의: 한국 좌파의 과제와 선택," 『문화/과학』 통권 제55호(문화과학사), 66~89쪽.

강명세, 2017, "'촛불 혁명'의 희망은 무엇이었으며 그것은 어떻게 실현할 수 있는가?," 『의정연구』 제23권 2호(한국의회발전연구회), 6~36쪽.

강미화, 1998, "독일 68 운동의 의미와 유산," 『경제와 사회』 통권 제37호(비판사회학회), 65~97쪽.

강우진, 2017, "87년 체제와 촛불 시민 혁명: 한국 민주주의의 전환," 『정치비평』 제10권 1호(복간호, 한국정치연구회), 47~86쪽.

금보령, 2017, ""국민 77% 집회 영향력 과거보다 커"…촛불 집회가 바꾼 인식," 『아시아 경제』 04. 25, http://view.asiae.co.kr/news/view.htm?idxno=2017032615443643516(검색일: 2018.04.03).

금원섭, 2016, "추미애 '박 대통령 계엄령 준비한다는 정보가 돌고 있다'," 『조선일보』 11.18, http://news.chosun.com/site/data/html_dir/2016/11/18/2016111800860.html(검색일: 2018.01.20.)

김공회, 2017, "'촛불 정국'의 사회 경제적 차원: 분석과 전망," 『마르크스주의 연구』 제14권 1호(통권 제45호, 경상대학교 사회과학연구원), 44~64쪽.

김구연·송영훈, 2016, "세월호 아빠 울린 '엄마부대' "광화문 광장 돌려줘"," 『노컷뉴스』 04.16. http://www.nocutnews.co.kr/news/4580250(검색일. 2018.01.20.)

김나현, 2017, "박사모-주민들, 소음 갈등… '애국세로 생각하라', '침묵시위하자'," 『머니S』 03.14, http://moneys.mt.co.kr/news/mwView.php?type=1&no=2017031418108068311&outlink=1(검색일: 2018.01.11.)

김누리, 2001, "68 혁명과 현대 독일 문학 - 70년대 문학의 경향 전환론에 대한 비판적 고찰," 『독어교육』 제21집(한국독어독문학교육학회), 257~289쪽.

김상돈, 2007, "정치 참여의 인과 구조에 대한 한·미·일 국제 비교 연구: 비정치적 결사체 가입의 매개효과 분석," 『한국사회학』 제41집 1호(한국사회학회), 221~255쪽.

김상돈·김태준, 2008, "자발적 결사체 가입이 정치 참여에 미치는 영향: 정치 효능감과 시민권 덕목의 매개 효과 분석," 『사회과학연구』 제16권 1호(서강대학교 사회과학연구소), 68~113쪽.

김상봉·김기숙, 2009, "생명을 위한 촛불: 촛불 항쟁의 생태적 의미," 사회와 철학 연구회 (편), 『촛불, 어떻게 볼 것인가』, 서울: 울력, 31~60쪽.

김서영, 2017, ""계엄령 선포, 촛불 진압" 극우 단체 인사들 '내란 선동' 고발당해," 『경향신문』 01.24, http://news.khan.co.kr/kh_news/khan_art_view.html?artid=201701241432001(검색일: 2018.01.20.)

김석수, 2009, "촛불 집회와 새로운 주체의 가능성," 사회와 철학 연구회 (편), 『촛불, 어떻게 볼 것인가』, 서울: 울력, 61~99쪽.

김선호·오세욱·최민재, 2016, 『댓글 문화 분석』, Media Issue 제2권 10호(한국언론진흥재단).

김성경, 2017, "분단의 마음과 환대의 윤리: '태극기' 집회 참가자들과 탈북자를 중심으로," 『민족문화연구』 통권 제75호(고려대학교 민족문화연구원), 195~227쪽.

김성일, 2017, "광장 정치의 동학: 6월 항쟁에서 박근혜 탄핵 촛불 집회까지," 『문화과학』 제89호, 146~168쪽.

김성태·이영환. 2006, "인터넷을 통한 새로운 의제 설정 모델의 적용," 『한국언론학보』 제50권 3호(한국언론학회), 175~204쪽.

김영인, 1999, "정치 참여의 시민 교육 효과에 관한 시론." 『시민교육연구』 제29집(한국사회과교육학회), 43~65쪽.

김영인, 2003, "정치 참여 유형에 따른 법 의식 및 정치 효능감 형성 효과에 관한 연구," 『사회과교육』 제42권 1호(한국사회과교육연구학회), 129~163쪽.

김영인, 2007, "청소년의 대한민국 청소년 의회 참여 경험과 시민성 변화," 『청소년학연구』 제14권 6호(한국청소년학회), 99~127쪽,

김욱, 2010, "촛불 시위와 한국 시위 문화의 변동: 거시적 변화에 대한 미시적 설명," 『한국정당학회보』 제9권 2호(한국정당학회), 33~59쪽.

김욱, 2013, "투표 참여와 다른 유형의 정치 참여 간의 연계성 분석," 『정치·정보연구』 제16권 2호(한국정치정보학회), 27-59쪽.

김원태, 2001, "고등 학교에서의 사회 참여 체험 교육과 시민성 형성에 관한 연구," 『시민교육연구』 제33권(한국사회과교육학회), 49~88쪽.

김유호, 2012, "의료 민영화 논의에 따른 이슈 용어의 연결 중심성 분석," 『한국콘텐츠학회논문지』 제12권 8호(한국콘텐츠학회), 207~214쪽.

김은미·김현주, 2004, "인터넷상에서의 사회적 의사소통 양식과 합의 형성," 『정보통신정책연구 보고서』 제4권 54호(정보통신정책연구원), 7~106쪽.

김은미·이준웅, 2006, "읽기의 재발견: 인터넷 토론 공간에서 커뮤니케이션의 효과," 『한국언론학회보』 제50권 4호(한국언론학회), 65~94쪽.

김지원, "[지금 SNS에선] '옵션 열기' 소동," 『경향신문』 12.10, http://news.khan.co.kr/kh_news/khan_art_view.html?artid=201712102118005&code=990100(검색일: 2018.01.10.)

김지훈·김민경, 2017, "경찰, 헌재 재판관 8명 경호 착수," 『한겨레』 02.23, http://www.hani.co.kr/arti/society/society_general/783898.html(검색일: 2018.01.20.)

김찬우·정병기, 2018, "촛불 집회와 태극기 집회를 둘러싼 정국 인식: 온라인 뉴스 댓글에 대한 빅데이터 분석," 『예술인문사회융합멀티미디어논문지』 제8권 6호(인문사회과학기술융합학회), 875~885쪽.

김찬우·정병기, 2018, "온라인 뉴스 기반 촛불 집회와 태극기 집회의 정국 이슈 분석," 『예술인문사회융합멀티미디어논문지』 제8권 1호(인문사회과학기술융합학회), 417~427쪽.

김철규·김선업·이철, 2008, “미국산 쇠고기 수입 반대 촛불 집회 참가 10대의 사회적 특성,” 『경제와 사회』 통권 80호(비판사회학회), 40~67쪽.

김철규·이해진·김선업·이철, 2010, “촛불 집회 10대 참가자의 정체성과 사회 의식의 변화: 추적 조사 결과를 중심으로,” 『경제와 사회』 통권 85호(비판사회학회), 265-290쪽.

김태규·정인환, 2016, “‘민폐 의전’ 황교안, 이번엔 대통령급 요구,” 『한겨레』 12.15, http://www.hani.co.kr/arti/politics/politics_general/774819.html(검색일: 2018.01.20.)

김학준, 2017, “빅데이터를 통해 바라본 촛불 민의: 탄핵으로 가는 길, 탄핵 이후의 소망,” 『황해문화』 통권 제95호(새얼문화재단), 60~75쪽.

김혜영·이도길·강범모, 2011, “사건 명사의 공기어 네트워크 구성과 분석,” 『언어와 언어학』 제50권(한국외국어대학교 언어연구소), 81~106쪽.

김호기, 2008, “촛불 집회, 거리의 정치, 제도의 정치: 서울 광장에서 그람시와 하버마스를 다시 읽는다,” 『촛불 집회와 한국 민주주의 토론회 자료집』, 세교연구소·진보와개혁을위한의제27·참여사회연구소·코리아연구원·경향신문 주최, 2008년 6월 16일, 서울 참여연대 강당, 25~33쪽.

남인용·박한우, 2007, “대권 예비 후보자 관련 신문 기사의 네트워크 분석과 홍보 전략,” 『한국정당학회보』 제6권 1호(한국정당학회), 79~107쪽.

노형일·양은경, 2017, “비폭력 저항 주체의 형성: 박근혜 대통령 탄핵 촛불 집회에 대한 통치 분석,” 『한국방송학보』 제31권 3호(한국방송학회), 5~41쪽.

도묘연, 2010, “NGO 참여 활동의 시민 교육 효과에 대한 탐색적 연구,” 『21세기정치학회보』 제20집 2호(21세기정치학회), 77~100쪽.

도묘연, 2017a, “2016년~2017년 박근혜 퇴진 촛불 집회 참여의 결정 요인,” 『의정연구』 제23권 2호(한국의회발전연구회), 109~146쪽.

도묘연, 2017b, “2016년-2017년 촛불 집회 참가가 시민성에 미친 영향력 분석,” 『한국지방자치연구』 제19권 2호(대한지방자치학회), 25~52쪽.

도묘연, 2017c, “결사체 활동, 시민성 그리고 촛불 집회 참여의 경로 구조,” 『현대정치연구』 제10권 2호(서강대학교 현대정치연구소), 5~41쪽.

맹문재, 2017, “집회 일지와 어록,” 『현대시학』 제575호(4월호), 17~22쪽.

문지혜·이숙정, 2015, “뉴스 미디어 레퍼토리에 따른 후기 청소년의 정치적 시민성 차이에 관한 연구,” 『한국청소년연구』 제26권 1호(한국청소년정책연구원), 217~244쪽.

민경호, 2016, “[전문] 검찰 특별수사본부 중간 결과 발표,” 『SBS 뉴스』 11.20, https://news.sbs.co.kr/news/endPage.do?news_id=N1003897624&plink=ORI&cooper=NAVER&plink=COPYPASTE&cooper=SBSNEWSEND(검색일: 2018.01.07.)

민수미, 2016, “[인터뷰] 엄마부대 대표 ”“내 딸이 위안부였어도 지금처럼 한다”,” 『쿠키뉴스』 01.05, http://news.kukinews.com/news/article.html?no=338476(검색일: 2018.01.20.)

민영·주익현, 2007, “사회 자본의 민주주의 효과: 미디어 이용과 사회 자본이 정치적 관심과 신뢰 및 참여에 미치는 영향,” 『한국언론학보』 제51권 6호(한국언론학회), 190~217쪽.

민주언론시민연합, 2017, "'태극기 집회 새바람' MBC의 희한한 해석," 『오마이뉴스』 03.13, http://www.ohmynews.com/NWS_Web/View/at_pg.aspx?CNTN_CD=A0002306798(검색일: 2018.01.20.)

민희·윤성이, 2016, "감정과 정치 참여," 『한국정치학회보』 제50집 1호(한국정치학회), 271~294쪽.

박근혜 대통령 탄핵 반대 시위 위키피디아 페이지, https://ko.wikipedia.org/wiki/박근혜_대통령_탄핵_반대_시위(검색일: 2018.01.08.)

박근혜 탄핵 반대 집회/경과 페이지, https://namu.moe/w/박근혜%20탄핵%20반대%20집회/경과(검색일: 2018.01.08.)

박근혜정권퇴진비상국민행동 홈페이지, http://www.bisang2016.net/?c=55&p=25&uid=7(검색일: 2018.01.10.)

박기묵, 2018, "언론의 점화 효과와 정책 결정: MBC PD 수첩 이슈를 중심으로," 『한국행정논집』 제29권 1호(한국정부학회), 1~26쪽.

박병수, 2017, "광복회, 3.1절 앞 '태극기 시위도구 사용 안 된다'," 『한겨레』 02.07, http://www.hani.co.kr/arti/politics/defense/784338.html(검색일: 2018.01.22.)

박선미, 2009, "그람시의 '유기적 지식인'과 '정당' 기능의 재해석: 2008 촛불 집회 관련 온라인 미디어 담론 분석," 『사이버커뮤니케이션학보』 제26권 4호(사이버커뮤니케이션학회), 51~93쪽.

박순기, 2017, 문재인 전 대표 차량 구미시청서 시위 시민에 한때 가로막혀(종합), 『연합뉴스』 01.08, http://www.yonhapnews.co.kr/bulletin/2017/01/08/0200000000AKR20170108039651053.HTML?input=1195m(검색일: 2018.01.22.)

박영균, 2008, "촛불의 정치 경제학적 배경과 정치학적 미래," 『진보평론』 통권 제37호, 41~61쪽.

박정대, 2017, "경제개혁연 '전경련 이승철 부회장 퇴직금 내역 공개 촉구'," 『브레이크뉴스』 02.16, http://www.breaknews.com/sub_read.html?uid=492818&section=sc3(검색일: 2018.01.13.)

박종민·배정현, 2008, "한국에서 단체는 민주주의의 학교인가?: 단체 참여의 내부 효과," 『한국정치학회보』 제42집 3호(한국정치학회), 121~141쪽.

박찬표, 2017, "촛불과 민주주의: 촛불 시위에서 드러난 한국 시민 사회의 장점과 한계," 최장집·서복경·박찬표·박상훈, 『양손잡이 민주주의: 한 손에는 촛불, 다른 손에는 정치를 들다』, 서울: 후마니타스, 173~252쪽.

방준호, 2016, "친박 단체들이 '태극기 휘날리면 촛불 꺼진다'며 탄핵 무효 시위를 벌였다," 『허핑턴포스트』 12.10, https://www.huffingtonpost.kr/2016/12/10/story_n_13543732.html(검색일: 2018.01.20.)

배경만·김성현·고영중·김종훈, 2014. "자연어 기반 인터페이스에서 개체명 패턴을 이용한 효과적인 개체명과 주제어 인식 방법," 『한국정보기술학회논문지』 제12권 1호(한국정보기술학회), 121~129쪽.

백욱인, 2008, "촛불 시위와 대중: 정보 사회의 대중 형성에 관하여," 『동향과 전망』 통권 제74호(한국사회과학연구소), 159~188쪽.

백은정, 2009, "한국 언론의 '촛불 집회'에 대한 보도 경향과 이데올로기적 의미," 성균관대학교 일반대

학원 석사학위 논문

백지연, 2017, "책머리에: 광장의 목소리를 잇는 일상의 혁명," 『창작과 비평』 제45권 4호(통권 제178호), 2~8쪽.

변영수, 2015, "'촛불 집회' 기사의 담론 분석: 『조선일보』와 『한겨레』를 중심으로," 『한글』 제309권(한글학회), 121~159쪽.

변영수, 2016, "신문의 갈등 이슈 양상: '촛불 집회'의 뉴스 프레임 강조 장치를 중심으로," 『겨레어문학』 제57권(겨레어문학회), 149~183쪽.

서영표, 2017, "변화를 향한 열망, 하지만 여전히 규율되고 있는 의식: 2016년 촛불 시위에 대한 하나의 해석," 『마르크스주의 연구』 제14권 1호(통권 제45호, 경상대학교 사회과학연구원), 65~90쪽.

서울신문 온라인 뉴스부, 2016, "[靑 입장 전문] '검찰 수사 결과 편향적···특검으로 무고함 밝히겠다'," 『서울신문』 11.20, http://www.seoul.co.kr/news/newsView.php?id=20161120500082&wlog_tag3=naver#csidxd6bd6e6a6ace75a8275694976da9d31(검색일: 2018.01.07.)

서중석, 2011, 『6월 항쟁』, 파주: 돌베개.

선대식, 2017, "'증인, 저를 봐라' 강일원 한마디에 모든 게 바뀌었다," 『오마이뉴스』 02.17, http://www.ohmynews.com/NWS_Web/View/at_pg.aspx?CNTN_CD=A0002299473(검색일: 2018.01.09.)

성동규·양소정·김양은·임성원, 2007, "온-오프라인 정치 참여에 대한 미디어 영향력 비교 연구: 뉴스 이용 미디어에 따른 수용자 세분화를 중심으로," 『사이버커뮤니케이션학보』 통권 제24호(사이버커뮤니케이션학회), 5~50쪽.

손병권, 2001, "미국의 다원주의: 현실, 이론, 그리고 미래," 미국학연구소(편), 『21세기 미국의 역사적 전망 Ⅰ』, 서울: 서울대학교 출판부, 77~165쪽.

손호철, 2006, 『해방 60년의 한국 정치: 1945-2005』, 서울: 이매진.

손호철, 2017a, 『촛불 혁명과 2017년 체제: 박정희, 87년, 97년 체제를 넘어서』, 서울: 서강대학교출판부.

손호철, 2017b, "'11월 시민 혁명', '광장'과 대의제를 생각한다," 『마르크스주의 연구』 제14권 1호(통권 제45호, 경상대학교 사회과학연구원), 18~43쪽.

손호철, 2017c, "6월 항쟁과 '11월 촛불 혁명': 반복과 차이," 『현대정치연구』 제10집 2호(서강대학교 현재정치연구소), 77~97쪽.

송경동, 2017, "우리 안의 폴리스라인," 『시를 사랑하는 사람들』 통권 제87호, 160~161쪽.

송경재, 2013, "사회적 자본과 한국의 시민 참여: 관습적·비관습적 참여와 사회적 자본." 『한국정당학회보』 제12권 2호(한국정당학회), 221~244쪽.

송호근, 2017, 『촛불의 시간: 군주·국가의 시간에서 시민의 시간으로』, 서울: 북극성.

신진욱, 2009, "정치 위기와 사회 운동의 새로운 주기: 2008년 촛불 시위 이후 한국 민주주의의 이중적 과제," 홍성태(편), 『촛불 집회와 한국사회』, 서울: 문화과학사, 56~94쪽.

심광현, 2008, "68혁명의 문화정치적 모순과 이행의 문제: 19세기 혁명이념의 장기지속과 68혁명의 역사적 의의," 『마르크스주의 연구』 제 5집 2호(경상대학교 사회과학연구원), 99~133쪽

안성호, 2017, "청와대 정치의 실패, 여의도 정치의 과제 그리고 광화문 정치 승리의 담론," 『사회과학연구』 제34권 1호(충북대학교 사회과학연구소), 55~106쪽.

양원석, 2017, "변희재 '손석희 사장 방송 조작 사실, 곧 드러날 것'," 『뉴데일리』 02.19, http://www.newdaily.co.kr/site/data/html/2017/02/19/2017021900032.html(검색일: 2018.01. 10.)

연합뉴스 사건팀, 2017, "'靑 압수 수색하라' 14차 촛불 집회…'탄핵 무효' 태극기 집회도," 『연합뉴스』 02.04, http://news.naver.com/main/read.nhn?mode=LSD&mid=shm&sid1=100&oid=001&aid=0009007857(검색일: 2018.01.09.)

오세욱·양정애, 2016, 『포털에서 많이 보는 뉴스와 댓글 많은 뉴스』 Media issue 제2권 11호(한국언론진흥재단).

오제명·김경석·김길웅·김지혜·안영현·이은미·이정희·전경화, 2006, 『68, 세계를 바꾼 문화 혁명: 독일·프랑스를 중심으로』, 서울: 길.

우경희·이건희, 2017, "태극기 바람 타고 집결하는 보수, 반격 꿈꾸나," 『머니투데이』 02.06, http://news.mt.co.kr/mtview.php?no=2017020615587625594(검색일: 2018.01.22.)

유재원, 2000, "사회적 자본과 결사체," 『한국정책학회보』 제9권 3호(한국정책학회), 23~43쪽.

윤상철·김정훈·김종엽·박은홍·윤민재·장상철·장세훈·황정미, 2006. 『민주 발전 지수: 2004-2005 평가와 전망』, 서울: 민주화운동기념사업회.

이갑윤, 2010, "촛불 집회 참가자의 인구·사회학적 특성 및 정치적 정향과 태도," 『한국정당학회보』, 제9권 1호(한국정당학회), 95~120쪽.

이경미, 2017, "'나꼼수' 김용민, 자유한국당 입당 8시간 만에 제명당해," 『한겨레』 02.17, http://www.hani.co.kr/arti/politics/assembly/783159.html(검색일: 2018.01.10.)

이동연, 2008, "촛불 집회와 스타일의 정치," 『문화/과학』 통권 제55호(문화과학사), 150~167쪽.

이동연, 2017, "촛불의 리듬, 광장의 문화 역동: 민주주의 정치를 위한 인식적 지도 그리기," 『마르크스주의 연구』 제14권 1호(통권 제45호, 경상대학교 사회과학연구원), 91~117쪽.

이동환·강내원·전종우, 2017, "SNS를 통한 시민 사회 운동의 공론화 과정," 『사이버 커뮤니케이션학보』 제34권 2호(사이버커뮤니케이션학회), 83~123쪽.

이수상, 2014, "언어 네트워크 분석 방법을 활용한 학술 논문의 내용 분석," 『정보관리학회지』 제31권 4호(한국정보관리학회), 79~107쪽.

이수영, 2017, "'장수풍뎅이연구회' 깃발과 촛불 혁명," 『혁명과 이행』, 제8회 맑스코뮤날레 2일차 자료집, 2017년 5월 12~14일, 성공회대학교, 192~197쪽.

이숙정·백선기·한은정, 2013, "교육 수준에 따른 정치 참여 격차: 뉴스 미디어, 사회적 연결망, 정치 사회적 대화를 중심으로," 『한국언론학보』 제57권 3호(한국언론학회), 113~136쪽.

이숙종·유희정, 2010, "개인의 사회 자본이 정치 참여에 미치는 영향." 『한국정치학회보』 제44집 4호(한국정치학회), 287~313쪽.

이양수, 2006, "한국적 사회 자본이 주민의 정치 참여 행태에 미치는 영향," 『지방정부연구』 제10권 3호(한국지방정부학회), 25~43쪽.

이연옥·박효찬·박한우·Randy Kluver, 2017, "2016년 촛불 집회의 페이스북 댓글 데이터를 통해 본 하이브리드 미디어 현상," 『Journal of The Korean Data Analysis Society』 제19권 2호(한국자료분석학회), 885~896쪽.

이완수·최명일, 2014, "한국 대통령 죽음에 대한 집단 기억: 김대중·노무현 대통령 사후 평가에 대한 미디어의 언어 구성," 『한국언론학보』 제58권 5호(한국언론학회), 123~152쪽.

이용교·이중섭, 2010, "청소년의 사회 참여 활동이 시민성에 영향을 미치는 경로 연구: 사회 참여 의식, 사회적 신뢰, 친사회성의 매개 효과를 중심으로," 『청소년학연구』 제17권 2호(한국청소년학회), 203~232쪽.

이유진, 2017, "촛불·태극기 집회에 50~70대 참가…보수 지지층 균열로 분화 이뤄진 것," 『경향신문』 04. 03, http://news.khan.co.kr/kh_news/khan_art_view.html?artid=201704022159005&code=940100(검색일: 2018.03.28.)

이유진·김지혜, 2017, "[촛불 집회 1주년] 광화문 광장 5만 명 운집…'민주주의 역사는 현재 진행형'," 『경향신문』 10. 28, http://news.khan.co.kr/kh_news/khan_art_view.html?artid=201710282136001&code=940100(검색일: 2017.10.29.)

이재신·성민정, 2007, "온라인 댓글이 기사 평가에 미치는 영향," 『한국광고홍보학보』 제9권 4호(한국광고홍보학회), 7-45쪽.

이정기, 2011, "온·오프라인 공간에서의 '저항적(대안적) 정치 참여'에 관한 연구: 미디어 이용량, 미디어 신뢰도, 정치 신뢰도, 정치 효능감이 저항적(대안적) 정치 참여 경험과 의도에 미치는 영향을 중심으로," 『미디어, 젠더 & 문화』 통권 제18호(한국여성커뮤니케이션학회), 73~109쪽.

이정섭, 2017, "촛불 좌파," 『혁명과 이행』, 제8회 맑스코뮤날레 2일차 자료집, 2017년 5월 12~14일, 성공회대학교, 179~187쪽.

이정애, 2017, "표창원, '대통령 풍자 누드' 전시회 주최로 당 윤리 심판원 회부," 『한겨레』 01.24, http://www.hani.co.kr/arti/politics/politics_general/780010.html(검색일: 2018.01.10.)

이준한, 2009, "촛불, 매스 미디어, 그리고 민주주의," 『사회과학연구』 제17권 1호(서강대학교 사회과학연구소), 264-290쪽.

이지호, 2017, "박근혜 촛불, 누가 왜 참여했나: 참여 행동 모형과 참여 태도 모형의 비교," 『한국정치연구』 제26권 2호(서울대학교 한국정치연구소), 75~103쪽.

이지호·이현우·서복경, 2017, 『탄핵 광장의 안과 밖: 촛불 민심 경험 분석』, 서울: 책담(한솔수북).

이해진, 2008, "촛불 집회 10대 참가자들의 참여 경험과 주체 형성," 『경제와 사회』 통권 제80호(비판사회학회), 68~108쪽.

이현우, 2008, "정치 참여 유형으로서의 촛불 집회: 대표성과 변화," 『한국국제정치학회 학술대회 논문집』, 한국국제정치학회 주최, 2008년 8월, 7~26쪽.

이현우, 2017, "촛불 집회 참가 강도 분석: 정체성, 분노, 효율성," 『촛불 집회 누가? 그리고 왜? 학술회의 자료집』, 한국선거학회·서강대학교 현대정치연구소 주최, 2017년 4월 24일, 37~58쪽.

이현우·이지호·서복경, 2017, "'촛불', '맞불' 집회에 대한 태도와 19대 대선," 『현대정치연구』 제10권 2호(서강대학교 현대정치연구소), 43~75쪽.

이혜준·이동일·이주현, 2010, "의미 네트워크 분석을 통한 프랜차이즈 교육 프로그램 개발," 『경영교육연구』 제14권 2호(한국경영학회), 105~128쪽.

이호진, 2016. "'청소년이 주인' …수능 끝난 고3 수험생들 거리로 나와," 『JTBC 뉴스』 11.19, http://news.jtbc.joins.com/article/article.aspx?news_id=NB11359708&pDate=20161119(검색일: 2018.01.20.)

임경석, 2008, "2008 촛불은 진정 우리 사회의 민주적인 변혁과 자기 성찰을 이끌 힘인가?: 대의 민주주의의 위기와 대중의 자발적인 주권 의식의 고양을 중심으로," 사회와 철학 연구회(편), 『촛불, 어떻게 볼 것인가』, 서울: 울력, 245~264쪽.

임양준, 2009, "미국산 수입 쇠고기와 촛불 시위 보도에 나타난 뉴스 프레임 비교 연구," 『한국언론정보학보』 제46호(한국언론정보학회), 108~147쪽.

장수찬, 2002, "한국 사회에 나타난 악순환의 사이클: 결사체 참여, 사회 자본, 그리고 정부 신뢰," 『한국정치학회보』 제36집 1호(한국정치학회), 87~112쪽.

장수찬, 2004, "한국 연줄 사회 조직의 특성과 신뢰 구조의 이해: 이중적 신뢰 구조가 갖는 민주주의에 대한 함의는 무엇인가," 『세계지역연구논총』 제22집 2호(한국세계지역학회), 359~394쪽.

장훈, 2017, "촛불의 정치와 민주주의 이론: 현실과 이론, 사실과 가치의 긴장과 균형," 『의정연구』 제23권 2호(한국의회발전연구회), 37~66쪽.

전상진, 2009, "2008년 촛불 현상에 대한 세대 사회학적 고찰," 『현대정치연구』 제2집 1호(서강대학교 현대정치연구소), 5~31쪽.

전종선, 2016, "'엄마부대' 주옥순 대표, 촛불 시위서 여고생 때려 경찰 연행," 『서울경제』 11.05, http://www.sedaily.com/NewsView/1L3UQH625Q/(검색일: 2018.01.20.)

정덕호·이준기·김선은·박경진, 2013, "언어 네트워크 분석을 이용한 교육 과정 목표와 교과서 학습 목표와의 일치성 분석: 2009 개정 교육 과정의 지구 과학 I을 중심으로," 『한국지구과학학회지』 제34권 7호(한국지구과학회), 711~726쪽.

정병기, 2007, "21세기 자본주의 사회의 혁명과 반혁명: 68 혁명 운동의 의미와 교훈," 『21세기 자본주의와 대안적 세계화』, 제3회 맑스코뮤날레 발표 논문집, 서울: 문화과학사, 490~509쪽.

정병기, 2008, "68 혁명 운동과 노동 운동: 반권위주의적 탈물질주의의 교훈과 노동 운동의 전망," 『마르크스주의 연구』 제5권 2호(경상대학교 사회과학연구원), 32~52쪽.

정병기, 2017, "68 혁명 운동과 비교한 2016/2017 촛불 집회의 비판 대상과 참가자 의식," 『동향과 전망』 통권 제101호(한국사회과학연구소, 2017), 261~291쪽.

정병기, 2018, "1987년 6월 항쟁 및 2008년 촛불 집회와 비교한 2016/17년 촛불 집회의 의미," 『동향과 전망』 통권 제104호(한국사회과학연구소), 318~343쪽.

정수영·황경호, 2015, "한·일 주요 일간지의 한류 관련 뉴스 프레임과 국가 이미지: 기사 헤드라인에 대한 의미 연결망 분석을 중심으로," 『한국언론학보』 제59권 3호(한국언론학회), 300~331쪽.

정일권·김영석, 2006, "온라인 미디어에서의 댓글이 여론에 미치는 영향에 관한 연구," 『한국언론학보』 제50권 4호(한국언론학회), 302-327쪽.

정재인, 2017, "탄핵 반대 집회 과격 시위…의경 포함 경찰 부상 33명," 『뉴스1』 03.10, http://news1.kr/

articles/?2933436(검색일: 2018.01.10.)

정태석, 2009, “광우병 반대 촛불 집회에서 사회 구조적 변화 읽기: 불안의 연대, 위험 사회, 시장의 정치,” 『경제와 사회』 통권 제81호(비판사회학회), 251~272쪽.

조규희, 2016, “국민의당 ‘편파 조사 TF 만든 선관위는 박근혜 정부 돌격대’,” 『뉴스1』 10.24, http://news1.kr/articles/?2811217(검색일: 2018.01.10.)

조기숙, 2009, “2008 촛불 집회 참가자의 이념적 정향: 친북 반미 좌파 혹은 반신자유주의?,” 『한국정치학회보』 제43집 3호(한국정치학회), 125~148쪽.

조기숙·박혜윤, 2008, “광장의 정치와 문화적 충돌,” 『한국정치학회보』 제42권 4호(한국정치학회), 243~268쪽.

조정환, 2009, 『미네르바의 촛불』, 서울: 갈무리.

조진만, 2013, “정보화가 정치 참여에 미치는 효과: 경험적 분석,” 『한국정치학회보』 제45집 5호(한국정치학회), 273~296쪽.

집회 및 시위에 관한 법률 (약칭: 집시법) [시행 2016.2.28.] [법률 제13834호, 2016.1.27., 일부개정].

차민경·권상희, 2015, “언론의 ‘창조 경제’에 대한 의제 설정 의미 연결망 분석,” 『한국언론학보』 제59권 2호(한국언론학회), 88~120쪽.

천정환, 2017, “누가 촛불을 들고 어떻게 싸웠나: 2016/17년 촛불 항쟁의 문화 정치와 비폭력·평화의 문제,” 『역사비평』 통권 제118호(역사비평사), 436~465쪽.

청소년인권행동 아수나로, 2010, “[아수나로 공식문서] 청소년인권행동 아수나로의 탄생 설화 (?): 아수나로 소개,” http://cafe.naver.com/asunaro/18183(검색일: 2018.02.19.)

청소년인권행동 아수나로, 2017, “청소년인권행동 아수나로를 소개합니다,” http://cafe.naver.com/asunaro/59971(검색일: 2018.02.19.)

최영준·최일붕(편), 2017, 『박근혜 퇴진 촛불 운동: 현장 보고와 분석』, 서울: 책갈피.

최윤수, 2015, “Word Embedding 자질을 이용한 한국어 개체명 인식”, 창원대학교 공학 석사 학위 논문.

최지영·천희주·이명진, 2015, “한국 사회의 세대별 시민성 비교 연구,” 『한국인구학』, 제38권 4호(한국인구학회), 113~137쪽.

최현숙, 2016, “모든 밀려난 존재들의 악다구니는 아름답다,” 『문학동네』 제24권 1호(통권 제90호), 1~16쪽.

최혜정·하어영·김남일, 2017, “청와대, 작년 9월부터 문서 파쇄기 26대 구입…증거 인멸 했나,” 『한겨레』 03.15, http://www.hani.co.kr/arti/politics/bluehouse/786713.html(검색일: 2018.01.21.)

탄핵기각을위한국민총궐기운동본부(탄기국), 2016, http://cafe.daum.net/tankikuk/GnQD/1(검색일: 2017.01.20.)

한국언론진흥재단 미디어연구센터 조사분석팀, 2016, “2016 언론 수용자 의식 조사: 제21회 미디어 환경 변화에 따른 이용자 행태 조사,” 『한국언론진흥재단 조사분석서 2016-02호』 서울: 한국언론진흥재단.

한남기, 2016, “word2vec 학습 자질을 사용한 새로운 한글 개체명 인식 모델 제안,” 연세대학교 문헌정보학과 석사학위 논문.

한윤조, 2016, “추미애 "朴대통령 계엄령 준비한다는 정보 돈다…즉각 하야하지 않으면 후속 법적 조치 들어가겠다,” 『매일신문』 11.18, http://www.imaeil.com/sub_news/sub_news_view.php?news_id=56623&yy=2016(검색일: 2018.01.10.)

허남섭·송국권, 2016, “거국 중립 내각 -> 탄핵 -> 당 해체,” 『신동아』 12월호, http://shindonga.donga.com/3/all/13/787321/1(검색일: 2018.01.08.)

허인숙·이정현, 2004, “청소년의 사회 참여 활동과 시민성 형성에 관한 연구,” 『한국청소년연구』 통권 제40호(한국청소년정책연구원), 448~472쪽.

홍성구, 2009, “촛불 집회와 한국 사회의 공론 영역: 숙의 민주주의와 공화주의를 중심으로,” 『사이버커뮤니케이션학보』 제26권 1호(사이버커뮤니케이션학회), 77~118쪽

홍성민, 2017, “감정 구조와 촛불 혁명: 2008년과 2016년,” 『시민 사회와 NGO』 제15권 1호(한양대학교 제3섹터연구소), 79~110쪽.

홍성태, 2009, “‘촛불 집회와 민주주의,” 홍성태(편), 『촛불 집회와 한국 사회』, 서울: 문화과학사, 17~55쪽.

홍수민, 2016, “박사모, 19일 서울 도심서 대규모 집회 ‘전국 총동원령 발동한다’,” 『중앙일보』 11.08, http://news.joins.com/article/20842315(검색일: 2018.01.07.)

홍주현·나은경, 2015, “세월호 사건 보도의 피해자 비난 경향 연구: 보수 종편 채널 뉴스의 피해자 범주화 및 단어 네트워크 프레임 분석,” 『한국언론학보』 제59권 6호(한국언론학회), 69~106쪽.

홍해인, 2017, “태영호, ‘북한, 공산사회 아니라 세습 기초한 노예사회’,” 『연합뉴스』 01.17, http://www.yonhapnews.co.kr/bulletin/2017/01/17/0200000000AKR20170117061400001.HTML(검색일: 2018.01.20.)

황지혜, 2016, “이재명 ‘박근혜 대통령 800억 중범죄 확인…탄핵하고 구속하라’,” 『동아일보』11.02, http://news.donga.com/3/all/20161102/81127308/2#csidxe516ef7460068378b4b4ad277764c03(검색일: 2018.01.10.)

황진태, 2011, “2008년 촛불 집회 시위의 공간성에 관한 고찰,” 『경제와 사회』 통권 제90호(비판사회학회), 262~289쪽.

Aleksis, 2008, “‘왔노라, 보았노라, 딴지 걸었노라’: 촛불 집회에 나온 아수나로 이야기,” 『진보평론』 통권 제37호, 62~72쪽.

Ali, Tariq and Susan Watkins, 2001, 『1968: 희망의 시절, 분노의 나날』, 안창수·강정석 역, 서울: 삼인.

Almond, Gabriel. A. and Sidney Verba, 1963, *The Civic Culture*, Boston: Little Brown & Co.

Atteveldt, W. H., 2008, *Semantic Network Analysis: Techniques for Extracting, Representing, and Querying Media Content*. North Charleston, SC: Book Surge Publishing.

Borgatti, S. P., Everett, M. G. and Johnson, J. C. 2013, *Analyzing social networks*. Thousand Oaks, CA: SAGE.

Gamson, W, 1992, "The Social Psychology of Collective Action," A. Morris and C. Mueller (eds.), *Frontiers in Social Movement Theory*, New Haven: Yale University Press, pp.53~76.

Gilcher-Holtey, Ingrid, 2003, 『68 운동: 독일·서유럽·미국』, 정대성 역, 파주: 들녘.

Granovetter, Mark, 1973, "The Strength of Weak Ties." *American Journal of Sociology*, vol.78, no.6, pp.1360-1380.

Habermas, Jürgen, 1997, *Theorie des kommunikativen Handelns I, II,* 4. Aufl, Frankfurt a. M.: Suhrkamp.

Hajek, Willi, 2003, "자본주의 지구화 반대 투쟁과 '1968'의 유산," Willi Hajek & Jochen Gester, 『1968 - 그리고 그 이후: 68 주역들의 경험과 교훈 그리고 유토피아』, 정병기 역, 서울: 현장에서 미래를, 181~187쪽.

Inglehart, Ronald, 1971, "The Silent Revolution in Europe: Intergenerational Change in Post-Industrial Societies," *The American Political Science Review*, vol.65, pp.991~1017.

Inglehart, Ronald, 1977, *The Silent Revolution. Changing Values and Political Styles among Western Publics*, Princeton, NJ: Princeton University Press.

Katsiaficas, George, 1999, 『신좌파의 상상력: 세계적 차원에서 본 1968』, 이재원·이종태 역, 서울: 이후.

Katsiaficas, George, 2015, 『한국의 민중 봉기』, 원영수 역, 파주: 5월의봄.

Lukes, Steven, 1974, *A Radical View*, London: MacMillan Press.

Marcuse, Herbert, 1970, *Triebstruktur und Gesellschaft. Ein philosophischer Beitrag zu Sigmund Freud,* Frankfurt a. M.: Suhrkamp.

Marcuse, Herbert, 1980, *Der eindimensionale Mensch*, 14. Aufl., Darmstadt, usw.: Luchterhand.

McAdam, Doug and Ronnelle Paulsen, 1993, "Specifying and the Relationship Between Social Lies and Activism," *American Journal of Sociology*, vol.99, no.6, pp.640~667.

Milbrath, Laster W. and M. L. Goel, 1977, Political Participation: *How and Why Do People Get Involved in Politics?*, Chicago: Rand McNally College Publishing Company.

Newton, Kenneth, 1999, "Social Capital and Democracy in Modern Europe," Jan W. Van Deth, Marco Maraffi, Kenneth Newton and Paul F. Whiteley (eds.), *Social Capital and European Democracy*, London: Routledge.

Newton, Kenneth, 2001, "Trust, Social Capital, Civil Society and Democracy," *International Political Science Review*, vol.22, no.2, pp.201-214.

Nie, Norman H. and Sidney Verba, 1975, "Political Participation," Fred I. Greenstein and Nelson W. Polsby (eds.), *Handbook Political Science* vol.4. *Nongovernment Politics*, California: Addison-Wesley Publishing Press.

Norris, Pippa, 2002, *Democratic Phoenix: Reinventing Political Activism*, New York: Cambridge University Press.

Norris, Pippa, Stefaan Walgrave and Peter Van Aelst, 2005, "Who Demonstrates? Antistate Rebels, Conventional Participants, or Everyone?," *Comparative Politics*, vol.37, no.2, pp.189~205.

Olson, Mancur, 1971, *The Logic of Collective Action: Public Goods and the Theory of Groups*, Massachusetts: Harvard University Press.

Parry, Geraint, G. Moyser and N. Day, 1992, *Political Participation and Democracy in Britain*. Cambridge: Cambridge University Press.

Paxton, Pamela, 2002, "Social Capital and Democracy: An Independent Relationships," *American Sociological Review*, vol.67, no.2, pp.254-277.

Polletta, Francesca and James M. Jasper, 2001, "Collective Identity and Social Movements," *Annual Review of Sociology*, vol.27, pp.283-305.

Putnam, Robert D, 2001. *Bowling Alone: The Collapse and Revival of American Community*, New York: Simon & Schuster Paperbacks.

Robinson, S. L, 1996, "Trust and Breach of Psychological Contract," *Administration Science Quarterly*, vol.41, no.4, pp. 574-599.

Rucht, Dieter, 2007, "The Spread of Protest Politics," Russell J. Dlaton and Hans-Dieter Klingemann (eds.), *The Oxford Handbook of Political Behavior*, New York: Oxford University Press.

Choe, Sang Hun, 2017, "South Korean Right Is Frozen, as Impeached Leader's Loyalists Won't Let Go," *The New York Times*, 02.18, https://www.nytimes.com/2017/02/18/world/asia/south-korea-impeached-leader-park-geun-hye.html?_r=0(검색일: 2018.01.20.)

Scaff, Lawrence A, 1975, "Two Concept of Political Participation," *The Western Political Quarterly*. vol.28, no.3, pp.454~455.

Schulz, W., J. Ainley, J. Fraillon, D. Kerr and B. Losito, 2010, *ICCS 2009 Initial Findings from the IEA International Civic and Citizenship Education Study*, Amsterdam: IEA.

Schussman, Alan and Sarah A. Soule, 2005, "Process and Protest: Accounting for Individual Protest Participation," *Social Forces*, vol.84, no.2, pp.1083~1108.

Touraine, Alain, 1966, *La Conscience Ouvrière*, Paris: Editions de Seuil.

Udehn, Lars, 1996, *The Limits of Public Choice: A Sociological Critique of the Economic Theory of Politics*, New York: Routledge.

Verba, Sidney, Kay Scholzman and Henry E. Brady, 1995, *Voice and Equality: Civic Voluntarism in American Politics*, Cambridge: Harvard University Press.

Walgrave, Stefaan and J. Manssens, 2000, "The Making of the White March: The Mass Media as a Alternative to Movement Organization," *Mobilization*, vol.5, no.2, pp.217~239.

Walgrave, Stefaan and Joris Verhulst, 2006, "Towards New Emotional Movement? A Comparative Exploration into a Specific Movement Type," *Social Movement Studies*, vol.5, no.3, pp.275~304.

표 차례

그림 차례

저자 소개

정병기

베를린 자유대학교 정치학 박사

영남대학교 정치외교학과 교수

시인, 영화평론가

『정당 체제와 선거 연합: 유럽과 한국』(2018),

『유럽과 전쟁』(공저, 2017), 『대한민국은 민주공화국이다 - 정병기 시조집』(2016),

『천만 관객의 영화 천만 표의 정치』(2016), 『표준의 통합 효과와 표준화 거버넌스』(2016)

외 저서와 논문 다수

도묘연

영남대학교 정치외교학과 정치학 박사

영남대학교 통일문제연구소 연구원

시민 사회 및 정치 과정 전공

"The Effects of Electoral Coalition: The Case of South Korea's 19th General Election"(2017), "지역 NGO 책무성의 구성요소와 특성 분석: 탐색적 접근"(2016),

"정부 주도형 및 민간 주도형 NGO 네트워크의 규모와 다양성: 충청남도의 사례를 중심으로"(2016), 『코포라티즘의 정치: 통치 전략성 및 정치 체제성과 결사체 거버넌스 전망』

(공저, 2015) 등 논문 다수

김찬우

영남대학교 정치외교학과 정치학 박사

㈜오피니언라이브 빅데이터 센터장

데이터 분석가

"Towards the operationalization of controversial news: a study of online news articles and reader comments during the 2017 presidential election in South Korea"(2018),

"2017년 대통령 후보수락 연설 유튜브 동영상의 댓글망과 의미망 분석"(2017), "표준화 거버넌스 구축을 위한 사회적 인식과 요건: 온라인 뉴스 기사에 나타난 표준 관련 인식에 대한 분석"(2017) 등 논문 다수